本书属于国家社科基金重大项目"中国古代环境美学史研究"（编号：13&ZD072，首席专家：陈望衡）子课题"宋代的环境美学"研究成果

《洛阳名园记》园林美学研究

Luoyang Mingyuanji
Yuanlin Meixue Yanjiu

郝娉婷◎著

人民出版社

责任编辑:洪　琼

图书在版编目(CIP)数据

《洛阳名园记》园林美学研究/郝娉婷 著. —北京:人民出版社,2022.3
ISBN 978－7－01－023704－6

Ⅰ.①洛… Ⅱ.①郝… Ⅲ.①古典园林-介绍-中国-宋代②园林艺术-艺术美学-研究 Ⅳ.①K928.73②TU986.1

中国版本图书馆 CIP 数据核字(2021)第 175234 号

《洛阳名园记》园林美学研究

LUOYANG MINGYUANJI YUANLIN MEIXUE YANJIU

郝娉婷　著

人民出版社 出版发行
(100706　北京市东城区隆福寺街 99 号)

北京中科印刷有限公司印刷　新华书店经销

2022 年 3 月第 1 版　2022 年 3 月北京第 1 次印刷
开本:710 毫米×1000 毫米 1/16　印张:17.25
字数:260 千字

ISBN 978－7－01－023704－6　定价:69.00 元

邮购地址 100706　北京市东城区隆福寺街 99 号
人民东方图书销售中心　电话 (010)65250042　65289539

目　　录

序

陈望衡

　　近年来,我越来越相信"命运"与"缘分"这两个概念,人如此,物也如此。《洛阳名园记》与我的结缘,看似平常,却也有趣。2001年我首次访问日本,有缘来到金泽市,这是一个不太著名的城市,但气候之可人、风物之优雅、街道之爽洁,让我感到特别舒适。这天,我访问此地著名的景区——"兼六园",在一番为湖水之浩瀚、松树之长寿、建筑之古朴而慨叹之后,流连忘返,不想出园了。我的举动被公园的管理者注意了,他走过来与我攀谈。当知道我是中国人之后,就特别友好地告诉我,这"兼六园"是按照李格非的《洛阳名园记》所说的湖园设计的。我惊讶不已! 李格非,我是知道的,他是宋代著名词人李清照的父亲;《洛阳名园记》,我也知道,《古文观止》收入《洛阳名园记》的结论,名《书洛阳名园记后》。然而,我怎么也没有想到《洛阳名园记》能有这样大的影响! 回国后,找来《洛阳名园记》,发现日本"兼六园"这"兼六"二字果真来自《洛阳名园记》。是书《湖园》一篇云:"洛人云,园圃之胜不能相兼者六:务宏大者少幽邃,人力胜者少苍古,多水泉者艰眺望。兼此六者,惟湖园而已。"日本园林设计师读了李格非的这一著作后,对湖园"兼六"印象深刻。此番为金泽设计这座以水为主景的公园,就自然地想到"兼六"。为了彰显对"兼六"设计的尊重,特取园名"兼六"。

　　2013年,武大城市设计学院聘任我为特聘教授,并让我指导博士研究生。我当时正在承担国家社科基金重大招标项目——"中国古代环境美学史研究",我想将新招的博士生全压在宋代。其他几位题目已定,只一位做什么尚费踌躇。忽然,2001 年在日本访"兼六园"的事在脑海浮现。《洛阳名园记》能否作为博士论文的研究对象?我找来博士生郝娉婷,让她做一些先期的"侦察"工作。《洛阳名园记》全文只有三千来字,而博士论文少说也要写出十万字。因此,实际上我对于《洛阳名园记》能否作为博士论文研究对象是怀疑的。大约半年之后,郝娉婷送来一本《洛阳名园记研究综述》,足足十万字。简单翻阅之后,我心中有底了。《洛阳名园记》研究完全可以写成博士论文。

事后,我知道,以《洛阳名园记》研究作为博士论文来写,此是第一篇。如果没有金泽的"兼六园"的访问,我大概不会让郝娉婷去研究《洛阳名园记》。这大概就是命运吧。

《洛阳名园记》至少有两点让我惊叹:

第一,它的园林美学观。《洛阳名园记》此前著名,主要是它的文学品位。李格非笔致如水,诗思如云,绘形绘色,曲尽幽微,确是第一等散文。然将它当做园林美学专著来读,则发现其精论不断,妙评迭出,读时不禁击节赞叹。如,关于自然与人工的关系,李格非一方面大赞自然美,说是"天授地设,不待人力而巧";另一方面又夸人工美,说"洛阳良工巧匠批红判白,接以它木,与造化争妙"。关于水北胡园的审美,他先是说"林木荟蔚,烟云掩映,高楼曲榭,时隐时见,使画工极思不可图,而名之曰玩月台",接着说"台之所见亦毕陈于前,避松桧,骞藤葛,的然与人目相会"。人对景的态度为"玩",景对人态度则是"相会"。王夫之不也这样说审美中主体与客体的关系吗?王说:"含情而能达,会景而生心,体物而得神。"审美的极致就是这样!

第二,它的园林政治观。在中国古代,拥有园林的多是帝王将相。没有政治地位的人,即算是富人,修得起园林也享受不了园林。汉代茂陵县有个富人名袁广汉,建了一座奢侈的园林。建园后不久,这袁广汉就犯罪被诛,园中所有鸟兽草木尽移入上林苑中。私家园林受到合理保护可能要迟到魏晋南北朝。

自古以来,园林脱不了一个概念,就是"享乐"。《西京杂记》《三辅黄图》

在客观地介绍上林苑的奢侈后,不无批评之意。柳宗元熟谙园林政治学,他将做园与为政联系起来,谈得头头是道,而且,他懂得园林什么时候可建,什么时候不可建,这不是由经济决定的,而是由政治形势决定的。李格非同样深懂园林与政治的关系,但他关注的要点与众不同,他将洛阳园林的命运与洛阳的命运、洛阳的命运与天下的命运联系起来,说:"园圃之废兴,洛阳盛衰之候也。且天下之治乱,候于洛阳之盛衰。"好一个"候"!洛阳园林废兴是洛阳盛衰之症候,而洛阳盛衰又是天下治乱之症候。正所谓"一叶落而知秋"。政治变化其实都是有症候的,善观症候则会早为之预;而不善观症候者只能坐以待毙了。李格非做此文不久,宋朝遭惊天变故,两帝被掳。非常可惜的是,李格非的这篇文章似乎没有引起当时的皇帝和当朝高官的注意。

郝娉婷本硕为工业设计,博士阶段攻的专业为风景园林学;而作为导师的我本是研究美学的,我对郝娉婷的指导侧重于园林美学。如此种种,可以想见郝娉婷进行专业调整之难,好在郝娉婷顺利过来了,这与她的颖悟与努力有很大关系。这篇博士论文答辩获得好评。也许,她作《洛阳名园记》研究,带有一点偶然性,不过,这不也很好么?也许正是理工文诸学科的融合才成就了这篇论文,成就了郝娉婷。此间的因缘不是也很有趣味么?

《洛阳名园记园林美学研究》就要出版了,遵郝娉婷之请,特为之序。

2020 年 11 月 12 日于武汉大学天籁书室

导　论

一、研究缘起

中国园林享有"世界园林之母"的盛誉,不仅在东方园林体系中举足轻重,也对欧洲园林带来深远影响。英国建筑师钱伯斯高度赞赏中国造园家能"从大自然中收集最赏心悦目的东西,把它们巧加安排……使它们在一起组成一个最赏心悦目、最动人的整体"①。

中国园林在世界享有的盛誉源于其被赋予的东方文化和艺术特色。宋代繁荣的经济和文化颇受关注并为先哲前贤屡次赞叹。陈寅恪称:"华夏民族之文化,历数千载之演进,造极于赵宋之世。"②邓广铭说道:"宋代是我国封建社会发展的最高阶段。两宋期内的物质文明和精神文明所达到的高度,在中国整个封建社会历史时期之内,可以说是空前绝后的。"③宋代的思想领域出现新气象,儒、道、释在对抗中合流,理学形成,正如吕思勉所言:"理学者,佛学之反动,而亦兼采佛学之长,以调和中国之旧哲学与佛学者也。"④因此,"内圣"与"外王"的道德追求与使命抱负双双凸显在宋代士大夫身上,格外耀眼。然而,内圣与外王往往难两全,在这双重矛盾的夹击下,园林成为宋代文人士大夫的最好去处,并烙下时代思想的印记。同时,宋代农业、水利、种植等科学

---

① 陈志华:《中国造园艺术在欧洲的影响》,济南:山东画报出版社 2006 年版,第 63 页。
② 陈寅恪:《金明馆丛稿二编》,北京:三联书店 2001 年版,第 277 页。
③ 邓广铭:《谈谈有关宋史研究的几个问题》,《社会科学战线》1986 年第 2 期。
④ 吕思勉:《理学纲要》,南京:江苏文艺出版社 2008 年版,第 3 页。

技术飞速发展,为造园提供了有利的技术支撑,使得宋代园林呈现精美的一面。这个物质和精神文明高度发达的时代下孕育的园林无论从技术手法还是艺术格调上均熠熠生辉。周维权先生认为,宋代的造园技艺达到了历来的最高水平,并形成一个高潮阶段。① 从园林角度审视宋代文化及物质生活,或以宋文化验证其园林的思想传达亦是园林发展史中精彩的一环。

章学诚说:"六经皆史也。古人不著书,古人未尝离事而言理,六经皆先王之政典也。"②"六经皆史"的响亮口号证明了史学地位的攀升和向正统经学的挑战。"到了二十世纪,史学与哲学已经无可逆转地取代了经书,成为现代中国学术的支配性框架。"③风景园林历史与理论的研究也成为风景园林学的重要方向。然而,针对如此辉煌的文化背景下的宋代园林研究远不及明清之多,日本学者田中淡就指出中国造园史的研究中古代、中世空白甚多。④ 鉴于此,宋代园林史研究任重道远。

园林不易留存,一经战乱变迁或园主家道中落,便废为丘墟甚至夷为平地。因此,园林很大程度上有赖于园记而名垂青史,所以陈从周叹云:"园与记不可分也。园所以兴游,文所以记事,两者相得益彰。……李格非记洛阳名园,千古园记之极则,故园虽荡然,而实存也。"⑤园记在园林史研究中扮演重要角色。要研究过去一千多年的宋代园林,李格非⑥的《洛阳名园记》"开专题

---

① 周维权:《中国古典园林史》,北京:清华大学出版社 2008 年版,第 261 页。
② 章学诚:《文史通义》,上海:上海古籍出版社 2015 年版,第 1 页。
③ 陈明、朱汉民主编:《原道》第五辑,贵阳:贵州人民出版社 1999 年版,第 73 页。
④ 田中淡:《中国造园史研究的现状与课题(下)》,《中国园林》1998 年第 2 期。
⑤ 陈植、张公弛:《中国历代名园记选注》,合肥:安徽科学技术出版社 1983 年版,"序"第 1 页。
⑥ 李格非,李清照之父。《宋史》卷四四四《李格非传》载:"李格非,字文叔,济南人。其幼时,俊警异甚。有司方以诗赋取士,格非独用意经学,著《礼记说》至数十万言,遂登进士第。调冀州司户参军,试学官,为郓州教授,郡守欲使兼他官,谢不可。入补太学录,再转博士,以文章受知于苏轼。尝著《洛阳名园记》,谓'洛阳之盛衰,天下治乱之候也'。其后洛阳陷于金,人以为知言。绍圣立局编元祐章奏,以为检讨,不就,戾执政意,通判广信军。有道士说人祸福或中,出必乘车,氓俗信惑,格非遇之途,叱左右取车中道士来,穷治其奸,杖而出诸境。召为校书郎,迁著作佐郎、礼部员外郎,提点京东刑狱,以党籍罢,卒,年六十一。格非苦心工于词章,凌轹直前,无难易可否,笔力不少滞。尝言:'文不可以苟作,诚不著焉,则不能工。且晋人能文者多矣,至刘伯伦《酒德颂》、陶渊明《归去来辞》,字字如肺肝出,遂高步晋人之上,其诚著也。'妻王氏,

园录之先河"①,无疑是最重要的文献。自问世以来,该典籍在文献学、历史学、文学、风景园林学等领域都产生了深远的影响,自古至今,都被历代学者所重视。

《名园记》载园林,述、考、论、史相结合,一字千金,言虽不多但内容纷呈,在记载洛阳园林的同时还抒发了深刻的政治思想,即"天下之治乱,候于洛阳之盛衰,而知洛阳之盛衰,候于园囿之兴废而得",②振聋发聩为世人所知。该书蕴含了丰富的园林美学思想,如"兼六"审美观的提出,同时还突出反映了宋代的园林生活及环境美学思想,使得园林鲜活起来,有风有骨,值得深入研究。鉴于此,对《洛阳名园记》展开园林美学研究十分必要。

《洛阳名园记》作于北宋绍圣二年(1095 年),③作者④李格非,内容分序(《张琰德和序》)、正文、论(《书洛阳名园记后》)三部分。张序全面概括正文内容,认为《名园记》中的洛阳园林呈现出"配造物而相妩媚,争妍竞巧于鼎新革故之际"的面貌,可见当时园林之盛,又通过"论"并结合北宋的灭亡评价作者李格非"识明智审"、"虑事精而信道笃",可谓语语中的。正文记录了北宋

拱辰孙女,亦善文。女清照,诗文尤有称于时,嫁赵挺之之子明诚,自号易安居士。"清王培荀在《乡园忆旧录》中非常精确中肯地评价李格非"品在清流"。清流之品可以概括李格非一生的为人为学为官之道。李格非在治学上独树一帜,特立独行,剑走偏锋,经义取士。作为官员他对邪恶势力坚决排击,对金钱俸禄及位高权重的势力派毫不动摇屈服。据晁补之《有竹堂记》记载,在生活上,李格非终日诵读,辩才无碍又不拘小节,钟情于竹,如痴如醉,甚至在客人来访时,不第一时间接待,而道:"竹固招我。"

① 李浩:《〈洛阳名园记〉与唐宋园史研究》,《理论月刊》2007 年 3 期。
② 李格非:《洛阳名园记》,北京:文学古籍刊行社 1955 年版,第 13 页。
③ 文章中有"今潞公官太师,年九十"之语,据文潞公生卒年(1006—1097)可知,《洛阳名园记》作于邵圣二年(1095 年)。
④ 关于《洛阳名园记》作者,有李格非与李廌二李说,学界目前普遍认定该书为李格非所作。李廌(1059—1109),字方叔,祖籍华州,后居河南,学识渊博,为苏轼器重,有"苏门六君子"之美誉。廌与格非为同时代人,同出苏门,又同为李姓,且格非字"文叔"与廌字"方叔"相似,古文手写更易混淆,可见《名园记》作者有二李之传情有可原。不过,从张序"山东李文叔"、"女适赵相挺之子"云云可知,作者为李清照之父,李格非。清人王士祯(1634—1711)在《居易录》中对这书作者作出辨析,认为是李清照之父李格非,云:"《洛阳名园记》,济南李格非文叔撰,易安之父也,家今章丘,县北之临济,记有绍兴中《张琰德和序》首引'山东李文叔'……而常熟毛氏刊本乃讹作华州李廌撰,廌,字方叔……"。此后,清代永瑢和李文藻也均认为《名园记》作者为李格非。

后期作者游历的洛阳园林十九处,始于富郑公园终于吕文穆园,并另提及三处颇有景观特色的园林,行文以园林景物的客观描述为主。"论"则笔锋陡转,以园林观天下、叹时局、志兴衰,行文气势磅礴,情感诚挚浓烈,时至今日感人肺腑。

《洛阳名园记》原书已佚,南宋陈振孙《直斋书录解题》、晁公武《郡斋读书志》均著录。现流传版本十余种有:明抄《说郛》本(题宋李廌撰)、明钮氏世学楼抄《说郛》本(题宋李廌撰)、明刻《亦政堂镌陈眉公普秘籍》一集五十种本、明吴琯刻《古今逸史》四十二种本、明吴琯刻增定《古今逸史》五十五种本、明崇祯毛氏汲古阁刻《津逮秘书》十五集一百四十一种本(题宋李廌撰)、清嘉庆十年张氏照旷阁刻《学津讨原》二十集一百七十三种本、清顺治三年李际期宛委山堂刻《说郛》本(题宋李廌撰)、《百川学海》本、《宝颜堂秘籍》本、清文渊阁《四库全书本》等,详见下表:

表1-1 《洛阳名园记》版本及藏所一览表①

序号	朝代	版 本	作者	藏 所
1	明	吴琯刻《古今逸史》四十二种本	李格非	上海图书馆等3处
2	明	明吴琯刻增定《古今逸史》五十五种本	李格非	上图、北图等15处
3	明	顾元庆编《阳山顾氏文房》本	李格非	武汉大学图书馆
4	明	明刻《亦政堂镌陈眉公普秘籍》一集五十种本(陈继儒辑)	李格非	北京图书馆、复旦大学图书馆等7处
5	明	明抄《说郛》本	李廌	上海图书馆
6	明	钮氏世学楼抄《说郛》本	李廌	北京图书馆
7	明	明崇祯毛氏汲古阁刻《津逮秘书》十五集一百四十一种本(毛晋辑)	李廌	武大图书馆等59处图书馆藏
8	清	清嘉庆十年张氏照旷阁刻《学津讨原》二十集一百七十三种本(张海鹏辑)	李格非	北图等10处

---

① (1)很多版本题名作者李廌,目前学界认为是李格非,作者辨析详见上页脚注。(2)宋陈振孙手抄本存疑,《邵氏闻见后录》及洛阳地方文献资料丛书《洛阳名园记》中提及此版本,但笔者目前并未找到。

序号	朝代	版　本	作　者	藏　所
9	清	文渊阁四库全书本	李格非	——
10	清	清顺治三年李际期宛委山堂刻《说郛》本	李廌	北图等34处
11	明	陈继儒《宝颜堂秘籍》本明项燧先订,沈逢吉校本	李廌	——
12	清	潘仕成辑《海山仙馆丛书》本	李格非	——
13	宋	陈振孙 手抄本		

今人较认可《津逮秘书》本及吴琯《古今逸史》刻本,其中吴琯《古今逸史》刻本于1955年被文学古籍刊行社重印出版,鉴于《津逮》本作者题名有误,本书引用均出自《古今逸史》本。

二、学术史回顾

《洛阳名园记》自问世,便引起关注,这种园记专著的写法甚至影响了后世大量的园林文献,如南宋周密《吴兴园林记》、明王世贞《游金陵诸园记》、祁彪佳《越中园亭记》等。不过,古人对《洛阳名园记》的关注多停留在《书洛阳名园记后》上,评价其为"知言",这是对《洛阳名园记》文学和历史价值的高度肯定。

到民国时期,《洛阳名园记》仍颇受重视,其全文或《书洛阳名园记后》频繁被国文教科书收录,①成为必读文章,这说明《名园记》在民国时期的影响开

---

① 民国时期,《洛阳名园记》在国文教科书中的收录情况大致为:中华书局出版刘法曾、姚汉章评辑《中华中学国文教科书(第三册)》(1912)收录《书洛阳名园记后》;商务印书馆出版吴增祺编、许国英重订《中学国文教科书(二)》(1913),按朝代收录名文,李格非《书洛阳名园记后》与苏轼、司马光、王安石等大家之文一并载入;《国文读本(第二册下)》(1934)收录《洛阳名园记》全文;北新书局姜亮夫编《游记选(下)》(1934)收录《洛阳名园记》全文;商务印书馆傅东华编著《复兴高级中学教科书国文(第一册)》(1934)收录《洛阳名园记》全文,并作简要注解;世界书局出版过商侯著《古文评注读本(第六册)》(1935)收录《书洛阳名园记后》并作评注,曰:"以小见大";新民印书馆出版教育总署编审会所著《高中国文(第四册)》(1939)收录《洛阳名园记》全文,并作简要注释;中华书局出版宋文翰、张文治合编的《新编高中国文(第四册)》(1946)收录《洛阳名园记》全文,并对其作简要注释;上海大通图书社印行徐洁庐编纂的《宋代文选(上)》(年代不详)收录《洛阳名园记》全文;中央书店出版金喟编著《圣叹批选古文必读(第十五卷)》(年代不详)收录《书洛阳名园记后》。

始普及。

　　然而,民国时期《名园记》的地位及价值发生改变——不仅在文化普及方面受高度重视,其在园林史中的地位也始见端倪。《洛阳名园记》进入陈植、童寯等老一辈造园家和建筑家的视野,成为重要的风景园林史料。[①]

　　新中国成立后,随着学科体系逐渐完善,《洛阳名园记》的影响不仅表现在文学上,它在园林历史中也占据重要地位,成为研究宋代洛阳私家园林的第一手材料。其在国内外的研究情况大致如下。

　　目前,国内与《名园记》相关的研究主要涉及以下几方面。

　　第一,类型学研究。[②] 汪菊渊、王铎、周维权、张家骥、郭黛姮等前辈从园林使用性质入手将《名园记》中的园林大致分为花园、游憩别墅园、宅园三大类。这种对《名园记》中园林使用属性的定位在学界得到广泛认可并传承下来。

　　第二,考证研究。[③]《名园记》记载的19处园林(另提及3处)在园林史学中占据重要地位。诸多学者先后均有对《名园记》中园林的考证研究,考证的

────────────────

　　① 陈植的《造园学概论》(1935)以《洛阳名园记》为史料分析唐代私家园林特征。童寯亦在园林专著《江南园林志》(成书于1937年,1963年出版)中多次引用《名园记》,并阐发简要议论。范肖岩《造园法》(1930)的中国庭院史宋代部分提及《名园记》中的诸多园林,叶广度《中国庭园概观》(1933)则将《名园记》中19园一一列出,并归纳各园特征。李健人《洛阳古今谈》(1936)中有对独乐园的研究,不仅将《名园记》作为重要参考资料,研究独乐园的景物格致,同时结合其他史料对独乐园其他景物进行详细描述。

　　② 汪菊渊:《中国古代园林史》(北京,2012)(以下简称汪著);周维权:《中国古典园林史》(北京,2008)(以下简称周著);张家骥:《中国造园史》(哈尔滨,1987)、《中国造园艺术史》(太原,2004);郭黛姮:《中国古代建筑史》第3卷(宋、辽、金、西夏建筑)(北京,2009)(郭著)等著作在对宋代洛阳园林展开研究时,多先将《名园记》中的园林分为三大类,再逐一阐述或考证各园的基本情况。

　　③ 在《名园记》的园林考证方面,汪著、周著、郭著均有涉及,此外,代表性研究还有王铎:《中国古代苑园与文化》(武汉,2003)(以下简称王著)、《唐宋洛阳私家名园的位置和图注》(未发表);张家骥:《中国造园史》(哈尔滨,1987);鞠培泉、黄一如:《白居易履道西园之辨析》(2016);贾珺:《北宋洛阳私家园林考录》(2014)、《北宋洛阳司马光独乐园研究》(2014);张瑶:《〈洛阳名园记〉中的园林研究》(2014)(下称张文);孟梦:《〈洛阳名园记〉中富郑公园复原设计研究》(2013)(下称孟文);王岩:《有关白居易故居的几个问题》(2004)、《唐东都履道坊白居易故居遗址勘察》(1996);赵孟林、冯承泽、王岩、李春林:《洛阳唐东都履道坊白居易故居发掘简报》(1994)等。

内容包括:园林历史沿革,园主生平,园址,园中水、石、建筑、植物等要素及空间布局等,涉及范围广泛。考证研究形成对李格非所载不详的有利补证,使得宋代洛阳园林呈现更清晰准确的轮廓。

第三,复原研究。① 这类研究多与考证相结合,采用图解法,对《洛阳名园记》中各园林作复原设想。复原研究使得对《名园记》的园林描述从抽象的文字层转向具体的形象层,由"意"生"象",更加生动。这也是中国古代园林研究较为深入和成熟的体现。

第四,园林特征分析及文化研究。② 学者们大多从《洛阳名园记》入手,

① 上述汪著、周著、王著、郭著、鞠培泉等文、张文、孟文均有《名园记》中部分园林的平面想象示意图,此外,以复原为主或有所涉及的相关研究还有王劲韬:《司马光独乐园景观及园林生活研究》(2017);贾珺:《北宋洛阳司马光独乐园研究》(2014);褚清磊、李令福:《白居易履道里宅园的景观建设及其布局特色》(2013);王相子:《历代园记中的古园复原研究》(2011);卫红:《汉唐洛阳私家园林研究》(2005)(下称卫文);马辉:《河南古代宅园初步分析》(2004);徐维波:《唐宋私家园林环境模式变迁研究》(2003)(下称徐文);刘庭风:《〈池上篇〉与履道里园林》(2001)(下称刘文)等。

② 汪著、周著、郭著、张著、刘文、徐文、卫文、张文等在类型学及考证的基础上,也对《名园记》中的园林从要素特征、技术手法等方面做了不同层次的分析。此外,对园林整体或局部景物风格特征、手法的研究还有王著;王铎:《唐宋洛阳私家园林的风格》(1990)、《白居易的园林思想》(1986)、《白居易的造园活动及其园林思想——兼论洛阳履道坊白氏故里园》(1990);朱玉凯:《诗情与意境:白居易履道坊水景营构的审美意趣》(2018);王劲韬:《司马光独乐园景观及园林生活研究》(2017);魏君帆:《北宋洛阳文人园林营造研究——以独乐园为例》(2017);杨浩:《两宋私家园林环境模式比较及其变迁规律研究》(2017);林嵩:《〈洛阳名园记〉与中国古典园林的唐宋变革》(2017);贾珺:《北宋洛阳私家园林综论》(2015)、《北宋洛阳司马光独乐园研究》(2014);向有强:《论司马光的"独乐"精神——司马光"独乐园"诗文的文化解读》(2015);禄梦洋:《唐代洛阳履道坊白居易宅园营造研究》(2015);程相占、庄守平:《论白居易晚年宅园生活的生态审美意蕴及其思想局限性》(2014);褚清磊、李令福:《白居易履道里宅园的景观建设及其布局特色》(2013);郭薇、高长山:《白居易与日本的园林审美意识》(2013);宁群娣:《论司马光独乐园诗文的政治和文化意义》(2013);郝美娟:《论司马光"独乐园"的文化内涵》(2012);卫红、刘保国:《从"天时、地利、人和"看古代洛阳私家园林兴盛》(2012);张祥云:《北宋西京河南府研究》(2010);吴美霞、廖嵘:《从庐山草堂与履道坊宅园的建造看白居易的造园理念》(2008);刘方:《独乐精神与诗意栖居——司马光的城市文学书写与洛阳城市意象的双向建构》(2008);刘托:《两宋私家园林的景物特征》(收录于《建筑艺术文论》);徐维波、韦峰:《白居易的造园思想与园林空间意象》(2006);许平:《从〈草堂记〉和〈池上篇〉看白居易园林设计中的"天人合一"观》(2006);王鲁民、徐维波:《从〈池上篇〉看白居易的园林意象》(2004);岳毅平:《白居易的园林艺术法则初论》(2002)、《论白居易的园林景观说》(2002)、《好是修心处何必在深山——白居易的园林诗文》(1998);周宝珠:《北宋时期的西京洛阳》(2001)等。

另外,童寯:《江南园林志》(北京,1963);陈植:《造园学概论》(北京,2009);陈从周:《陈从

结合相关文献,分析并总结这些园林(或北宋洛阳园林)的要素及风格特征、艺术手法、造园活动、文化内涵、造园思想、审美意境等内容,在对《名园记》中园林的理解上,层层推进,相互补充,形成《名园记》研究的立体局面。围绕《名园记》中园林展开的研究可以看出宋代具有独特的风格,汪菊渊先生认为宋代园林见出文人写意园风格;王铎先生认为官员富豪园林大、文人墨客园林小;张家骥先生从园林活动角度指出宋代私家园林为宴集式园林;周维权先生认为宋代园林呈现出"简远、疏朗、雅致、天然"的美学格调。台湾地区也出现相关研究,①不过其研究多为文化意蕴和美学角度,个案也多集中在白居易履道里宅园和司马光独乐园两处。

第五,文献学角度的注解、价值评价等研究。② 这类研究内容主要包括:其一,给《洛阳名园记》作注解,以便补充书中各园林的历史沿革、园林地点等园林基本信息,与考证相似,只是以注释的形式出现,如陈植、张公弛、陈从周、蒋启霆等学者均有相关研究成果;其二,版本、作者等文本基本信息研究,陈植、张公弛、张家骥等先生著作均有涉及;其三,分析《名园记》的写作手法及其在文学及园林史学中的地位及作用,如,李浩认为《名园记》"开专题园录之先河",韦雨涓认为《名园记》是第一篇"群园记",刘海霞则提出该书采用史学家的"春秋笔法",雷艳平认为《名园记》有"《过秦论》的风格"等。这类研究

讲园林》(长沙,2009);王其钧:《画境诗情中国古代园林史》(北京,2011)等著作也提及《名园记》或对其中的部分园林做简要分析。

① 林素玲:《试论〈洛阳名园记〉之花卉意向与造景美学》(2014);侯迺慧:《宋代园林及其生活文化》(台北,2010);侯乃慧:《物境、艺境、道境——白居易履道园水景的多重造境美学》(2011)、《园林道场——白居易的安闲养生观念与实践》(2010)、《身份、功能与园林审美意趣——白居易的私园与公园书写》(2008);林素芬:《"独乐"与"中和"——论司马光园林书写中的修身意涵》(2011);曹淑娟:《江南境物与壶中天地——白居易履道园的收藏美学》(2011)等。

② 陈植、张公弛:《中国历代名园记选注》(合肥,1983);张家骥:《中国造园史》(哈尔滨,1987)、《中国造园艺术史》(太原,2004);陈从周、蒋启霆:《园综》(上海,2011);张媛:《宋代私家园林记研究》(2014);刘海霞:《中国古代城市笔记研究》(2014);韦雨涓:《中国古典园林文献研究》(2014);雷艳平:《苏轼园林文学研究》(2010)(文中专设"李格非的《洛阳名园记》及其艺术成就"一节);李浩:《〈洛阳名园记〉与唐宋园史研究》(2007),等等。另,张文附录含有《名园记》译注。

总体上肯定了《洛阳名园记》的文学、历史学价值和园林学价值。

　　《洛阳名园记》在国外很早就受到重视。美国、日本、意大利等国家学者均对《名园记》及相关内容表现出浓厚兴趣,他们的研究涉及《名园记》文本及书中园林要素、手法、文化意蕴等方面。① 如,KiyohikoMunakata、John Makeham、Robert E.Harrist Jr.等从园林主题内涵角度分析了独乐园文化内涵;Yang Xiaoshan 对《名园记》进行了文献学角度的研究及述评;日本西村富美子、埋田重夫又对白居易履道里宅园进行了考证及内涵研究;意大利 Bianca Maria Rinaldi 从《洛阳名园记》入手对宋代洛阳进行要素和特征多方面分析。

　　在国外,《洛阳名园记》有两个完整的英译本,分别为 Yang Xiaoshan 译本,名 *A Record of The Celebrated Gardens of Luoyang*②,Philip Watson 译本,名 *Famous Gardens of Luoyang*。③《洛阳名园记》英译本的诞生,非常有利于海外学者对该书的阅读及研究。随着翻译版本的流传,《名园记》的影响力逐渐提升,成为国外学者研究宋史、北宋园林和洛阳城市格局的重要资料。④

---

　　① 〔日〕西村富美子:《论白居易的"闲居"——以洛阳履道里为主》(1992);〔日〕埋田重夫等:《白居易〈池上篇〉考》(2002);〔日〕田畑みなお:《日本の庭园》(メーカー,1989);〔法〕乔治·梅泰里:《洛阳园林:城市文化的精华》(2007);〔意〕Bianca Maria Rinaldi:*The Chinese Garden*,*Garden Types for Contemporary Landscape Architecture*,Basel,Birkhäuser,2011,此外美国学者对《名园记》的关注也较多,如,Yang Xiaoshan.Li Gefei's "Luoyang Mingyuan Ji",*A Record of the Celebrated Gardens of Luoyang*,Text and Context(2004);John Makeham.*The Confucian role of names in traditional Chinese gardens*;Robert E.HarristJr.*Site Names and their meanings in the Garden of Solitary Enjoyment* (1993);KiyohikoMunakata.*Mysterious Heavens and Chinese Classical Gardens*(1988)等。

　　② Yang Xiaoshan:"Li Gefei's 'Luoyang Mingyuan Ji'(A Record of The Celebrated Gardens of Luoyang)Text and Context",*MonumentaSerica*,2004(1).

　　③ Philip Watson:"Famous Gardens of Luoyang,By Li Gefei",*Studies in the History of Gardens & Designed Landscapes*,2004(1).

　　④ 如,Yang Xiaoshan.*Li Deyu'sPingquan Villa*:*Forming an Emblem from the Tang to the Song* (2004);De Pee C.*Wards of Words*:*Textual Geographies and Urban Space in Song-Dynasty Luoyang* (2009);Lu,Andong.*Deciphering the reclusive landscape*:*a study of Wen Zheng-Ming's 1533 album of the Garden of the Unsuccessful Politician*(2011);Kenneth J.Hammond.*Wang Shizhen's Yan Shan Garden essays*:*narrating a literati landscape*(1999);Bianca Maria Rinaldi.*The Chinese Garden*,*Garden Types for Contemporary Landscape Architecture*(Basel,Birkhäuser,2011)等相关海外文献及专著,均以《洛阳名园记》作为引证材料。

不难发现,国外对《洛阳名园记》的研究角度与国内学者相似,也涉及考证、文献学、历史学、园林学等学科角度,但研究成果相比国内较少。

概而言之,《洛阳名园记》作为著名古籍,已经获得相当广泛的认可和关注,围绕其展开的研究体现出风景园林学、历史学、文献学、考古学、哲学等多学科渗透的趋势,几乎涵盖了《名园记》文本的基本信息及其园林的文化内涵、审美意蕴、造园手法、空间布局等方方面面。上述丰富的研究成果对本次研究有极高的参考价值。

尽管学界对《洛阳名园记》已经相当关注,不过,这些研究也呈现一些问题。首先,园林个案研究呈现出少数园林高度集中、大多数园林研究泛化的分布不均现象,多集中于白居易履道宅园(宋为大字寺园)、司马光独乐园、裴度宅园(宋为湖园)及富郑公园四园,而其他园林受重视的程度较弱。其次,对《洛阳名园记》书中的园林思想研究不够深入或全面。那些关注文化思想、园林意蕴角度的研究多集中于白居易宅园、司马光独乐园等个案,少有对《洛阳名园记》通篇分析并挖掘其园林思想的研究专著。

造成这种问题的主要原因在于《洛阳名园记》本身的局限,一是因为篇幅短小,很难面面俱到,很多内容只能蜻蜓点水般一笔带过;二来作者李格非并非造园专家,而是文学家、史学家。李格非亲身游历洛阳公卿贵族名园,观其生活风貌与"唐之末路"[①]有异曲同工之妙,因是作书,借园林志兴衰,后果如李格非所言,30年后北宋灭亡,"荆棘铜驼,腥膻伊洛"。[②] 李格非行文之中又充满浓厚的美学意味,在园林场景描述中透露出作者的园林品评观念。因此,针对《洛阳名园记》的研究很难像《园冶》那样完全从造园的角度集中和深入。《名园记》兼文学、美学、史学于一身的园记专著特征,决定了对其展开的研究需要从交叉学科角度入手,既要厘清书中园林的山、水、石、造园手法等特征,也要全面分析园林中的生活和深挖书中的园林审美思想。

---

① 李格非:《洛阳名园记》,北京:文学古籍刊行社1955年版,第14页。
② 同上书,"序"第3页。

三、研究内容与方法

《洛阳名园记》作为我国第一部园记专著,并非简单地描述园林,其字里行间蕴含着深刻的园林、政治、美学思想,需要仔细研读和发掘。

该研究具有双重对象,一是以《洛阳名园记》文献本身为对象,二是以书中的园林为对象,对《洛阳名园记》其书以及所记载的园林展开了全面研究。

本次研究的重要内容在于发掘其园林思想:园林审美观,生活观和环境美学观。宋人晁迥曰:"儒教之法,以正身为深切,勿求其名,而名自得矣。道教之法,以养身为深切,勿求其功,而功自成矣。佛教之法,以复性为深切,勿求其证,而证自知矣"[1],又云:"孔氏之教,以忠恕为宗;老氏之教,以道德为宗;释氏之教,以觉利为宗。举其宏纲,尽在此矣。内外同济,阙一不可。"[2]从晁迥的论述中可以看出,宋代儒、释、道相互依存相互补充,以儒家为标榜的宋代文人士大夫身上兼备佛家和道家特性,他们既要致君尧舜,兼济天下,又要修身养性。这在宋代社会生活的各个层面均有体现,那么《名园记》中富弼、文彦博、司马光等名公卿大夫如何体现上述思想特征? 又如何将这些思想融汇到他们的园林中? 该书在对《洛阳名园记》的园林思想解析过程中均会逐一解答并论证。以此更见《洛阳名园记》反映出的深刻社会背景以及北宋洛阳园林的时代内涵。本次研究还从园林的审美欣赏和园林生活层面,发掘《名园记》中的宋代园林审美理想以及园林中的家园环境观,试图从园林的角度,论述宋人的环境美学观。

在总体逻辑思路上,该书同时结合线性历史观和胡塞尔的现象学法(Husserl's Phenomenology)。汪菊渊先生认为某种新的园林的出现"是在继承传统即连续性基础上有所创新和丰富。"[3]因此,文中园林的要素及风格特征

①　晁迥:《法藏碎金录》,载纪昀、永瑢:《景印文渊阁四库全书》第一千○五十二册,台北:台湾"商务印书馆"1983年版,第430页。

②　同上书,第579页。

③　汪菊渊:《中国古代园林史》,北京:中国建筑工业出版社2012年版,第8页。

分析,会以北宋为核心和基准。由于唐、南宋与北宋发展联系紧密,因此,为厘清诸类问题,文中也有不少内容外延至唐及南宋。此外,在园林考证部分涉及各园林来龙去脉、历史沿革的所有年代,上至唐五代,下至明清。线性历史分析方法在文中时常体现,但全文也不仅仅限定于这种思维模式;同时,该书还结合胡塞尔的现象学法,通过史料中大量的园林事件,超越感官经验的表象,去把握园林中渗透的宋人精神和意识。如,《洛阳名园记·董氏西园》云:"董氏盛时,载歌舞游之,醉不可归",这是醉游园林的经验事件,那么真正的精神和纯粹意志是怎样的? 该书会从情、欲、理、性等一系列维度,论述《洛阳名园记》中的园林生活及事件。唯有这样,对《名园记》中含有的思想研究才能深刻和准确。

作为园林史研究范畴,该书整体表现为以史带论,论从史发。对书中记录的园林进行的全面考据构成了本次研究阐发议论的基石。在对《洛阳名园记》中园林的考证中,该书采用历史学的"二重证据法"①及加上"名物新证"的"三重证据法"②,结合出土材料证明《名园记》记载的真实可靠性,力图使考证结果更为翔实准确。因此,准确地说,在针对文本本身以及其园林记载的内容部分的考证辨析中,该书运用了"名物新证法"和"二重证据法",延续了史学界"以金石证典籍"的做法。

这是一个智能化、信息化的社会和时代,在科技的领域,国别的差异性逐渐被忽略,然而作为文化载体的园林同时也作为人类诗意栖居的生活环境则一定要具备各个地域的文化特色。如果说研究西方相关理论和历史是为了借鉴和互视,那么研究自己的历史则直接指向自我认识。中国是东方园林的发祥地,中国园林今后将何去何从,这些当下的现实问题必须从属于我们自己的历史现实中寻求,必须厘清自己的文化之根,这是研究园林史的重要意义。

---

① 王国维:《古史新证:王国维最后的讲义》,北京:清华大学出版社1994年版,第2页。
② 饶宗颐:《古史重建与地域扩张问题》,载唐晓峰、辛德勇、李孝聪主编:《九州》第二辑,北京:商务印书馆1999年版,第21—26页。

第一章　洛阳造园背景

自周公营造洛邑直到北宋，洛阳或为帝都或为陪都两千余年，在中国历史上享有"帝都洛阳"、"九朝古都"①等美誉。古代洛阳的特殊身份，使得它成为社会发展的一面透视镜，司马光曾云："若问古今兴废事，请君只看洛阳城。"②北宋时期西京洛阳作为陪都，具有举足轻重的政治、经济和文化地位。一时间，名士公卿、富贾巨商云集，极尽造园之能事，竞相开馆列第，建亭台楼榭，开渠引流为池沼，植奇花异卉岁岁益奇与造化争妙。洛阳园林鳞次栉比，

---

① 九朝古都之说最早出自顺治年间《洛阳县志》之序，序由武攀龙所作，明确指出"洛九朝都会地"。不过，三、六、九这些数字常泛指，并非确数。民国时期李健人通过考诸史籍，在《洛阳古今谈》中指出，建都洛阳不止九朝，"所言九朝都会者，仅言其梗概而已"。李久昌在《古代洛阳都城空间演变研究》一文中梳理了关于洛阳都城的研究，并归纳为"七说"，分别为：九朝说，以陈桥驿为代表，他在《中国六大古都》的序言中指出，为东周、东汉、曹魏、西晋、北魏、隋（炀帝）、唐（武后）、后梁及后唐；十朝说，最早由史念海先生在《中国古都研究》第一辑序言中提出，在九朝基础上加了后晋，不过作者后期放弃"十朝说"；十一朝说，观点不一，谭其骧、李先登二位先生分别在十朝基础上增加了武周和夏，韩忠厚先生看法则与前人出入较大，在《洛阳建都朝代考略》中认为，是夏、商、周、汉、曹魏、晋、北魏、隋、唐（含武周）、后梁、后唐；十二朝说，赵芝荃先生在《洛阳建都千余年，六大古都数第一》一文中提出十二朝，在十朝基础上加夏、商二朝；十三朝说，也众说纷纭，史念海先生更新其看法，在《中国古都概说（五）》一文中认为，是东周、河南王（秦末申阳）、东汉、曹魏、西晋、北魏、隋、魏、郑（王世充）、唐、后梁、后唐、后唐，苏健先生在《洛阳为十三朝古都新论》一文中认为，是夏、商、西周、东周、东汉、曹魏、西晋、北魏、隋、唐（含武周）、后梁、后唐、后晋十三朝，史为乐先生则在《洛阳究竟为几朝古都》一文中认为，是夏、商、周、汉、魏、晋、北魏、隋、唐、武周、后梁、后唐、后晋；十五朝说，孟令俊先生在《十五朝都洛述略》中认为，洛阳是夏、商、西周、东周、西汉、东汉、曹魏、西晋、北魏、隋、唐、武周、后梁、后唐、后晋；十八朝说，李振刚、郑贞富先生在《洛阳通史》的概述中提出，洛阳是黄帝、帝喾、夏、商、西周、东周、西汉、东汉、曹魏、西晋、北魏、隋、郑、唐、武周、后梁、后唐、后晋十八个朝代都城。

② 司马光：《司马光集》，成都：四川大学出版社2010年版，第145页。

公卿大夫园林相望,遂有"天下名园重洛阳"①的园林盛况。邵博跋《洛阳名园记》云:"洛阳名公卿园林,为天下第一。"②

法国文艺理论家丹纳提出"种族、环境和时代是艺术的三种基本动因"。③北宋洛阳园林为天下第一的盛况绝非偶然,这不仅与洛阳的造园的历史渊源一脉相承,也与北宋时期的自然环境、社会环境和科学技术紧密相连。

第一节　历史沿革

北宋洛阳园林的繁荣发展与洛阳历代的造园渊源一脉相承。自周公营造洛邑到北宋,洛阳在中国历史上享有重要地位,无论作为都城还是陪都,都吸引了不少皇亲国戚、公卿贵族定居于此,他们广建园林,形成造园风俗。尽管朝代更替,战火连绵,洛阳在一次次战乱中饱受摧残,但由于不时地重建,其园林也随着朝代的发展更替而繁荣与衰退。

一、北魏时期

北魏时期,洛阳作为都城,被大力修复、改造和扩建,形成了一次城市建设和园林营造高峰。此时的洛阳城建造于魏晋时期旧址,皇家园林也在原来的基础上继续发展,大内御苑华林园便是利用曹魏时的基址改造而成,《洛阳伽蓝记》详细描绘了华林园中丰富的景物:

"华林园中有大海,即汉天渊池。池中犹有文帝九华台。高祖于台上造清凉殿,世宗在海内作蓬莱山。山上有仙人馆。上有钓台殿。并作虹蜺阁,……海西南有景山殿。山东有义和岭,岭上有温风室。山西有姮娥峰,……山北有玄武池。山南有清暑殿。殿东有临涧亭,殿西有临危

---

① 邵雍:《伊川击壤集》,北京:中华书局 2013 年版,第 16 页。
② 邵博:《邵氏闻见后录》,上海:上海古籍出版社 2012 年版,第 239 页。
③ 丹纳:《艺术哲学》,西安:陕西人民出版社 2007 年版,第 2 页。

台。景阳山南,有百果园。果别作林,林各有堂。"①

华林园规模庞大,可谓山水池沼,亭台馆榭,林木花果应有尽有,有如人间仙境。此时洛阳又有大内御苑西游园,亦是曹魏华林园的另一部分基址改建所成,景物富丽多样。北魏洛阳皇家园林大抵如此。

与此同时,皇亲国戚公卿贵族争相造园,私家园林遍布满城。《洛阳伽蓝记》载,官僚贵戚"擅山海之富,居川林之饶。争修园宅,相互夸竞。崇门丰室,洞户连房,飞馆生风,重楼起雾。高台芳榭,家家而筑;花林曲池,园园而有。莫不桃李夏绿,竹柏冬青。"②王公贵族的园林以奢华著称,与皇宫相轧,园林不仅是他们游观的场所,也成为彰显身份和财富的手段。司农张伦宅园极为豪奢,房舍光丽,有山重岩复岭,深蹊洞壑,巨木参天蔽日,峥嵘涧道,曲曲逶迤,人谓之"最为豪侈","诸王莫及"。③高阳王元雍宅第(后为高阳王寺)富贵华丽与帝宫相类,有"白壁丹楹,窈窕连亘,飞檐反宇"的华丽建筑群,又有"竹林鱼池,侔于禁苑,芳草如积,珍木连阴"④的自然美景。且元雍有童仆六千,妓女五百,丝管迭奏,连宵尽日其间,可见其宅园不甚宏大。无独有偶,河间王元琛宅园"最为豪首",园中文柏堂"形如徽音殿,置玉井金罐,以五色缬为绳"⑤,穷奢极欲。

北魏笃信弥繁,洛阳寺观园林兴起,"招提栉比,宝塔骈罗,争写天上之姿,竞摹山中之影,金刹与灵台比高,讲殿共阿房等壮"⑥。佛寺园林中也见出掇山理水之巧,欲与私家园林争妙媲美。永宁寺有僧房楼观一千余间,佛殿精巧冠于当时,"栝柏椿松,扶疏檐霤,丛竹香草,布护阶墀",⑦且四周植青槐,环

---

① 周祖谟:《洛阳伽蓝记校释》,北京:中华书局 2010 年版,第 51—52 页。
② 同上书,第 148 页。
③ 同上书,第 74 页。
④ 同上书,第 122—123 页。
⑤ 同上书,第 148 页。
⑥ 同上书,"序"第 23—24 页。
⑦ 同上书,第 5—6 页。

绿水,城中往来行人常在此休憩。永宁寺优美的山水为城市洗去尘土,尽送清风,营造了舒适宜人的小气候。景明寺也闻名于当时,环境宜人,寺前望嵩山少室,北依帝城,青山绿水萦绕。堂观千余间,重房复殿,山池绕于房外,"松竹兰芷,垂列阶墀,含风团露,流香吐馥。"①中有七级浮屠,装饰华丽,殆侔永宁。永明寺也是"房庑连亘,一千余间。庭列修竹,檐拂高松,奇花异草,骈阗阶砌"②。北魏时期寺观园林大且妍者,举不胜举。

北魏时期的洛阳,无论是皇家园林、私家园林,还是寺观园林,多有雕琢精美装饰华丽的建筑群体,栝柏苍绿、兰芷吐馥的植物造景,以及池水清隽的水系,富贵雍容又清幽静美。此时的洛阳城俨然山水园林城市,形成一时的园林艺术高峰。

随后政权更替,洛阳在兵马烟火中残破不堪,武定五年(547 年),杨衒之重返洛阳,已见"城郭崩毁,宫室倾覆,寺观灰烬,庙塔丘墟"③。昔日繁华,战后荒凉,皇宫、府邸、寺观随之废为丘墟。此后洛阳重建,基址迁移,位周王城和汉魏都城之间。不过,园林俨然成为古代洛阳发展过程中的必然要素,或已为风俗,很快又涌现在新的城郭及周边郊野。

二、隋唐时期

隋唐洛阳为东都,其政治、经济、文化又逐渐恢复。隋初至唐玄宗开元年间,修筑新城,扩建外郭,洛阳走向繁荣巅峰。园林随着都城的发展而兴盛,数量规模令人叹为观止,远超魏晋时期,李格非《书洛阳名园记后》载唐代"贞观开元之间,公卿贵戚,开馆列第于东都者,号千有余邸"④。隋唐皇家园林以恢宏壮大著称,隋时西苑"周二百里",在唐为神都苑,据《唐书·地理志》载,其东南西北分别有十七、三十九、五十、二十公里,雄大壮丽。该园采用一池三山

---

① 周祖谟:《洛阳伽蓝记校释》,北京:中华书局 2010 年版,第 98 页。
② 同上书,第 157—158 页。
③ 同上书,"序"第 25 页。
④ 李格非:《洛阳名园记》,北京:文学古籍刊行社 1955 年版,第 13 页。

模式营建,以人工水域北海为中心,海中筑蓬莱、方丈、瀛洲三岛,又有水渠折绕,沿渠建十六院,华丽至极。其掇山、理水、植物配置、建筑工程都浩大莫比,不失为盛唐象征。

洛阳在安史之乱中再遭洗劫,"宫室焚烧,十不存一。百曹荒废,曾无尺椽"。① 城中所存人口寥寥无几,"中间畿内,不满千户。井邑榛棘,豺狼所嗥,既乏军储,又鲜人力。"②不过,此后唐朝又逐渐恢复,张延赏任河南尹一职,大力修建洛阳,"疏导河渠,修筑宫庙,数年间流庸归附,邦畿复完"③,宫阙、庙宇、宅园都得到修缮和恢复,虽与旧貌不同,但也生机勃勃。

贵戚官僚文人多聚洛阳,相继大兴宅园,比邻而居,互邀游园,饮酒作诗为乐。裴晋公度在洛阳集贤里"筑山穿池"为宅园,"竹木丛翠,有风亭水榭,梯桥架阁,岛屿回环"④,此即为李格非所载湖园前身。裴度又于午桥创别墅绿野堂,"花木万株,中起凉台暑馆",引水其中映带左右,⑤常与白居易、刘禹锡等诗酒相娱。白居易在履道里故居与裴度集贤里宅园"相去一百三十步"⑥,此园"有水一池,有竹千竿"⑦,地理位置优越,水竹甲于洛阳,后为李格非所云大字寺园。丞相牛僧孺的归仁宅园也名冠当时,白居易《题牛相公归仁里新宅成小滩》描写其水景之独特。李德裕平泉山庄距洛阳城三十里,"卉木台榭,若造仙府。有虚槛前引泉水萦回"。⑧ 不难看出,唐时洛阳公卿贵戚私家园林较之北魏,争妍斗富比豪攀奢的现象减少,更有文人清雅气息,多以花木水竹取胜,恬淡简雅。

唐末黄巢之乱,洛阳再受战马兵车碾轹,园林也在战火中摧残破败。李格非云:"及其乱离,继以五季之酷,其池塘竹树,兵车蹂践,废而为丘墟,高亭大

---

① 《旧唐书》第一百二十卷,北京:中华书局 2007 年版,第 3457 页。
② 同上。
③ 同上书,第 3607 页。
④ 同上书,第 4432 页。
⑤ 同上。
⑥ 白居易:《白居易集》,北京:中华书局 1999 年版,第 729 页。
⑦ 同上书,第 1451 页。
⑧ 康骈:《剧谈录》,北京:中华书局 1991 年版,第 83 页。

榭,烟火焚燎,化而为灰烬,与唐共灭而俱亡者,无余处矣。"①时长安为都城,被毁灭殆尽,洛阳虽也遭浩劫,但所遭破坏较长安小,朱温胁唐昭宗迁洛,并令张全义(852—926)治东都宫室。张全义积极投身建设,"令招农户自耕种,流民渐归"②,洛阳呈现"远近趋之如市,五年之内,号为富庶"③的局面。

洛阳园林虽在唐末乱世和五代十国分裂时,饱受摧残,幸于张全义及后唐时对洛阳的重新整治,又使洛阳园林逐渐兴盛。再者,战乱之际,王室宫殿、台榭楼阁等建筑虽化为灰烬,但古木植物尚有存留,所谓"列槐植之行秀兮,历五代而经唐。承太平之雨露兮,幸不遭乎伐戕。"④园林风俗得以继承,到北宋呈现出"为天下第一"的磅礴态势。

三、北宋时期

北宋时期,洛阳再兴园林之风。据载,向拱"尹河南十余年,专治园林第舍……"⑤李格非《洛阳名园记》云洛阳"多大园池",司马光亦云:"洛阳名园不胜纪,门巷相连如栉齿。"⑥看来,洛阳园林鳞次栉比,星罗棋布,且多为名人名园,其社会影响大有可观。

宋代洛阳园林在白居易等人的影响下,呈现出文人的雅致格调。苏轼《醉白堂记》记载韩琦"作堂于私第之池上,名之曰醉白。取乐天《池上》之诗"。⑦ 梅尧臣诗曰:"公爱乐天池上篇,买池十亩皆种莲。"⑧唐代文人化园林的发展,奠定了北宋洛阳园林的精神基调。

北宋西京洛阳再次聚集名士公卿,他们仰慕唐时洛中文人雅士,相继造

---

① 李格非:《洛阳名园记》,北京:文学古籍刊行社 1955 年版,第 13 页。
② 洪迈:《容斋随笔》,上海:上海古籍出版社 2015 年版,第 97 页。
③ 同上。
④ 郭祥正:《郭祥正集》,合肥:黄山书社 2014 年版,第 9 页。
⑤ 《宋史》第二百五十五卷,北京:中华书局 1977 年版,第 8910 页。
⑥ 司马光:《司马光集》,成都:四川大学出版社 2010 年版,第 121 页。
⑦ 苏轼:《苏轼文集》,北京:中华书局 1986 年版,第 344 页。
⑧ 朱东润:《梅尧臣集编年校注》,上海:上海古籍出版社 2006 年版,第 724 页。

园,苏辙在《洛阳李氏园池诗记》中将宋代洛阳园亭之盛归因于唐代的治园风俗不无道理,其文曰:"洛阳古帝都,其人习于汉唐衣冠之遗俗,居家治园池,筑台榭,植草木,以为岁时游观之好。"①李格非《洛阳名园记》曰:"洛阳园池,多因隋唐之旧。"②需指出,"旧"一是指造园基址沿袭唐代,二是园中少量池台花木的留存,而非完全承袭。邵伯温对此有记载:"洛城之东南午桥,距长夏门五里,蔡君谟为记,盖自唐以来,为游观之地。裴晋公绿野庄,今为文定张公别墅,白乐天白莲庄,今为少师任公别墅,池台故基犹在。"③北宋时园林多选择唐时故基加以整饬为之一新。《名园记》中诸多园林均如此,白居易在洛阳的履道里故居,到宋代为大字寺园,多次传承,后又为张氏会隐园,白居易所建堂亭不存,但水竹依旧。另,归仁园、湖园、松岛等皆在唐代园林遗址上再建,园中保存唐时古木,经数百年风霜,景物幽邃苍古,别有格调。即使官宦公卿园林也有清雅的格调,以《名园记》中的司马光独乐园为代表,园小而精,朴素恬淡。

洛阳不仅名士公卿私家园林遍布,更有寺观园林无数。欧阳修在《河南府重修净垢院记》中记述了寺庙园林的盛况并指明其兴盛出于王公贵戚喜于事佛,文云:"河南自古天子之都,王公戚里、富商大姓处其地,喜于事佛者,往往割脂田、沐邑、货布之赢,奉祠宇为庄严。故浮图氏之居与侯家主第之楼台屋瓦,高下相望于洛水之南北,若弈棋然。"④

北宋洛阳园林空前繁荣,所谓"西都士大夫园林相望"⑤,时人多感慨称赞不已。苏辙也认为洛阳贵家巨室"园囿亭观之盛,实甲天下"⑥。

诚如李格非所言,"天下治乱,候于洛阳之盛衰,而知洛阳之盛衰,候于园

① 苏辙:《洛阳李氏园池记》,载曾枣庄、刘琳主编:《全宋文》第九十六册,上海:上海辞书出版社 2006 年版,第 189 页。

② 李格非:《洛阳名园记》,北京:文学古籍刊行社 1955 年版,第 1 页。

③ 邵伯温:《邵氏闻见录》,上海:上海古籍出版社 2012 年版,第 57 页。

④ 欧阳修:《欧阳修全集》,北京:中华书局 2001 年版,第 925 页。

⑤ 范仲淹:《范仲淹全集》,成都:四川大学出版社 2007 年版,第 907 页。

⑥ 苏辙:《洛阳李氏园池记》,载曾枣庄、刘琳主编:《全宋文》第九十六册,上海:上海辞书出版社 2006 年版,第 189 页。

圃之废兴而得。"洛阳在中国古代漫长的历史年代里,一直为兵家必争之地,是为天下治乱之候。洛阳与园林一荣俱荣一损俱损,在治乱兴废交叠更替之间,已然形成当地的文化风俗。因其造园渊源,北宋西京洛阳作为陪都又稳步发展,园林亦"甲于天下"。

第二节　地理环境

不同的地域有不同的自然环境和气候特征,因而园林也风貌各异,百态千姿。《晏子春秋》云:"橘生淮南则为橘,生于淮北则为枳,叶徒相似,其实味不同。水土异也。"①洛阳之所以"名公卿园林天下第一",与其"处天下之中"的地理位置、氤氲温润的气候和周边山水的格局息息相关。

一、地理位置

《名园记》载洛阳:

> "夫洛阳帝王东西宅,为天下之中。"②(《洛阳名园记·张琰德和序》)

张德和一语中的,直指洛阳在中国古代历史中扮演重要角色的根本原因——"天下之中"的地理位置。洛阳位于中原伊洛盆地,处黄河流域中枢,与东边下游平原,西方关陇地区,南面江淮,北方幽燕等重要区域距离相近,因此有"处天下之中"的地位论断。周公最早提出这一论断,《史记·周本纪》载周公赞赏洛阳云:"此天下之中,四方入贡道里均。"③《汉书·地理志下》又载:"昔周公营洛邑,以为在于土中,诸侯蕃屏四方"。④

---

① 刘向:《晏子春秋》,北京:中华书局 2016 年版,第 307 页。
② 李格非:《洛阳名园记》,北京:文学古籍刊行社 1955 年版,序第 1 页。
③ 《史记》第四卷,北京:中华书局 1982 年版,第 133 页。
④ 《汉书》第二十八卷,北京:中华书局 1962 年版,第 1650 页。

周公选择营建洛邑,正因为其地处天下之中,容易形成中心辐射式的管理模式,不仅方便四方诸侯朝贡,也利于安镇八方,在军事管理、文化传播及交通运输上都能以最有效的方式运行。李格非在《书洛阳名园记后》中说道:

> "洛阳处天下之中,挟崤渑之阻,当秦陇之襟喉,而赵魏之走集,盖四方必争之地也。"①(《书洛阳名园记后》)

李格非从兵家的角度指出洛阳处天下之中的军事意义,为兵家必争,得洛阳者得天下,天下治乱都能在洛阳反映出来。正因为洛阳地处天下之中,因而是帝都选址的重要目的地,也是军事重地。

另外,处天下之中,还具有精神上的优越性。居中在中国四方文化上有优势,都城通常要位于天下四方的中心,不偏不倚,以显示皇权的核心地位及掌控天下的特殊身份。诸葛亮中提出"王业不偏安"的重要理论,影响深远,南宋后来定都临安,一直被称为"偏安一隅",是王业不偏安的典型反例。李久昌认为,周公的"'天下之中'说是我国古代第一个有关都城选址规划的理论",并且这种理论是形成列朝都洛的神圣性和合理性依据。②

因此,洛阳在周至北宋的两千年历史中通常扮演都城或陪都的重要角色,其基础设施较之其他都邑优势明显。重要都城素来也是各朝代重要人物云集之地,在北宋仍不例外,洛阳作为陪都,政治、经济、文化作用均不容小觑,为造园带来了综合有力的经济和人文条件。

洛阳"为天下之中"的地理位置是"名园相望"的最根本条件,它决定了洛阳适合花木生长的气候,并成为洛阳特殊的经济、政治、人文环境的重要影响因素。

---

① 李格非:《洛阳名园记》,北京:文学古籍刊行社1955年版,第13页。
② 刘久昌:《"天下之中"与列朝都洛》,《河南社会科学》2007年第4期。

二、气候条件

《名园记》又述洛阳气候道：

"土圭日影，得阴阳之和。"（《洛阳名园记·张琬德和序》）

"天下之中"的地理位置为洛阳带来了温润的气候，非常适合植被生长。洛阳属北温带向亚热带过渡带，兼得暖温带大陆性季风和亚热带气候双重特性，这使得南北地域植物都能在此处生长。李格非言："远方奇卉如紫兰茉莉琼花山茶之俦，号为难植，独植之洛阳，辄与其上产无异。"①梅花本长于亚热带，但在洛阳温暖的气候下也长势喜人。《名园记》中园林多种梅，以大隐庄梅为胜，李格非云："梅盖早梅。香甚烈而大。说者云，自大庾岭移其本至此。"②难植花木在洛阳则如出本土，正因洛阳具备双重气候特征，能包容来自大江南北的不同植物。蔡襄曾描述洛阳的茂林修竹道："伊瀍大山，属连数百里，其生植深远无穷。多材木林竹、薪蒸橡栗之饶……"③洛阳又有桃、李、橘等果木，邵雍曰："满洛城中将相家，广栽桃李作生涯。"④橘这种适合生长在南方亚热带的水果也可在洛阳生根结果，梅尧臣说道："昔向南阳忆洛阳，秋橙初熟半林黄……"⑤洛阳更有花中之王——牡丹，唐代刘禹锡称"唯有牡丹真国色"⑥，至宋，欧阳修作牡丹专著《洛阳牡丹记》，云牡丹"出洛阳者天下第一"⑦。时至今日，牡丹仍然是洛阳最响亮的名片。除花王牡丹外，其他奇花异卉也随处可见，文彦博云："洛城花品虽奇绝，多出寻常百姓家。"⑧温润的气

---

① 李格非：《洛阳名园记》，北京：文学古籍刊行社1955年版，第8页。
② 同上书，第12页。
③ 蔡襄：《蔡襄集》，上海：上海古籍出版社1996年版，第488页。
④ 邵雍：《伊川击壤集》，北京：中华书局2013年版，第142页。
⑤ 朱东润：《梅尧臣集编年校注》，上海：上海古籍出版社2006年版，第625页。
⑥ 刘禹锡：《刘禹锡集》，南京：凤凰出版社2014年版，第181页。
⑦ 欧阳修：《欧阳修全集》，北京：中华书局2001年版，第1096页。
⑧ 申利：《文彦博集校注》，北京：中华书局2016年版，第421页。

候条件下,洛阳植物品种繁多,蔚然可观。

古人曾不止一次指出洛阳林木兴盛是因为气候氤氲温润,光照、湿度、温度皆适宜。《周礼·司徒》:"日至之景,尺有五寸,谓之地中,天地之所合也,四时之所交也,风雨之所会也,阴阳之所和也,然则百物阜安,乃建王国焉,制其畿,方千里而封树之。"①洛阳的居中地理位置使它得阴阳之和,风调雨顺,四季交替分明,植被繁茂,百物阜安。张衡在《东京赋》中亦云洛阳"土圭测景,不缩不盈,总风雨之所交",②因而"惠风广被,泽洎幽荒"。③ 总之,洛阳处天下之中,气候温润,风雨所会,物产富饶,茂林修竹繁花似锦。

洛阳得阴阳之和,风雨所会,温润的气候孕育了大量植被,奇花异果、林木幽茂,俨然天然花园,为洛阳造园提供了良好的天然条件。

三、山水格局

洛阳不仅有林木花卉万千,苍翠葱郁斑斓纷呈,更有特殊的山水格局。战国吴起说洛阳"左河济,右泰华,伊阙在其南,羊肠在其北"④。西汉翼奉亦形容洛阳"左据成皋,右阻黾池,前乡嵩高,后介大河"。⑤ 这种山环水绕的格局为造园活动增添了特色。

洛阳周边山峦起伏,群山环抱如天然屏障。北及西北廓,有邙山延亘。南隅有嵩山及熊耳山,二山分居东西两侧,遥望相对。嵩山有七十二峰,由少室和太室二山构成。熊耳山余脉龙门山居南,龙门有两山对峙伊水中流之奇景,犹如天然门阙,常被称为尹阙。张衡在《东京赋》中这样描述此二山:"太室作镇,揭以熊耳"。⑥ 洛阳之西又有崤山,李格非云洛阳"挟崤渑之阻"即为西方崤山之状。这些天然屏障也是洛阳成为兵家必争之地的重要原因,李格非

① 林尹:《周礼今注今译》,台北:台湾"商务印书馆"1979年版,第98页。
② 张衡:《东京赋》,载姚鼐:《古文辞类纂》,上海:上海古籍出版社2016年版,第762页。
③ 同上书,第766页。
④ 《史记》第六十五卷,北京:中华书局1982年版,第2166页。
⑤ 《汉书》第七十五卷,北京:中华书局1962年版,第3176页。
⑥ 张衡:《东京赋》,载姚鼐:《古文辞类纂》,上海:上海古籍出版社2016年版,第762页。

《书洛阳名园记后》所谓洛阳"挟崤渑之阻,当秦陇之襟喉,而赵魏之走集"是也。

尽管洛城的地形在古代更多地为兵家所称道,不过从造园学上讲,其四周层峦叠嶂,整体地势东南低而西北高,洛阳居中呈现盆地小平原的地貌又给造园提供了天然景色,促成洛阳造园活动长于远借。园内多建高亭台,登高远眺周边山峦,丰富了园林景观并开阔了园林视野。《洛阳名园记》所载园林,大多位于洛阳城东南隅,其中环溪园有"多景楼",以此楼为观景点:

> "以南望,则嵩高少室,龙门大谷,层峰翠巘,毕效奇于前。"①(《名园记·环溪》)

如此看来,多景楼是造园者精心设计而得,为的正是远眺借景,以观四周山峦。据描写,环溪园也应在洛阳城南,因而南望可直观嵩山之少室,熊耳之龙门高耸于前,并有群峰错落延亘掩映。洛阳北邙西崤,少室龙门,于城内园中登楼台眺望群山,坐拥自然山峦美景,大大丰富了游园的视觉体验,正好弥补洛阳城中园林内无山景的不足。

洛阳不仅有群山环绕,更有洛、伊、瀍、涧四水流经。洛水发源于陕西,流经豫西卢氏、洛宁及宜阳而入洛,再注入黄河。伊水源于熊耳山南侧栾川县,由西至东,穿过尹阙而入洛阳,与城南注于洛。由于涧水与谷水在新安交汇为一水,所以涧水又称涧谷水,交汇后又东流,再于洛阳南与洛水相汇。《地理志》曰:"涧水在新安县,东南入洛。"至于瀍水,据《水经·瀍水注》载其源于北城谷山,东南流向,最终在洛阳入洛水。四水与洛阳的关系大体为,洛、伊二水在南,瀍、涧二水则从西至东流经。洛水于左汇合瀍、涧二水,右合伊水,这样四水相牵交汇。四水的流向、分布和交汇是导致洛阳园林多在东南隅的重要原因。白居易《池上篇序》指出洛阳造园选址之胜在东南隅,文曰:"都城风土

---

① 李格非:《洛阳名园记》,北京:文学古籍刊行社 1955 年版,第 4 页。

水木之胜,在东南偏。东南之胜,在履道里。"①因此,他将自己在洛的居第选址在履道里,至宋为大字寺园,仍然有"水竹尚甲洛阳"的优势。

四水融汇洛阳,为洛阳园林带来丰富的水资源,不仅有利于形成池、溪、瀑布等不同水体景观,更能滋润园中林木花草,成为园林的生命之源,所谓"环流灌溉,壤沃物丰"。李格非所载园林多有水景,且诸园理水手法不尽相同。园中奇花异卉、古树名木也因水源的滋养而生机益然。李格非曰:"伊洛二水,自东南分注河南城中。而伊水尤清澈,园亭喜得之。若又当其上流,则春秋无枯涸之病。"②吕文穆园因为在伊水上流,所以有木茂而竹盛之美景。据载,北宋元丰初开清汴,禁止洛水及伊水流入洛阳城,导致城中园林花木枯死,到元丰四年(1081年),文彦博为西京留守时"复引伊、洛水入城……洛城园圃复盛"③。可以说,洛、伊、瀍、涧等是洛阳园林的生命之源,直接决定园圃兴废。

宋人邵伯温世居洛阳,他说道:

> "洛中形势,郏鄏山在西,邙山在北,成皋在东,以接嵩、少,阙塞直其南,属女几,连荆、华,至终南山。洛水来自西南,伊水来自南,右涧水,左瀍水……高山大河,平川沃野,形势压天下。洛阳民俗和平,土宜花竹。"④

山环水绕,平川沃野,民俗和平,林木葱郁,姹紫嫣红,这便是北宋时期洛阳留给世人的整体印象。这样的洛阳,即便没有刻意而为的造园活动,也俨然天然图画,人间天堂。

李复《游归仁园记》曰:洛阳"泉甘土沃,风和气舒,自昔至今,人乐居之。青山出于屋上,流水周于舍下,竹木百蘤茂美"。⑤ 这正是因为洛阳地处天下

---

① 白居易:《白居易集》,北京:中华书局1999年版,第1450页。
② 李格非:《洛阳名园记》,北京:文学古籍刊行社1955年版,第12页。
③ 邵伯温:《邵氏闻见录》,上海:上海古籍出版社2012年版,第58页。
④ 同上书,第95—96页。
⑤ 李复:《游归仁园记》,载曾枣庄、刘琳主编:《全宋文》第一百二十二册,上海:上海辞书出版社2006年版,第94—95页。

之中,气候温润,风雨所会、阴阳所和,北邙西崤、少室龙门群山环抱,洛、伊、瀍、涧交汇穿流,壤沃物丰、丛林葱郁,俨然人间天堂。李复笔下的洛阳,甚至无须造园,房舍与林泉交映,自成天然园居之景。

第三节 社会环境

北宋西京作为陪都,人杰地灵,商业繁华,名士公卿富贾巨商云集,其社会地位和影响力均不容小觑。这一系列社会背景为洛阳园林兴盛奠定了坚实的经济基础和文化条件。

一、经济基础

安史之乱后,洛阳百业凋零、经济衰落。北宋初期,洛阳仍地广人稀农业薄弱。太平兴国四年(979 年),宋攻破雁门关后,"尽驱其民分布河、洛之间"。① 人口迁移政策为洛阳经济的再度繁荣奠定了人力基础。此后,农业迅速发展,"垦田颇广,民多致富"②。民以食为天,农业的发展使得百姓安居乐业,社会繁荣安稳。

同时,北宋商品经济发达,其商业繁荣程度从税收中可知一二,熙宁十年(1077 年)西京及相关重要城市税额如下:

表 1-1　东京、西京、南京、北京商税务及税额③

地名	税额(贯,文)	地名	税额(贯,文)
西京(总)	67548,547	府城(河南府)	37943,984
东京(总)	402379,137	开封府	147380,434
南京(总)	41735,276	府城	27886,280

---

① 《宋史》第四百八十二卷,北京:中华书局 1977 年版,第 13939 页。
② 《宋史》第八十五卷,北京:中华书局 1977 年版,第 2117 页。
③ 程民生:《古代河南经济史》,郑州:河南大学出版社 2012 年版,第 186—189 页。

续表

地名	税额(贯,文)	地名	税额(贯,文)
北京(总)	4733,719	——	——

(表格来源:改绘自《古代河南经济史》)

表1-2 西京商税务及税额(摘录)①

地名	税额(贯,文)	地名	税额(贯,文)
西京(总)	67548,547	登封	1325,103
府城	37943,984	彭婆镇	615,952
巩县	1407,304	颍阳镇	337,837
永安	1519,062	白波镇	2674,418
偃师	873,097	曲河镇	887,914
缑氏	1497,083	长泉镇	836,605
寿安	952,483	三乡镇	2163,148
新安	552,971	伊阙镇	1722,989
永宁	1078,502	伊阙镇	1722,989
渑池	4629,988	费庄场	566,779
长水	766,198	伊阳镇	1389,435
密县	3239,695	府店	507,000

(表格来源:改绘自《古代河南经济史》)

熙宁十年,西京总税额 67548 贯,虽不及都城东京,但与南京等重要城市相比遥遥领先。其中,河南府(即该研究中的洛阳)37943 贯,占西京税额总比56%,比其他 20 余处总额还高。由此可见,洛阳经济的繁荣程度。

另外,洛阳林牧业也得到发展。丰富的林木资源增加了当地庶民的经济来源,北宋张耒曰:"山民为生最易足,一身生计资山木。负薪入市得百钱,归

---

① 程民生:《古代河南经济史》,郑州:河南大学出版社 2012 年版,第187—188 页。

守妻儿蒸斗粟。"①正所谓"物众售平,人用赖焉"。②

总的说来,北宋时期洛阳经济发展处于领先水平,百姓普遍富裕,为游园、赏园等文娱活动奠定了物质基础。③ 繁荣的商业使得洛阳聚集大量富甲巨商,他们有雄厚的经济实力建造园宅,成为"洛阳名园甲天下"的一股重要力量。李格非言洛阳名园园主"财力雄盛",其中部分就是富贾。

北宋洛阳还汇聚了一大批公卿,《名园记》中的园林,大多也是官宦的私家园林。他们究竟有多大的经济实力建造或购买园林呢?关于宋代官员的俸禄问题,说法不一,龚延明《宋代官吏的管理制度》秉有宋代官僚在封建王朝中俸禄最优厚的观点。何忠礼则持相左意见,认为宋代绝大多数官员官禄很低,甚至生活拮据。不过,这些争论都是整体意义上的。学界关于高官这个特殊群里的俸禄问题并无异议:三公、丞相、枢密使、开府、参知政事等高官俸禄极为优厚,且北宋初年至中后期有调整增加。《宋史·职官志》载:"唐贞元四年,定百官月俸。僖、昭乱离,国用窘缺,至天祐中,止给其半。梁开平三年,始令全给。后唐同光初,租庸使以军储不充,百官俸钱虽多,而折支非实,请减半数而支实钱。……宋初之制,大凡约后唐所定之数。"④按,宋初承后唐之制,唐开元、贞元年间俸禄的变制,除月俸减半,其余项目皆不变。张全明从《唐会要》中《内外官料钱》及《旧唐书》中《食货志》等文献中查得唐代官禄(表1-3)。⑤ 此后,从宋真宗大中祥符元年(1008年)至元丰三年(1080年),不断改革增加俸禄,"以三司估百官奉给折支直,率增数倍"。⑥到仁宗时,确立了枢密使带使相、节度使等为400千、宰相300千的禄制,详见表1-4。

---

① 张耒:《张耒集》,北京:中华书局 1990 年版,第 230 页。
② 蔡襄:《蔡襄集》,上海:上海古籍出版社 1996 年版,第 488 页。
③ 北宋私家园林会对百姓开放,并收取一定费用,详见后文论述。
④ 《宋史》第一百七十一卷,北京:中华书局 1977 年版,第 4114—4115 页。
⑤ 张全明:《也论宋代官员的俸禄》,《历史研究》1997 年第 2 期。
⑥ 《宋史》第一百七十一卷,北京:中华书局 1977 年版,第 4116 页。

表 1-3　北宋初期高官俸禄（部分）

官品	官职名 唐代	官职名 （附录）宋代	授田（顷）永业田	授田（顷）职田	禄米（石/年）	月俸（文钱）	食料（文/月）	一至五品防阁六至九品庶仆	杂用（文/月）
正一品	三师，三公	三公，三少，左、右丞相	60	12	700	8000	1800	20000（文/月）（或 96 人）	1200
从一品	开府仪同三司	诸枢密使，开府，特进	50		600				
正二品	特进，尚书令	知枢密院事，参知政事，太尉	35	10	500	6000	1500	15000（文/月）（或 72 人）	1000
从二品	光禄大夫，左右仆射	银青光禄大夫，六部尚书			460				
正三品	侍中，中书令，吏部尚书	承旨，学士，权六部侍郎	25	9	400	5000	1100	10000（文/月）（或 48 人）	900
从三品	银青光禄大夫，京兆尹	正议大夫，六部侍郎，开封尹	20		360				

（表格来源：张全明《也论宋代官员的俸禄》）

表 1-4　北宋中后期高官俸禄

官职名	月俸（千钱）	职田（顷）	禄栗（石/月）	元随人衣粮或餐钱	杂项 绫（匹/年）	杂项 绢（匹/年）	杂项 绵（两/年）	杂项 盐（石/年）
枢密使带使相，侍中枢密使，节度使	400	20	150—200	70—100 人	40—100	30—200	100—500	7
枢密使，节度观察留后知枢密院事	300		100—150	30—70 人	40	30—50	100	5

续表

官职名	月俸（千钱）	职田（顷）	禄粟（石/月）	元随 人衣粮或餐钱	杂 项			
					绫（匹/年）	绢（匹/年）	绵（两/年）	盐（石/年）
参知政事,枢密副使,三司使,观察使	200		100—150	50—70 人	20	30—50	50	2—5
团练使等	150		70—100	30—70 人	20	30—60	50	5
三师,三公,观文殿大学士等	120		100—150	20—35 人	20	30	50	5

（表格来源:张全明《也论宋代官员的俸禄》）

结合北宋物价,可知这些高官的实际生活富足到何种程度。宋代百姓大多种植水稻,因此大米成为基本的交换物品,最能反映物价状况。根据《宋史》《续资治通鉴长编》《宋会要辑稿》等对宋代物价的记载可知,平均斗米价钱为30文上下,而中后期高官月俸120—400千钱不等,可见,北宋高官俸禄之优厚。官员待遇除月俸、禄米等,还有大量职田。苏洵曾指出:"职分之田遍于天下,自四京以降至于大藩镇,多至四十顷,下及一县亦能千亩。"①由此看来,北宋侍中枢密使、节度使、参知政事等高官俸禄优厚,生活相当富裕。

《洛阳名园记》中的园主,很大一部分是身居要职的公卿贵族,诸如独乐园园主司马温公(曾为相)、富郑公园园主富弼(两度为相)、东园园主文彦博(四度为宰)、苗帅园园主苗授(节度使)、赵韩王园园主赵普(开国宰相)、丛春园园主安焘(门下侍郎)、归仁园园主李清臣(门下侍郎)、松岛园园主李迪(两度为相)、吕文穆园园主吕蒙正(三度入相)。从北宋高官俸禄及物价来看,他们有足够的经济实力和田地广建园池。另外,宋代"田制不立"、"不抑兼并"的政策使得土地可以自由买卖。俸禄优厚的高官以及财力雄盛的富贾都可能购得大量田地,为他们广建园林提供土地基础。

---

① 曾枣庄、金成礼:《嘉祐集笺注》,上海:上海古籍出版社1993年版,第128页。

二、政治制度

几千年的古都历史增强了洛阳的政治影响力。北宋时期的洛阳成为在野官宦与当地名士文人的聚集地,形成一股与在朝者相抗衡的力量。

宋朝汲取唐末五代藩镇割据、武官权高位重以至改朝换代的教训,确立了"重文教"的基本国策,文官地位空前提高,数量激增,形成了强有力的文官集团。文官普遍以政治主体自居,从"坐而言"转向"起而行",积极投身于国家事务中。北宋从立国到庆历年间,经历 80 余载发展,国富民安的同时,也危机四伏。"三冗"带来的财政危机及西北边陲问题逐渐暴露。从庆历新政到熙宁变法,士大夫们采取一系列措施致力于富国强兵和改善三冗问题。但是,他们逐渐形成两种治国思路:一是以王安石为首的激进变革派,王安石认为应该法先王之政,改易更革现有法度;二是以文彦博、富弼、司马光等为代表的保守派,认为不宜全盘推翻和改革过激,而应以一种温和的渐进的方式逐渐形成新的秩序。例如,文彦博认为"朝廷行事……以静重为先。陛下厉精求治,而人心未安,盖更张之过也。"①司马光曾说:"治天下譬如居室,敝则修之,非大坏不更造也。"②就这样,变法派与保守派因治国之道相左,斗争不断,形成持久的新党与旧党之争。

时洛阳为陪都,其政治地位相对开封较低,西京留守司被视为"闲司"。熙宁元丰之间,文彦博、富弼、吕公著、范镇、范纯仁、司马光等元老重臣先后与王安石政见不合而退居洛阳,洛阳成为旧党聚集地。另外,作为历史悠久的古都城,洛阳本就有很多贵族世家,不少致仕官员回乡归洛。此时,洛阳聚集的士大夫有:

"以道德为朝廷尊礼者,大臣曰富韩公,侍从曰司马温公、吕申公,士

---

① 《宋史》第三百一十三卷,北京:中华书局 1977 年版,第 10261 页。
② 同上书,第 10764 页。

大夫位卿监以清德早退者十余人,好学乐善有行义者几二十人。"①

洛阳士大夫的汇集形成一个相当有影响力的团体,他们交游唱和甚密,形成在野的政治力量。在野派脱离繁忙的朝政事务,大多生活安适,娱亲友、享天伦,文彦博、富弼、司马光、吕蒙正等均如此。他们不仅因曾身居高位而拥有丰厚的俸禄和田产,更有极高的文化素养和文人趣味。于是,洛阳在野派大兴园林"燕燕息居",富弼致仕归洛,便"燕息"富郑公园"几二十年"②。吕蒙正归洛后亦"有园亭花木,日与亲旧宴会,子孙环列,迭奉寿觞,怡然自得"③。

无疑,洛阳以"闲司"和致仕官员为主要构架的政治环境与亭榭花木、燕语莺歌的园林空间和修身养性、宴集唱和的园林生活高度契合。松散的政治氛围也是北宋洛阳大兴土木、开渠引流造园的重要原因。

三、文化氛围

白居易的"中隐"思想深刻地影响着宋代文人士大夫,这一思想也是北宋洛阳公卿大夫"园林相望"的催化剂。

文彦博对上"为与士大夫治天下"的大胆言论是当时文人士大夫心态的典型写照。他们有着前所未有的文人经邦济世的政治理想,积极投身于国家发展的宏图大略中,但因党派之争,而起伏沉沦,或在朝或在野。"达则兼济天下,穷则独善其身。"北宋时期陪都洛阳聚集的一批闲职官宦都因仕途不顺、政见不被皇帝采纳而退居幕后,无奈归隐闲居,修身养性以独善其身。不过,强烈的政治主体意识和家国忧患意识使得他们不会选择隐居山林,而是隐于城市园林,即"中隐"。这样,他们既能修身养性又能随时关注时局,以备时机到来再次入朝"致君尧舜"、"兼济天下"。

《洛阳名园记》中的富弼、司马光、文彦博、王拱辰等人,正是在"中隐"的

---

① 邵伯温:《邵氏闻见录》,上海:上海古籍出版社2012年版,第107页。
② 陈植、张公驰在《中国历代名园记选注》一书中指出:"二十年"当为"十二年"之误。
③ 《宋史》第二百六十五卷,北京:中华书局1977年版,第9148页。

思想下,退居洛阳园林。他们一面闲居养性一面又心系天下,以司马光为典型。熙宁四年(1071年)二月,司马光因反对王安石新法而屡辞朝命,后改判西京留司御史台,遂居洛阳。司马光居洛后,"买园于尊贤坊,以'独乐'名之",①并精心营造独乐园,于其中修身养性、著书立说,完成史学巨著《资治通鉴》。元丰八年(1085年)太皇太后掌权,她器重司马光并请其重返朝廷。司马光立刻投入到废除新法的工作中,并上书《请革弊札子》、《请更张新法札子》等,继续为国献策。同样,富弼反对熙宁新法而奏称:"新法,臣所不晓,不可以治郡。愿归洛养疾。"②富弼虽退居,仍心系天下,《宋史》载:"弼虽家居,朝廷有大利害,知无不言。"③再如,《洛阳名园记》中环溪园园主王拱辰在处罚滕宗谅的问题上要求"施重责",皇帝未采取其意见,王拱辰"即家居,求自贬"④,不论这件事情的结果如何,都能看出宋代士大夫普遍倔强,若政见不被采纳,则退居而去。

北宋时期洛阳园林的兴盛局面就这样与文人士大夫的仕途进退有着千丝万缕的联系。《名园记》中的名公卿园林均与园主仕途息息相关。退居洛阳园林,一方面是他们官场失意的心灵庇护方式,另一方面也是他们保持与朝政联系,继续践行家国理想的途径。某种意义上,"中隐"思想是北宋洛阳园林兴盛内在驱动力。

洛中风俗喜交游宴集、尚名教,文化氛围浓厚,雅致的文娱活动通常在园林中举行,使得园林更加熠熠生辉,焕发生命的光彩。

洛阳作为千年古都,文化积淀深厚,北宋时大思想家、学术家多居洛阳,如,邵雍、程颢、程颐等人。《二程集》云:"洛实别都,乃士人之区数。"⑤同时,宋代士大夫也具有极高的文化素养,该群体是"政治家、文章家、经术家三位

① 邵伯温:《邵氏闻见录》,上海:上海古籍出版社2012年版,第104页。
② 《宋史》第三百一十三卷,北京:中华书局1977年版,第10256页。
③ 同上。
④ 同上书,第10360页。
⑤ 程颢、程颐:《二程集》,北京:中华书局1981年版,第332页。

一体"①。因此,在野派官员与洛阳当地名士文人具备天然的共通性,都有极高的文化和学术素养。他们汇聚一堂,以道德理想为标榜,郊游唱和,共筑洛阳文化,于是洛阳逐渐成为当时"学术与文化的重心"②。宋代扬文抑武的国策使得全民文化修养大大提高,李泽厚认为宋代"上自皇帝本人、官僚巨宦,下到各级官吏和地主士绅,构成了一个比唐代远为庞大也更有文化教养的阶级或阶层。"③而洛阳,又是宋代的历史名城和文化重心。

两宋堪称"举世重交游"④的时代。北宋的洛阳,名士公卿交游氛围也极为浓厚,仕宦、学者、名士或为僚友,或为世交,或为同乡,相互往来。文人交游宴集,自古就与园林结下不解之缘,金谷雅集、兰亭雅集、西园雅集等,无不如此。北宋洛阳亦不例外,著名的"耆英会"在各名园中依次举行,据载,富弼、文彦博、司马光等名士公卿十余人"就富公宅作第一会。至富公会,送羊酒不出,余皆次为会。"⑤看来,《名园记》中的富郑公园、东园、独乐园等园都依次成为宴集的场所。据李格非记载,董氏西园"有留守喜宴集于此。"⑥董氏东园又有"载歌载舞游之,醉不可归"⑦的集会盛况。北宋洛阳文人士大夫交游唱和、文酒、舞乐,呈现出一派优游恬淡的气象,这种文化风俗与园林环境高度吻合,相互交融。名士公卿交游聚集与园林形影不离,可以说,北宋洛阳的交游宴集之风与大兴园林之风相互催生,交映生辉,成为文化风俗。

北宋洛阳繁荣的商业经济、相对松散的政治氛围、"中隐"思想对士大夫的深刻影响以及"举世重交游"的习俗,一道成就了"洛阳园林甲天下"的盛况。

---

① 王水照:《宋代文学通论》,开封:河南大学出版社 1997 年版,第 27 页。

② 葛兆光:《洛阳与汴梁:文化重心与政治重心的分离——关于 11 世纪 80 年代理学历史与思想的考察》,《历史研究》2000 年第 5 期。

③ 李泽厚:《美的历程》,北京:三联书店 2009 年版,第 180 页。

④ 邵伯温:《邵氏闻见录》,上海:上海古籍出版社 2012 年版,第 37 页。

⑤ 同上书,第 58 页。

⑥ 李格非:《洛阳名园记》,北京:文学古籍刊行社 1955 年版,第 2 页。

⑦ 同上书,第 3 页。

第四节　造园技术

宋代的科学技术在当时处于世界领先水平,也达到了中国古代科技发展的高峰。英国学者李约瑟说:"每当人们在中国的文献中查考任何一种具体的科技史料时,往往会发现它的主焦点就在宋代。不管在应用科学或在纯粹科学方面都是如此。"①诚然,宋代的科学和技术发展迅猛,应用领域也极为广泛。天文、地理、数学、医药、农学等方方面面都有新的探索。中国古代的四大发明,或起于宋(胶泥活字印刷术、指南针)或在宋代得到改进并被广泛运用(造纸、火药)。

在科技迅速发展的大环境下,宋代园林在植物培育与养护、石材制造与运输、掇山、理水、建筑等方面的工艺与技术上都极为成熟。

一、种植技术

《洛阳名园记》中园林植物堪称一绝,文曰:

> "天匠地孕,为花卉之奇";(《洛阳名园记·张琬德和序》)
>
> "岁岁益奇且广";(《名园记·李氏仁丰园》)
>
> "而又远方奇卉如紫兰茉莉琼花山茶之俦,号为难植,独植之洛阳,辄与其上产无异。"(《名园记·李氏仁丰园》)

奈何洛阳园林中奇花异卉甚多? 一是因其温润的气候适合各类植物生长,另一个重要的因素是当时植物的栽培孕育技术已经十分成熟和精细。宋人在科学技术的快速进步中,对各类植物的特性有了客观认知,并懂得运用科学的培养技术,巧妙栽种和养护植物,提高了植物的成活率并使其保持良

---

① 李约瑟:《中国科学技术史》,北京:科学出版社 1975 年版,第 287 页。

好的生长态势。宋人甚至采用成熟的嫁接等技术创造新品种,因而花木"岁岁益奇"。

宋代的植物培育与养护技术大有进步,植物花卉专著也随之陡增,据冯秋季、管成学研究统计,宋代花卉古籍见于记载或者今有存本者共有62种之多,现存33部,残存5部,已散佚24部。① 其中,不少涉及植物的种植栽培技术。周密的《癸辛杂识》中就详细记载了很多栽种植物的奇妙方法,如"插花种菊"一文中指出,"春花已半开者,用刀剪下,即插之萝卜上,却以花盆用土种之,时时浇溉"②,花无不成活。书中还有"种竹法"对竹子的整个培养、移植过程做了描述,并知道把握时间节气,加大成活概率。同书"盐养花"、"种葡萄法"、"插瑞香法"、"菖蒲子"、"菊子"等杂文述各种植物培育养护技术,均堪称奇法,为时人所赞赏。

宋代成熟的花木培育技术表现为三点。第一,不同植物选择适宜土壤,"种花必择善地"③,再适量翻土种植,"如地稍肥美,即翻起深二尺"。④ 第二,注重养护,在花果等植物生长过程中为其打剥,"一本发数朵者,择其小者去之,只留一二朵"⑤,并定期除虫,寻找其穴,"以硫磺簪之"⑥,且适量灌溉。第三,有成熟的嫁接培养技术。周师厚在《洛阳花木记》中非常详细地记载了植物的"四时变接法",曰:"立春前后,接诸般针刺花;雨水后,木瓜上接石楠……春分节,压桧柏……十二月节,揭冻榆木……"⑦此时嫁接非常注重植物本身特性与时节的关系,因此成活率极高,创造了很多新品种。正因为宋代的花木培育嫁接技术如此成熟,所以欧阳修有"客言近岁花特异,往往变出呈

---

① 冯秋季、管成学:《论宋代园艺古籍》,《农业考古》1992年第1期。
② 周密:《癸辛杂识》,上海:上海古籍出版社2012年版,第64页。
③ 欧阳修:《欧阳修全集》,北京:中华书局2001年版,第1102页。
④ 周师厚:《洛阳花木记》,载江庆柏主编:《中国历代谱录文献集成》,合肥:黄山书社2016年版,第18653页。
⑤ 欧阳修:《欧阳修全集》,北京:中华书局2001年版,第1102页。
⑥ 同上。
⑦ 周师厚:《洛阳花木记》,载江庆柏主编:《中国历代谱录文献集成》,合肥:黄山书社2016年版,第18652—18653页。

新枝"①云云。

洛阳处天下之中,阴阳所和,气候温润,适合各种植物生长。因此,植物培育技术在洛阳发展和运用得更为广泛。欧阳修作《洛阳牡丹记》叙牡丹24种并解释花名的由来。周师厚在洛为官,作《洛阳花木记》记载近600种观赏类花木,其中仅牡丹就有109种,桃、李、梨均近30种,芍药也多达41种。更重要的是,该书也记录了栽花法、打剥花法、分芍药法、接花法、四时变接法、种祖子法等技术。洛阳人尤擅长花木栽培,李格非也在《洛阳名园记》中说道:

"今洛阳良工巧匠,批红判白,接以它木,与造化争妙,故岁岁益奇且广。"②(《洛阳名园记·李氏仁丰园》)

洛阳花工标奇立异,技艺炉火纯青,通过植物嫁接创造新品种,"与造化争秒",无怪乎李格非称其为"良工巧匠"。张邦基也记载了洛阳人培育花品的超凡技术,《墨庄漫录》卷二云:"洛中花工,宣和中以药壅培于白牡丹如玉千叶一百五玉楼春等根下,次年花作浅碧色,号欧家碧。岁贡禁府,价在姚黄上。尝赐近臣,外廷所未识也。"③这大概是洛阳牡丹花品众多且甲于天下的重要原因了。张德和云:"而乃斥余事种植灌溉、夺造化之功",见出洛阳良工巧匠的植物栽培与后期养护技术之高超甚至与天工相轧,令人惊羡。试问,奇花异木、繁花似锦的园林怎能不叫世人发出洛阳园林"实甲天下"的感叹?

植物的嫁接、移植、迁插、培育、养护等技术,创造出丰富的新品种,并大大增加了植物的成活率,为园林植物造景和后期维护提供了技术支撑。在以植物见长的洛阳园池中,这些技术更举足轻重。

---

① 欧阳修:《欧阳修全集》,北京:中华书局2001年版,第34页。
② 李格非:《洛阳名园记》,北京:文学古籍刊行社1955年版,第8页。
③ 张邦基:《墨庄漫录》,上海:上海古籍出版社2012年版,第79页。

二、掇山技术

宋人十分注重石材的品评审美，处处可见对石的赏玩品鉴，并且注重以奇石装点园林，园林叠石掇山技艺也日臻成熟。

随着石材的大量运用，围绕石的专著也开始产生。《渔阳公石谱》记载奇石，收录唐宋时期关于石的故事，《宣和石谱》也记载各类假山石材，这些著作不仅反映了宋代园林对于石的审美品位和成熟的掇山技术，更对后世造园产生了一定影响。我国第一部论石专著《云林石谱》诞生于南宋，书中描述大量太湖石，因其色泽、纹理、形状、体量各不相同，在园林中的用法也不尽相同，或叠为假山，或罗列庭槛，或点置几案旁，杜绾曰："平江府太湖石……装治假山，或罗列园林广榭中，颇多伟观。"①石在宋代园林中已频繁使用，且技术娴熟手法多样，可叠石为山，可散置点缀，虽层层叠叠却并未有堆砌烦琐之感。足见宋代叠山置石之技艺十分成熟，也透露出造园技术的成熟。

然而，园林中石的大量运用需要建立在一定的技术支撑上，石的识别与选择、包装、运输、假石山的建造等都需要特殊的技术。宋人造园选材，不仅只看材料的审美特征（如奇石的选择），还懂得适当利用其化学特性，制造出奇特的园林景观。《癸辛杂识》前集载万岁山中有数十个大洞，"其洞中皆筑以雄黄及卢甘石。雄黄则辟蛇虺，卢甘石则天阴能致云雾，滃郁如深山穷谷。"②同时，石材的包装运输技术也有发展。艮岳中奇石遍布，以"大而穿透"为美，此类美石大多从远处舟车辗转而来，不免有"损折之虑"，于是宋人"先以胶泥实填众窍，其外复以麻筋、杂泥固济之，令圆混。日硒，极坚实"③，经过日晒后的麻筋、杂泥混合物成为各类奇石的外包装，以保证石材免受外力损伤，待运到京城，再以水浸泡，则"外包装"自然去除。石材的包装运输方式此前未见记载，在当时称奇。

北宋造园掇山技术也十分成熟。李诫《营造法式》关于各种假山的科学

---

① 杜绾：《云林石谱》，合肥：黄山书社 2016 年版，第 19—20 页。

② 周密：《癸辛杂识》，上海：上海古籍出版社 2012 年版，第 8 页。

③ 同上书，第 7 页。

技术记载甚详,含有各类假山的定量原材料配比,对石的精巧加工处理和运用令人折服,如:

垒石山:石灰,四十五斤;粗墨,三斤。

壁隐假山;石灰,三十斤;粗墨,三斤。

泥假山:长一尺二寸,广六寸,厚二寸砖,三十口;柴,五十斤;曲堰者。

径一寸七分竹,一条;常使麻皮,二斤;中箔,一领;石灰,九十斤;粗墨,九斤;麦秕,四十斤;麦𪍘,二十斤;胶土,一十担。①(李诫《营造法式》)

叠假山有详细用材及制度规范,常以石灰混合有机物胶结石块等工艺,以便稳固假山,显示出北宋精确、标准、科学化的园林假山制造技术,令人惊叹不已。与此同时,从事掇山的工作专业化,出现了专事假山的"山匠","工人特出于吴兴"②。假山种类繁多,其类型用材也非常考究,常以雄黄、焰硝和土混合而成,具有实用和审美双重作用,《五杂俎》载:"宋时巨室治园作假山,多用雄黄、焰硝和土筑之。盖雄黄能辟虺蛇,焰硝能生烟雾,每阴雨之候,云气浡郁,如真山矣。"③看来,在科技迅速发展的背景下,宋人已经能够熟练地掌握材料的物理和化学性能并加以准确运用。

宋代关于石的加工、包装、运输以及掇山技术的发展,为中国古代园林走向成熟和精致提供了有力的技术支撑,对宋代园林的发展至关重要。

三、理水技术

中国园林素有"有山皆是园,无水不成景"之说。造园需引水、理水,园内花木也需浇护灌溉。莳花植木、开渠引流的技术与农业和水利工程的发展息息相关。根据《宋史》记载,实用类的水利工程和农业科技句频分别为 339 次

---

① 李诫:《营造法式译解》,武汉:华中科技大学出版社 2011 年版,第 341 页。

② 周密:《癸辛杂识》,上海:上海古籍出版社 2012 年版,第 7 页。

③ 谢肇淛:《五杂俎》,上海:上海古籍出版社 2012 年版,第 51—52 页。

和 298 次,且在北宋前中期提及更多(见图 1-1、1-2)①,体现国家对农业和水利技术的重视。相应地,土地耕作和水利技术及工具都得到发展。作为"修养土木"之事的园林,其开渠引流、灌溉余事的技术和效率也大大提高。

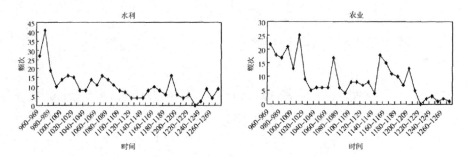

图 1-1 《宋史》本纪中水利工程句频统计图　图 1-2 《宋史》本纪中农业句频统计图
（数据来源:潜伟、吕科伟《宋代科技政策的计量研究》）

以提水灌溉为例,水车中筒车的发展和大量使用大大增加了浇灌的效率。筒车自翻,无需人力转动,这是宋代取水、灌溉技术的一大进步。梅尧臣的《水轮咏》云:

"孤轮运寒水,无乃农者营,随流转自速,居高还复倾。利才畎浍间,功欲霖雨并,不学假混沌,亡机抱瓮罂。"②

梅诗描绘了筒车的形制、动力、运作特点和灌溉效益。筒车尽管多见于农业取水浇灌,其功能完全符合园林花木的浇灌需求。宋代园林中经常使用筒车取水、浇灌,如《洛阳名园记》中的苗授园(王史馆园)、松岛等园都有使用筒车自翻提水的记载,刘攽《王史馆园》:"鸣泉傍舍水翻车"③诗句描写出王史馆园水车临水而置,自动翻转取水的状态。范祖禹《游李少师园十题》之《水

---

① 潜伟、吕科伟:《宋代科技政策的计量研究——以〈宋史〉本纪中记载科技内容为计量对象》,《科学学研究》2007 年第 2 期。
② 朱东润:《梅尧臣集编年校注》,上海:上海古籍出版社 2006 年版,第 101 页。
③ 刘攽:《彭城集》,北京:中华书局 1985 年版,第 168 页。

轮》一诗记载了松岛中水轮的工作状态,"崩腾喷雪浪,昼夜无停息。回旋天磨转,运动日卓侧。"①按,此处水轮即水车中的筒车,其运动昼夜无停,依靠水的冲击力自动运转提水,而非人工翻动,同苗帅园(王史馆园)一样,用于取水、灌溉等事宜。看来,以筒车自翻取水灌溉园林的方法在《名园记》的园林中并不少见。宋代的水利灌溉技术常用于园林中,为园林植物的养护灌溉节省人力,大大提升了效率。

宋代水利的发展也直接为开渠等造园活动提供了技术支持。开渠引流的水利工程是洛阳园林多水景的基础前提,并在一定程度上决定了洛阳城中的园林选址与分布。从考证结果看,《名园记》中的园林大多分布在贯穿洛阳城的洛河及伊水渠畔。李格非只记录了当时洛阳的部分园林,从已有的园林分布,推测当时城中的园林除洛水两侧,大多坐落在贯穿城市中的各个人工渠道附近。总之,水利工程直接影响了园林的选址,且园林中的瀑、池、沼、渠、溪等不同的理水方式也都有赖于水利技术的发展。

图 1-3 筒车图

图 1-4 水转高车图

(图片来源:王祯《农书》)

①　范祖禹:《范太史集》,载纪昀、永瑢:《景印文渊阁四库全书》第一千一百册,台北:台湾"商务印书馆"1983 年版,第 93—94 页。

宋代对农业和水利工程技术的重视和发展也为造园开渠引流、种植灌溉奠定了基础,因此洛阳园林能得以花繁叶茂,且曰"洛阳园池"。

四、建筑技术

宋代的建筑技术也有所发展,建筑结构和形制都有突破。北宋后期诞生的《营造法式》迄今仍是建筑史上的里程碑,书中规范了建筑专业术语,并对大木作、小木作、泥作、瓦作、彩画作等 13 个工种的制度加以详细规范说明,涵盖各种建筑的选料、各构件比例、位置、关系等。不同等级不同类别的建筑都有严格的规定,这样,宋代建筑开始走向标准化、规范化和制度化。喻皓的《木经》①、沈括《梦溪笔谈》也均记载了当时先进和严谨的建造技术。

各种建筑技术和工艺的发展,使得宋代建筑逐渐走向精致,建筑组合的空间也更灵活丰富。孟元老云开封诸酒店厅院"廊庑掩映,排列小阁子,吊窗花竹,各垂帘幕"。② 廊庑、帘幕等丰富了楼阁的层次并得建筑空间更为精致优雅,也使得建筑与建筑之间形成紧密的有机体,宋代的这种建筑群处理十分常见,无论是宋画还是文献均有体现。《宋朝事实类苑》卷六十"杭人好饰门窗什器"条:"杭人素轻夸,好美洁,家有百千,必以太半饰门窗"③,亦见出宋人精于建筑装饰,审美走向纤柔精美。

从宋代很多绘画中看出当时建筑的朱栏灰瓦、院落模式和建筑群组合下的空间都很丰富,因为山水格局和起伏地形而呈现出巧妙的跨涧、依山等处理。如王希孟的《千里江山图》,画中显示的建筑屋顶有九脊顶、五脊顶、两坡顶、攒尖顶等,平面有一字形、工字形、十字形、曲尺形、折带形、丁字形等多种多样,厅堂、楼阁高低错落,游廊、复道、廊桥、亭桥、拱桥、十字桥、九曲桥等与

---

① 《木经》,宋代喻皓著,记木工与木构建筑,三卷,今已佚。欧阳修《归田录》有提及,沈括《梦溪笔谈》记录其部分原文。或传《木经》系喻皓之女所作,欧阳修《欧阳文忠公集》归田录卷第一:"世传皓惟一女,年十岁,每卧则交手于胸,为结构状,如此踰年,撰成木经三卷,今行于世者是也。"
② 伊永文:《东京梦华录笺注》,北京:中华书局 2007 年版,第 190 页。
③ 江少虞:《宋朝事实类苑》,上海:上海古籍出版社 1981 年版,第 789 页。

主体建筑穿插贯通,共同体现山水之中园林建筑的精美宜人。这些都体现出关于建筑的结构、材料、色彩等先进的工艺和技术,没有精密的结构、适宜的材料就很难呈现出这样的建筑。

建筑技术的完善与精确,再加上园林建筑多以观景为主要目的,往往需要结合特殊地形和周围景物来设计,因而呈现出更加灵活的处理方式和多变的空间。这在李格非的《名园记》中也得到体现,以刘氏园建筑最为工致,李格非说道:

> "刘给事园凉堂,高卑制度,适惬可人意。……唯此堂正与法合。西南有台一区尤工致,方十许丈地,而楼横堂列,廊庑回缭,阑楯周接,木映花承,无不妍稳。"[1](《名园记·刘氏园》)

从李格非的记载中见出北宋时期建筑工匠们对木构建筑驾轻就熟,具备自由组合木构、创造丰富的建筑群的能力,造园家们也能将结合自然景观、巧妙布置建筑,廊庑、阑楯、楼阁亭台与花木相呼应,创造出精美的建筑作品和艺术化的园林空间。

小　　结

《张琰德和序》曰:

> "夫洛阳帝王东西宅,为天下之中。土圭日影,得阴阳之和。嵩少瀍涧,钟山水之秀。名公大人,为冠冕之望。天匠地孕,为花卉之奇。加以富贵利达,优游闲暇之士,配造物而相妩媚,争妍竞巧于鼎新革故之际,馆榭池台,风俗之习,岁时嬉游,声诗之播扬,图画之传写,古今华夏莫比。"[2]

---

[1]　李格非:《洛阳名园记》,北京:文学古籍刊行社1955年版,第4页。

[2]　同上书,"序"第1页。

（《洛阳名园记·张琰德和序》）

《张序》指出了洛阳独特的地理环境——处天下之中，得阴阳之和，嵩少瀍涧山水之秀和花木之奇，给园林建造提供了优良的条件，这样的环境俨然天然图画，人间仙境，在其中造园可谓不费人事之功而得，此为造园之"地利"；北宋文化艺术事业发展迅速，思想文化极度繁荣开放，科技也处于全球领先水平，洛阳经济实力雄厚，有游山玩水之风俗，即所谓"鼎新革故之际""岁时嬉游"，这些技术、文化、风俗是为洛阳造园之"天时"；再者，洛阳在北宋为文化中心，有尹洙、邵雍、程颢、程颐这类大文人，也有司马光、富弼、文彦博等当朝宰相，名士公卿云集，常互邀赏园，形成洛社，所谓"富贵利达，优游闲暇之士"，这些人都有极高的文化修养和雅致的审美品位，此为北宋洛阳园林兴盛之"人和"。不仅如此，洛阳作为几千年悠久历史的重要城市，每一次改朝换代后都聚集重要人物，造园于此，形成园林风俗。北宋洛阳天时、地利、人和的造园先决条件以及由来已久的造园渊源最终成就了"洛阳名公卿园林为天下第一"的历史盛况，《洛阳名园记》出于北宋末年，载入史册流传至今，成为北宋园林史研究最重要的重要材料之一，也绝非偶然。

第二章　园林审美理想

黑格尔说:"人类本性中就有普遍的爱美的要求。"[1]李格非以审美的眼光评价洛阳园林,在他看来,湖园具备极高的审美价值:"园圃之胜,不能相兼者六。务宏大者少幽邃,人力胜者少苍古,多水泉者艰眺望。兼此六者,唯湖园而已。"[2]这里,李格非提出"兼六"的园林审美理想。"兼六"指三种统一:其一,就景观的空间呈现来说,为"宏大"与"幽邃"统一;其二,就景观的构成要素来说,希望人工景观与"苍古"即自然景观实现统一;其三,就景观观赏的方式而言,希望"多水泉者艰眺望",即近观与远观的统一。

本章从三个维度论述李格非的园林审美理想:宏大与幽邃的统一,人工与自然的统一,静观与动观的统一。"兼六"审美理想的基本精神,是多种审美元素的和谐统一。这是李格非在《洛阳名园记》中反映的宋人审美理想,也是中国园林的审美追求,体现出宋代兼收并蓄、开放包容的气度。

第一节　宏大与幽邃

唐柳宗元在《永州龙兴寺东丘记》中,提出了著名的风景"旷如"和"奥如"论,云:"游之适,大率有二:旷如也,奥如也,如斯而已。其地之凌阻峭,出

---

① 黑格尔:《美学》,北京:商务印书馆1979年版,第9页。
② 李格非:《洛阳名园记》,北京:文学古籍刊行社1955年版,第11页。

幽郁,寥廓悠长,则于旷宜"①。园林旷如与奥如之美是中国园林景物空间呈现的两种追求。

一、宏大的体现及内涵

(一)《洛阳名园记》中园林宏大的体现

旷景"出幽郁,寥廓悠长",具备这种特征的园林通常空间宏大,景物布置疏朗开阔,目光所极让人有豁达之感,有时也有壮美、雄浑等格调。洛阳多大园池,整体见出宏壮的格调,具体体现为如下几方面。

第一,园林整体空间辽阔深邃。

从考证部分以及李格非的游园体验看来,《洛阳名园记》中绝大多数园林占地广袤,规模宏大,占地20亩的司马光独乐园被称"卑小不可与它园班",其他园林之大可以想见。这些园林大多空间辽阔深邃多变,不逼仄、不拥挤。据《名园记》记载,洛阳园池宏大之冠,当数归仁园,园尽一坊,李复又记归仁园"广二百亩"②,李格非云:"广轮皆里余。北有牡丹与芍药千株。中有竹百亩……唐丞相牛僧孺园七里桧,其故木也。"③结合二李文献知该园以植物和水景为主,位于园北广袤成片的灌木牡丹及芍药给人徜徉花海的感觉,有别于高大乔木遮挡视野,有宽阔疏朗之感。李格非仅用广轮皆里余、牡丹与芍药千株、竹数百亩等语,寥寥数笔勾画出面积广阔规模宏大的园林。又如,富郑公园,登方流亭,望紫筠堂后"右旋花木中有百余步",方才抵达荫樾亭。富郑公园可谓《洛阳名园记》中建筑最多的园林,虽多达20余处,但其构筑物之间仍然间隔甚远,可达百余步,且左右变化,透迤横直,曲有奥思,足见其整体空间辽阔宏大。董氏西园稍西一堂,在大地间,以及轩四面甚敞,"大地"、"甚敞"二词见出园空间的宏大疏朗。概言之,园林空间的宏大

① 柳宗元:《柳宗元集》,北京:中华书局1979年版,第748页。
② 李复:《游归仁园记》,载曾枣庄、刘琳主编:《全宋文》第一百二十二册,上海:上海辞书出版社2006年版,第95页。
③ 李格非:《洛阳名园记》,北京:文学古籍刊行社1955年版,第6页。

表现之一为整体纵横尺度之广大,二为园中景物布局疏朗,给人视野开阔的感觉。

第二,建筑宏大壮丽。

《洛阳名园记》所述洛中公卿富贾园林建筑物也不乏宏大壮丽。其中,建筑规模之最当属环溪园中"朝元阁",高三层,底层有七间厅堂,[1]凉榭锦厅,可容纳数百人,李格非《名园记·环溪》称其"宏大壮丽,洛中无逾者。"[2]在当时,朝元阁这样宏大奢华的建筑可谓一枝独秀,环溪园也因该建筑而在洛阳声名鼎沸。另外,《名园记》中其他园林的建筑之大亦可圈可点,如:

"其大亭有丛春亭。高亭有先春亭";[3](《名园记·丛春园》)

"对轩有桥亭,制度甚雄侈";[4](《名园记·苗帅园》)

"高亭大榭,花木之渊薮";[5](《名园记·赵韩王园》)

"湖北之大堂曰四并堂"。[6](《名园记·湖园》)

"高亭大榭"、"大亭"、"大堂"等在各园林反复出现,见出《名园记》中诸多园林建筑物气度恢宏,具体表现为建筑体量的庞大和制度的雄奢,由宏大而派生出"丽"的审美效果。

第三,植物挺拔高伟。

洛阳园林多因隋唐之旧,尽管朝代变迁烟火焚燎,木构建筑化为灰烬,但很多唐代的古木却保存下来,在宋代园中延续。由于历史悠久,很多植物也矫健挺拔,英姿飒爽,郁郁葱葱,如:

---

① 朝元阁相关史料详见附录二《洛阳名园记》园林考

② 李格非:《洛阳名园记》,北京:文学古籍刊行社 1955 年版,第 4 页。

③ 同上书,第 5 页。

④ 同上书,第 7 页。

⑤ 同上。

⑥ 同上书,第 11 页。

"入门有栝,可十围";①(《名园记·董氏东园》)

"岑寂而乔木森然";②(《名园记·丛春园》)

"园故有七叶。二树对峙,高百尺,春夏望之如山然。今创堂其北。竹万余竿,皆大满二三围,疏筠琅玕如碧玉椽";③(《名园记·苗帅园》)

"松岛,数百年松也"。④(《名园记·松岛》)

园中植物的雄壮之美多表现为百尺之高大挺拔、三围十围之粗壮,与各园林辽阔空间和雄伟建筑正好完美匹配,形成整体和谐的园林景观。

第四,水体浩渺宽广。

《名园记》中园林的宏大除体现在整体规模及空间、建筑外,还有水系。各园中水体不仅丰富多变,也不乏广袤的案例。其中东园之水最为广袤浩渺,李格非和文潞公本人均对此有描写:

"水渺涎甚广,泛舟游者,如在江湖间也";⑤(《名园记·东园》)

"浩然有江湖之趣"。⑥(《余前此二纪……浩然有江湖之趣……》)

李、文二人所载如出一辙,文潞公东园池水如江湖般浩渺开阔。另外,董氏东园流杯、寸碧二亭之西有"大池",水四面喷泻池中,此处池不仅宽阔,且有喷泻的动力,是为激流。环溪中亦有大池,苗帅园中有水可泛十石舟,可见其广且深。

(二)"宏大"的美学内涵

"宏大"作为一种审美品格,有其自身的美学内涵。

---

① 李格非:《洛阳名园记》,北京:文学古籍刊行社 1955 年版,第 3 页。

② 同上书,第 5 页。

③ 同上书,第 6 页。

④ 同上书,第 8 页。

⑤ 同上书,第 9 页。

⑥ 申利:《文彦博集校注》,北京:中华书局 2016 年版,第 369 页。

宏大是一种阳刚之美,宏大的对象通常伴有体量大的视觉特征,并因体量庞大而给人气势雄浑和力量充足的感觉,常表现为华丽、雄伟、广阔、宏壮、高大、强壮、矫健。从体量之广和力量之大的角度看,宏大与雄浑非常相似。司空图这样描述雄浑:

"大用外腓,真体内充。反虚入浑,积健为雄。"①

从体与用的角度看,雄浑的艺术因其内涵充实丰满而具备外在强大的功用,一"大"一"真"即为外在功用和内在思想的概括。司空图又以"虚"描述雄浑。在中国古代,"虚"虽不能等同于"道",但却与"道"的一种特性紧密相连,即无、空等,空与无具有抽象性和虚白性,引人产生无限联想,走入无限的境界。虚空才能纳物,"凿户牖以为室,当其无,有室之用"。② 老子和庄子时常强调虚空的重要性,庄子曰:"同乃虚,虚乃大。"③陈鼓应先生则对这里的"大"做了更详细的解释,"同于太初便虚豁,虚豁便包容广大。"④如果说反虚入浑是从空间之广大上描述雄浑,那么积健为雄则是针对力量之强健来讲,清人杨廷芝《二十四诗品浅解》认为雄指大力无敌⑤。

在我们的审美观念里,宏大的对象因其具备的体量之大,至刚至大的内在意蕴,常被冠之以阳刚之美,从属于壮美的范畴。中国文化里有崇阳的一面,自《周易》就有阴阳哲学,八卦中象征阳的乾卦居首位,乾卦《象传》云:"天行健,君子以自强不息",⑥透露出阳刚之气。无怪乎园林艺术中也透露出宏大的审美品格。

---

① 司空图:《二十四诗品》,杭州:浙江古籍出版社 2013 年版,第 1 页。
② 陈鼓应:《老子注译及评介》,北京:中华书局 2009 年版,第 100 页。
③ 陈鼓应:《庄子今注今译》,北京:中华书局 2009 年版,第 335 页。
④ 同上书,第 337 页。
⑤ 孙联奎、杨廷芝:《司空图〈诗品〉解说二种》,济南:山东人民出版社 1962 年版,第 87 页。
⑥ 朱熹:《周易》,上海:上海古籍出版社 1987 年版,第 2 页。

如何理解阳刚之美,清人姚鼐抒发了他的看法:

"天地之道,阴阳刚柔而已……其得于阳与刚之美者,则其文如霆,如电,如长风之出谷,如崇山峻崖,如决大川,如奔骐骥。其光也如杲日,如火,如金镠铁。其于人也,如冯高视远,如君而朝万众,如鼓万勇士而战之。"①

姚鼐以雷、电、长风、崇山、大川、杲日、火、金等具体景物作比,诠释阳刚之美,他们都有着相似的内在联系,即携带巨大能量,如长风、雷、电甚至战斗中的勇士等,通常表现为疾速、巨响;或者拥有巨大体量,如崇山、大川。

宏大表现为空间体量之广大和力量之强大,因而与西方的崇高有着必然联系,二者都有数的崇高之意。不同的是,宏大可以而且必须表现为外在体量或力量上的大,而崇高可以指外形及力量之大,即数的崇高,康德将崇高感描述为"它经历着一个瞬间的生命力的阻滞,而立刻继之以生命力的因而更加强烈的喷射,崇高的感觉产生了"②。这里十分突出崇高的力量之大。同时,崇高还能指代无形精神,康德说"崇高却是也能在对象的无形式中发现"③,即可以存在于观念中。屠格列夫笔下的麻雀为了保护自己的幼儿,面对庞然大物的猎狗,毫不退缩,以自己强大的精神气魄驱走猎狗。这只外形弱小的麻雀在那一刻表现出绝对的崇高精神,但因其较小的体躯没有体量上的大,因而不能说它的是宏大的。

游观宏大的园林,似驰骋于旷达的天地之间,觉心胸开阔,自身渺小,感慨良多。那么,宏大、雄伟、壮丽这一类阳刚之美的景物,为什么容易让人发生上述感慨? 观者的心理过程经历了什么变化呢?

人们面对宏大景物的审美心理经过了一个扭转的变化过程。先是对象庞

---

①　姚鼐:《惜抱轩诗文集》上海:上海古籍出版社1992年版,第93页。

②　康德:《判断力批判》,北京:商务印书馆1964年版,第84页。

③　同上书,第83页。

大的体量或者强大的力量,迅速触动感官,给人以强烈的心理震撼,这是一种原本内心平静突然被打破的外界压迫带来的痛感。在没有心理应对措施下,主体又产生了无助无望,跟所面对的对象比起来,感觉自身无比渺小卑微,仿佛尘埃一般,最后又开始激动和振奋,感慨宏大的力量。比如,李格非初次来到环溪朝元阁之下,面对如此体量庞大宏伟的建筑(在那个年代,较之宋人对一般建筑规模的认知而言),抬头仰望,首先感受到的是该建筑仿佛正在向自己倾轧过来,恐惧之感油然而生,并感觉到自身如此渺小。接着,经过重新认知识别,观者发现这个对象并不会实际给自身带来危害,压迫之感解除了,而受到对象的体量之大或者力量之大的感染,转而迅速激动起来,觉得自身也充满了能量,这时候,一种快适感、振奋的喜悦感充满全身,开始不自觉地感叹起来。

康德这样描述了崇高给人带来的心理变化:

> "高耸而下垂威胁着人的断崖,天边层层堆叠的乌云里面挟着闪电与雷鸣,火山在狂暴肆虐之中……诸如此类的景象,在和它们相较量里,我们对它们抵拒的能力显得太渺小了。但是假使发现我们自己却是在安全地带,那么,这景象越可怕,就越对我们有吸引力。我们称呼这些对象为崇高,因它们提高了我们的精神力量越过平常的尺度……"①

康德指出了崇高对象给人施加的压力,并且这种压力使得人"渺小不足道"。紧接着在人们认识到自身是安全的时候,崇高对象又会唤醒观者的勇气,激发他的能量,也就是此刻人们会有振奋的快适感。宏大之类的阳刚之美与西方所讲的崇高在给观赏者带来心理变化这个层面是极为相似的。

《洛阳名园记》中的园林,从整体规模到园内景物,多处表现为外形体量之大,气度恢宏,宏壮大气,是北宋洛阳私家园林的美学品格之一。所以李格

---

① 康德:《判断力批判》,北京:商务印书馆1964年版,第101页。

非以"洛阳多大园池"来形容当时的园林概貌。

对宏大之景的追求不独宋才有,宋以前的园林多以宏大为最显著的特征,皇家宫苑以此展示统治阶级的威严,私家园林则以此争艳斗富。汉代上囿禁苑"缭以周墙,四百余里"①,东苑"方三百余里"②,甚至袁广汉私家园林也"东西四里,南北五里,"③场面华丽。隋唐宫阙,公卿园林也不甚宏大。到明清,因人口众多,城市用地不足,造园不得不被拘泥在方寸之内,很少再出现气势雄浑,场景宏大的园林了。文人士大夫只能竭尽所能将自然山、水、石等通通缩移描摹,以求小中见大。值得庆幸的是,北宋洛阳士大夫们,拥有得天独厚的条件,建造出实际体量宏大占地一坊的园林,池可以载舟而游,如泛江湖,厅可容纳数百人,洛中无逾。这是北宋名士富贾在园林美学追求上的幸运。

二、幽邃的体现及内涵

(一)《名园记》中园林幽邃的体现

柳宗元所说的"奥如"之美也就是幽邃、含蓄之美。什么样的景观能称之为"奥如"? 他继续阐释:"抵丘垤,伏灌莽,迫遽回合,则于奥宜。"④迫遽回合、屈曲透迤是幽邃的基本特征。并非所有的景物自然天成具备这种品格,很多时候也需要人工掇山理水以营造"迫遽回合"的幽邃空间。

委曲同幽邃有异曲同工之妙,司空图如是言委曲:

"登彼太行,翠绕羊肠······力之于时,声之于羌。似往已回,如幽匪藏。"⑤(司空图《二十四诗品》)

可以看出委曲有两个总体特征,一为"曲",二为"幽";"曲"是外在表现

---

① 《后汉书》第四十卷上,北京:中华书局 1965 年版,第 1338 页。
② 《汉书》四十七卷,北京:中华书局 1962 年版,第 2208 页。
③ 刘歆:《西京杂记》,上海:上海古籍出版社 2012 年版,第 25 页。
④ 柳宗元:《柳宗元集》,北京:中华书局 1979 年版,第 748 页。
⑤ 司空图:《二十四诗品》,杭州:浙江古籍出版社 2013 年版,第 65 页。

形式,"幽"是由"曲"形成的品格。曲与幽随处可体现。"绕"、"羊肠"从动作及直观视觉上说明路的弯曲。委曲之音似羌发出,宛转悠扬,孙联奎在《诗品臆说》中说:"羌,羌笛也……笛声婉转,最足感人"。① 幽僻、曲折迂回是委曲的特征,需绕而行之,似往已回,却未按原路,幽然恍惚间,妙趣横生。

委曲幽邃的审美格调很早就在中国园林中有所体现,唐代刘禹锡《城东闲游》诗云:"竹径萦纡入,花林委曲巡",②也勾勒了曲径深幽的园林画面。作为艺术的审美格调,与委曲相似的幽邃体现为手法上的曲折,意境上的幽深。对《洛阳名园记》中的北宋园林来讲,幽邃体现在整体空间的深邃屈曲富于变化,水的弯曲灵巧,道路的曲折迂回,植物的高低错落及与建筑的掩映等,具体来说表现为以下几点。

第一,深邃屈曲的变化空间。

《洛阳名园记》中园林多有幽邃的品格,园中馆榭池台、林木花卉巧妙地组织和分割空间,让园林空间深邃委曲。富郑公园营造了"逶迤衡直、闳爽深密"的空间格局。不独富郑公园有深邃之景,刘氏园景物格局也类似,有楼横堂列,方位错综变化,有廊庑回缭,曲折迂回,又有栏楯周接,掩映花木中。归仁园"蓊郁幽邃,与外不相接"。③ 湖园作为"兼六"的综合型园林,固然也有幽邃的景物设置,其中有"梅台"和"知止菴",然需要先"过横地"再"披林莽,循曲径",最后方得此台此菴,确为"眇眇重邃"矣。④

如果说幽邃是《洛阳名园记》中富郑公园、刘氏园、湖园等所具有的品格之一,那么董氏西园则以该品格著称。与富郑公园相类,其建筑也高低错落,园中有高台、高亭垂直统领,又有景物周旋,引导空间变化,堂以竹环,若隐若

---

① 孙联奎、杨廷芝:《司空图〈诗品〉解说二种》,济南:山东人民出版社 1962 年版,第36 页。

② 刘禹锡:《刘禹锡集》,南京:凤凰出版社 2014 年版,第 173 页。

③ 李復:《游归仁园记》,载曾枣庄、刘琳主编:《全宋文》第一百二十二册,上海:上海辞书出版社 2006 年版,第 95 页。

④ 李格非:《洛阳名园记》,北京:文学古籍刊行社 1955 年版,第 11 页。

现。旋转变化的景物组织中,亦留有疏朗的局部,"开轩窗四面甚敞,"①使游者有柳暗花明之感。在周旋景物的组织下,该园尽有清风忽来,留而不去的奇美现象。因为空间的变化,景物周旋而列,所以徐徐清风无法穿透,只能沿着弯曲的空间在园中旋转,留而不去。该园的幽邃之格堪称一绝!若空间全然疏朗、或横平竖直,风来则似穿堂,一去不返,怎能留住?董氏西园不仅在整体布局上追求屈曲透迤,步移景异的效果,同时局部景物也委曲深奥。董氏西园中有堂"屈曲甚邃",以致游者至此,往往相失,这样深邃又变化莫测的空间,其实都被组织在并不宏大的建筑中,即李格非所谓"堂虽不宏大"。据载,隋炀帝曾于扬州建迷楼,千万工匠耗费多年方才竣工,其中有雕栏玉砌、无数楼阁高地错落相接,极为幽密。唐人冯贽《南部烟花记·迷楼》云:"楼阁高下,轩窗掩映,幽房曲室,玉栏朱楯,互相连属。帝大喜,顾左右曰:'使真仙游其中,亦当自迷也。'"②迷楼的幽房曲室叫人惊叹,董氏西园之堂可使游客迷失其中,其屈曲深邃可与隋时迷楼相轧,可想见其精心设计,匠心独运,亦可叹也。

第二,水的弯曲灵巧及道路的曲折迂回。

《洛阳名园记》中的园林理水丰富变化,也体现出水贵曲,以曲为美的特点。苗帅园"有大松七,今引水绕之",③紫金台张氏园亦"饶水而富竹木",④松岛中清泉细流,"涓涓无不通处。"⑤一"绕"则知此水在园中一曲三折。园中水系狭长曲折,如溪、渠、细流等。即使是宽阔的水面,如池、湖、沼等,其驳岸也时而弯弯曲曲。《洛阳名园记》中司马光独乐园的水系可谓曲折灵活,《独乐园记》文曰:

"疏水为五,派注沼中若虎爪。自沼北伏流出北阶,悬注庭下,若象鼻。"⑥

---

① 李格非:《洛阳名园记》,北京:文学古籍刊行社 1955 年版,第 2 页。
② 褚遂良、倪文杰:《全唐文精华》,大连:大连出版社 1999 年版,第 4172 页。
③ 李格非:《洛阳名园记》,北京:文学古籍刊行社 1955 年版,第 7 页。
④ 同上书,第 9 页。
⑤ 同上书,第 8 页。
⑥ 司马光:《司马光集》,成都:四川大学出版社 2010 年版,第 1377 页。

五派水分注入池中,若"虎爪"则知该池边缘形态之曲折,又有二渠绕庭四隅,则见渠之迂回。水之曲也增加了园林悠扬婉转的格调。

关于北宋洛阳园林的道路,所见记载虽不多亦不太详细,但从只言片语中,能见出园路曲折迂回之貌,富郑公园"右旋花木中有百余步",一个"旋"字见出路的曲折。另外,李格非在湖园中也明确指出"曲径"的存在。整体空间的深邃曲折想必也是需要迂回的道路加以组织的。

第三,植物的高低错落及与建筑的掩映。

《洛阳名园记》中的北宋洛阳园林也通过植物的高低错落搭配以及与重要的景观节点——建筑的掩映来营造幽静深邃的氛围。

植物因种类繁多而具备很强的空间塑造性能。从茎的形态上看,乔木、灌木、草本、藤本等不同植物可以混植搭配,以形成垂直方向起伏变化的空间。同时,枝繁叶茂的植物能够很好地阻隔视线,游者置身于一片莽林之中,永远不知道穿过它,下一刻迎接自己的是什么,幽幽然生出遐想。

洛阳得阴阳之和,风雨所会,茂林奇卉颇多,《名园记》所录园林亦擅长植物造景,其中不乏用植物营造幽邃空间的例子,亦不乏用植物掩映园林中那些引人注目和招人驻足的亭台楼榭等重要景观节点。董氏西园一堂,以竹环之,可以增加该堂的神秘性。刘氏园更是以植物和建筑相互交映成为园林的主要特色,李格非说该园"廊庑回缭,阑楯周接,木映花承,无不妍稳"①。水北胡氏园中建筑与植物的交映组合,使得此园如诗如画般唯美,李格非云:"林木荟蔚,烟云掩映,高楼曲榭,时隐时见,使画工极思不可图。"②在这里,高楼曲榭仿佛是一场表演中人们想要去追寻的主角儿,主角的出场总得更特别一些。如果缺乏林木荟蔚的掩映,无论多美的高楼曲榭也很难生出"千呼万唤始出来,犹抱琵琶半遮面"的隐约含蓄味道来。

纵观上述园林发现,造园欲求幽邃,通常具备几个条件:一为园林要素在水平与垂直方向的三百六十度空间中高低曲折、鳞次栉比而列,要素多而不

---

① 李格非:《洛阳名园记》,北京:文学古籍刊行社 1955 年版,第 4 页。
② 同上书,第 10 页。

乱,有节奏地迂回波动。清代李渔谈戏曲时说:"山穷水尽之处,偏宜突起波澜,或先惊而后喜,或始疑而终信,或喜极信极而反致惊疑。务使一折之中,七情俱备……"①李渔说的是戏曲,但同样适合对园林幽邃格调的品评和肯定。观者沿精心组织的曲折园路游览,如李格非游富郑公园,"上"、"登"、"走"、"右旋"、"出"、"入"等动作好似跳动的音符,正好体现园林屈曲的空间。建筑、植物、园路、水系、地势都曲折变化,以塑造整体深邃的意境。幽邃的园林,往往景物密度较大,否则无法达到深邃曲折的效果。但密度较高的景物使游者目不暇接,久而久之有疲倦和紧张感,因此,这类园林为达到美妙的观赏体验,还需要做到第二点:开阔与幽密相结合。富郑公园花木亭台闿爽深密,水平空间较为紧密拥挤,因而频繁设计登高之景,以求脱离水平方向上应接不暇的繁华近景,而望远或坐拥全景,寻求开阔的视野,好比海豚畅游大海,但要定时跳出水面呼吸透气。董氏西园则用局部密集紧凑和局部开阔疏朗的交替空间,获得委曲而不压抑的心理感受,"稍西一堂,在大地间"以及"开轩窗四面甚敞"是为疏朗开阔之景,而"又西一堂,竹环之"和"盛夏奥暑,不见畏日",建筑与植物相拥,是为隐蔽深幽之景,自园南门入,交替出现曲折深幽与疏朗开阔的景物格局,亦有节奏韵律,大有"山重水复疑无路,柳暗花明又一村"的奇妙境界。明清时期的园林也以深邃委曲为追求,明代《园冶》和清代《闲情偶寄》中均有表述,如:

> "曲径绕篱";(《园冶·相地》)②
>
> "长廊一带回旋……小屋数椽委曲";(《园冶·屋宇》)③
>
> "径莫便于捷,而又莫妙于迂"。(《闲情偶寄·居室部》)④

---

① 李渔:《闲情偶寄》,上海:上海古籍出版社 2000 年版,第 84 页。
② 陈植:《园冶注释》,北京:中国建筑工业出版社 1988 年版,第 62 页。
③ 同上书,第 79 页。
④ 李渔:《闲情偶寄》,上海:上海古籍出版社 2000 年版,第 183 页。

以幽邃委曲为美,是中国园林的最大特色。为什么中国如此钟情这样的园林?这还得看幽邃品格背后的美学内涵。

(二)幽邃的美学内涵

如果说宏大是一种阳刚之美,那么幽邃静谧则是阴柔之美,宏大是壮美,而幽邃则是秀美,一种透露中国古典女性美的特质,含蓄、内敛,韵味无穷。姚鼐在论述阳刚之美后,接着以同样的方式,比拟阴柔之美,他说道:

> "其得于阴与柔之美者,则其文如升初日,如清风,如云,如霞,如烟,如幽林曲涧,如沦,如漾,如珠玉之辉,如鸿鹄之鸣而入寥廓……"①

姚鼐认为初日、云、霞、烟、幽林曲涧、珠玉等自然物透着阴柔之美,因为这些事物通常柔和、温润,似乎并没有像阳刚之物那样充满锐气和锋芒,携带满身的能量极具爆发力,但这种美值得人们细细品味,反复思量,需要人们用敏锐而深刻的洞察力和去感知,方可领略。姚所说的"幽林曲涧"则直接就是典型中国园林的表现形式。

中国文化不仅有崇阳的一面,也有"恋阴"②的一面,过去,我们很容易发现前者,"士不可不弘毅"的儒家精神被世代尊崇。殊不知,后者已经悄悄地融入我们的精神,正如阴柔之美本身所具备的特性那样,柔和地潜入我们的意识。《周易·系辞上传》云:"一阴一阳之谓道。"③《周易》体现了崇阳恋阴的观念,"阴阳"共同构成中国文化的范畴。

另外,老子有明显的"尚阴贵柔"倾向,这在《道德经》中被反复诠释:

> "天下之至柔,驰骋天下之至坚";④(《道德经》第四十三章)

---

① 姚鼐:《惜抱轩诗文集》,上海:上海古籍出版社1992年版,第93—94页。
② 陈望衡:《中国文化中崇阳恋阴情结及其美学开显》,《求索》1998年第5期。
③ 朱熹:《周易》,上海:上海古籍出版社1987年版,第58页。
④ 陈鼓应:《老子注译及评介》,北京:中华书局2009年版,第232页。

"强大处下,柔弱处上";①(《道德经》第七十六章)

"天下莫柔弱于水,而攻坚强者莫之能胜"。②(《道德经》第七十八章)

老子对柔弱的尊崇出于两点:其一,从较量抗衡的角度看,柔弱胜刚强;其二,从生命力的角度看,柔弱者生之徒,刚强者死之徒。《道德经》中见出中国文化尚柔的一面。

具备阴柔之美的幽邃园林又带给了观赏者什么样的心理体验?

计成所谓"深奥曲折","生出幻境"③即是对园林幽邃景色的审美心理的概括,让人无限联想和猜测,又总难以琢磨,因为园林景物的巧妙层次组合,产生多变的空间,从而引人遐思,以致"生出幻境"。在相地时,计成认为"园地惟山林最胜",因为它"有高有凹,有曲有深,有峻而悬,有平而坦"④。山林地时而峻峭,引人攀爬登高,时而深奥,让人俯瞰,又有绿林莽莽,遮挡视线,穿行其中,偶遇细流,池沼,泉水叮咚,这些不停地变化的风景,正好一副四维风景,满足了移步换景、日涉成趣的审美体验。选择这样的山林地造园,或许只需要稍加组织路线,造几条随山势水体曲折迂回的园路,在适当的地方造亭榭楼舫,成为景观节点,让人驻足小憩即可。山林地已经在天然上具备了园林屈曲幽邃空间的品质,这是计成认为其最胜的原因。

园林追求幽邃的意境,甚至也浸润到宋词中,且看:

"庭院深深深几许。杨柳堆烟,帘幕无重数。玉勒雕鞍游冶处,楼高不见章台路。"⑤(《蝶恋花·庭院深深深几许》)

"庭院深深深几许。云窗雾阁常局,柳梢梅萼渐分明。"⑥(《临江

① 陈鼓应:《老子注译及评介》,北京:中华书局2009年版,第330页。
② 同上书,第337页。
③ 陈植:《园冶注释》,北京:中国建筑工业出版社1988年版,第73页。
④ 同上书,第58页。
⑤ 欧阳修:《欧阳修全集》,北京:中华书局2001年版,第2006页。
⑥ 黄墨谷:《重辑李清照集》,北京:中华书局2009年版,第33页。

仙·庭院深深深几许》)

　　庭院层层进深,杨柳枝及无数帘幕垂落,遮挡了视线,增强了空间的深幽感,更让人无法看清这庭院还有几许深,"渐分明"揭示了深邃幽秘庭院的审美过程,是随着变化和探索逐渐清晰的。这是典型的中国庭园空间之美,曲径通幽,层层叠叠,象外有象,也是典型的中国庭院情感之美,深沉内敛,无以言表,揣思度量,味外有味。

　　因此,中国园林通常设有围墙,进门处常有屏障,或大石,或古木,经历屏障后,在游览中渐渐豁然开朗,抑或又转折。中国文化里通常不喜欢一览无余,喜欢遮不住的青山隐隐,流不断的绿水悠悠,山外青山楼外楼,喜欢在一显一隐中感受变化无穷。因为不断地变化,所以充满想象和未知,随着隐藏的景色一点点展现,与想象相异则引发惊叹,相同则惊喜。这种审美偏好随处可见,王安石《江上》云:"青山缭绕疑无路,忽见千帆隐映来",①秦观《秋日》三首其一曰:"菰蒲深处疑无地,忽有人家笑语声",②都体现了让人经过揣摩思量后又忽然转入下一景的既惊又喜的丰富心理审美变化。日本学者横山正描述了他对中国园林的感受:

　　　　"花园也是一进一进套匣式的建筑,一池碧水,回廊萦绕,似乎已至园林深处,可是峰回路转,又是一处胜景⋯⋯这真好似在打开一层一层的秘密的套匣。"③

　　横山正所叙述的,正是中国园林试图带给观赏者的心理变化,总让人琢磨不透,又在恰到好处的地点设置一些令人惊喜叫绝的景物。

---

①　王安石:《王安石全集》,上海:复旦大学出版社 2016 年版,第 613 页。
②　周义敢、程自信、周雷:《秦观集编年校注》,北京:人民文学出版社 2001 年版,第 143 页。
③　横山正:《中国园林》,载《美学文献》编辑部:《美学文献》第一辑,北京:书目文献出版社 1984 年版,第 425—426 页。

我们喜欢先朦朦胧胧，再经仔细斟酌、品味之后才有欣喜的美妙，这就是幽邃带给人的审美心理的变化。陈望衡认为，中国古代的美学体系是"以'味'为核心范畴的审美体验论系统，以'妙'为主要范畴的审美品评论系统"。① 这里的"味"，指代心理的慢慢体会，领悟的过程，而妙则是"味"完之后对审美对象的最高评价。然而，"妙"是经过反复品味、反复揣摩思量之后才能有的感受，可以一眼看穿，一览无余的对象无"妙"可言。这个过程饱含幽情，宗白华认为研究意境结构以"窥探中国心灵的幽情壮采"是中华文化最具备世界贡献的一面。② 这是中国人审美的心理结构和偏好，所以，中国园林的设计构思，道路、水系、植物组合、空间的组织等，处处逶迤屈曲，以制造幽邃的意境，引发观者无穷尽的联想，最后再豁然开朗，眼前又有一景。换言之，一个幽邃的园林才能有"妙"格。这与西方园林迥异，如，凡尔赛尽显宏大的气魄，条条宽阔笔直可通马车的大道，规则几何的植坛，袒露无疑的绝对统领性的建筑，这些构成了一个一览无余的宏大园林，带给人们更多的是陡然的心理震撼，而非味外之味、象外之象，非反复咀嚼揣量所得到的"妙"。正如我们对"道"的领悟，先经历"惚兮恍兮，其中有象；恍兮惚兮，其中有物"的不可捉摸，再体会"窈兮冥兮，其中有精。其精甚真，其中有信"③的透彻。这也是我们认为道是最高的美的原因。

中国美学讲含蓄、讲韵味，园林之所要曲折深邃，也是因为对含蓄韵味的追求。梁廷枏说："言情之作，贵在含蓄不露，意到即止。"④虽在说曲，但艺术都是相同的，园林亦如此。气韵建立在形神统一的基础之上，同样强调的是传达出象外之气势、风韵。唐代张怀瓘评顾恺之的画有气韵，认为"其神气飘然在烟霄之上，不可以图画间求"⑤。宋梅尧臣认为诗有气韵应"状难写之景，如

---

① 陈望衡：《中国美学史》，北京：人民出版社 2005 年版，第 4—7 页。
② 宗白华：《美学散步》，上海：上海人民出版社 1981 年版，第 68 页。
③ 陈鼓应：《老子注译及评介》，北京：中华书局 2009 年版，第 145 页。
④ 梁廷枏：《曲话》，有正书局 1916 年版，第 4 页。
⑤ 张彦远：《历代名画记》，上海：上海人民美术出版社 1964 年版，第 100 页。

在目前,含不尽之意,见于言外"。① 而园林的韵味则正在一山一水一厅堂,峰回路转的个个瞬间,带给人无穷尽的想象和反复咀嚼品味后的快感。韵味需要借助山水植物建筑这些有形之物来体现,但它却超越山水楼阁,无形地弥漫在园林空间中。幽静深邃的园林,通过巧妙的空间组织,韵味十足。同时,幽邃的园林可"小中见大",曲曲折折的变化,让数亩之园在体验上远远超越数亩。

从上文分析看来,《洛阳名园记》中园林各有千秋,宏大与幽邃均能到极致。李格非在"足迹目力"大量洛阳名公卿富贾园林之后发出"务宏大者少幽邃"的感慨必有其因。这是两种截然不同的美学品格,宏大壮美与幽邃秀美,前者旷如,后者奥如;一属阳,充满男性阳刚之气,一归阴,含蓄婉约,颇有女性之柔美。这两种风格若要在同一个园林中和谐兼容,则需要处理好中间过渡转折关系。

第二节　人工与天工

李格非说:"人力胜者少苍古",包含对待园林中人工与天工的双重观念:其一,人工与天工的对立,园林是人工自然,第二自然,自然与人工两个相互对立的要素总是此消彼长地共存于园林;其二,人工与天工的结合,"人力胜"往往会破坏自然苍古之美,李格非对此表现出惋惜,希望人工与天工能够完美结合。

一、人工的呈现及品评

(一)人工的巧妙呈现

《洛阳名园记》中随处可见匠心巧妙,美不胜收,主要体现在以下几个方面:

---

① 欧阳修:《欧阳修全集》,北京:中华书局2001年版,第1952页。

第一,建筑之巧。

建筑作为园林中最直接的人工作品,在《洛阳名园记》的园林中呈现出不同的巧妙构思,如:

> "刘给事园凉堂,高卑制度,适惬可人意。……唯此堂正与法和。"① (《名园记·刘氏园》)

刘氏园凉堂按照规章制度,并结合人的尺度,高低恰当,最终能"与法和"并"可人意"。这是《洛阳名园记》园林建筑展现的人工之巧,表现为尺度把握的精准适宜。另外,人工建筑也会因自然景物的不同而选择不同的方式呈现,如刘氏园中采用回旋的曲廊与花木相映,呈现"廊庑回缭"、"木映花承"的园林美景。

第二,景观节点布局之巧。

《名园记》中环溪园也精巧构思,文曰:

> "榭南有多景楼,以南望,则嵩高少室,龙门大谷,层峯翠巘,毕效奇于前。榭北有风月台,以北望,则隋唐宫阙楼殿,千门万户,岿巍璀璨,延亘十余里。"(《洛阳名园记·环溪》)

环溪园中多景楼和风月台,分别南北眺望,有左太冲十余年极力而赋之景。"多景楼"正好远借洛阳城外自然山水景观,"风月台"则适合观赏洛阳人工城市景观,绝非偶然。这是造园者在景观节点的布局选址上反复推敲所得,是《名园记》中园林在景观节点布局方面的人工之巧。

第三,理水之巧。

《名园记》中松岛:

---

① 李格非:《洛阳名园记》,北京:文学古籍刊行社 1955 年版,第 4 页。

"自东大渠引水注园中,清泉细流,涓涓无不通处。"(《洛阳名园记·松岛》)

松岛引水入园,又在园中适当开凿水渠,使水系"涓涓无不通",滋润整座园林。人工理水须精巧构思,不仅涉及水体美的形式也要考虑其实际的功能。《洛阳名园记》所载园林中水系大多如此,极为精妙,独乐园又有聚水为池沼和分水为"虎爪泉"的处理,亦是园主司马光匠心独运的体现。

第四,种植灌溉之巧。

李氏仁丰园巧在植物的栽培,格非言:

"接以它木,与造化争妙。"(《洛阳名园记·李氏仁丰园》)

宋代兴起的种植技术使得植物从培育到养护阶段成活率均较高,嫁接技术又创造出很多新的品种,批红判白,最终与造化争妙,可谓人工绝妙的体现。不仅如此,《洛阳名园记》的松岛园及王使馆园(苗帅园)提及以水翻车灌溉植物的方法,亦令人叹服。

除此之外,《洛阳名园记》中园林处处展现人工奥思。水北胡氏园处于洛阳城外,有"天授地设,不待人力而巧"的自然景观,这是园林选址相地之巧。富郑公园则巧在起伏幽邃的空间营造……《洛阳名园记》中所见北宋园林从水系、植物、建筑,到选址布局等都能体现造园者的巧妙智慧。然而,这些人工是否真的巧妙,最终都归结于居者和游者的舒适体验。富郑公自致仕归第,"燕息"富郑公园十余年,董氏东园使游者醉不可归,居者"燕息"和游者"醉不可归"是园林之巧的验证,而这样的园林也就是妙园了。园林也是中国工匠精神的载体,《洛阳名园记》中的北宋洛阳园林的不愧良工巧匠之妙作。

(二)人工的品评及内涵

中华民族具有完备的工匠文化体系,体现出民族的工匠精神。在仅约三千字的《洛阳名园记》正文中,李格非先后四次提及"人力",依次为:

"甘露院东李氏园,人力甚治";①(《洛阳名园记·李氏仁丰园》)

"凡登览徜徉俯瞰,而峭绝天授地设,不待人力而巧";②(《洛阳名园记·水北胡氏园》)

"岂因于天理者可久,而成于人力者不可恃也";③(《洛阳名园记·大字寺园》)

"人力胜者少苍古"。(《洛阳名园记·湖园》)

这说明,园林依赖于人工。李格非所目睹的洛阳园林中人工占据相当重要的地位,造园技艺处处有所体现。李格非的园林人力观包含三点:一,人力(人工)的最高评价标准是"巧"。二,人工参与园林须有节制,否则有损天工。三,既崇人工,也尚自然。

《名园记》中园林的人工之巧,巧到何种程度?《张序》云李格非所记录的园林"种植灌溉,夺造化之功",见出李格非字里行间对园林人工的最高称赞是巧夺天工。诚然,李格非在描述李氏仁丰园时高度颂扬园林的人工之美,说道:

"今洛阳良工巧匠,批红判白,接以它木,与造化争妙。"(《洛阳名园记·李氏仁丰园》)

"良"与"巧"是中国文化体系中对工匠技艺的高度赞赏,而中华文化中又非常推崇"工匠精神",这是儒家精神注重实用理性的体现。《考工记》云:"知者创物,巧者述之,守之世,谓之工。"④"述之"、"守之"见出匠人既要遵循一定的法规,又要寻找可以发挥和创造的空间,这种"巧"难度甚大,是知者所

---

① 李格非:《洛阳名园记》,北京:文学古籍刊行社 1955 年版,第 8 页。
② 同上书,第 9 页。
③ 同上书,第 10 页。
④ 闻人军:《考工记译注》,上海:上海古籍出版社 2008 年版,第 1 页。

为,我们通常尊誉这样的工匠为圣人,正如《考工记》云:"百工之事,皆圣人之作也。"①

将工匠推崇为"圣人",说明中国文化对工匠技艺的高度重视,正因此,李格非在《洛阳名园记》中表现出对园林中的人工之美、技艺之高超的欣赏,也对园林工匠们给予至高褒奖。想成为良工巧匠,并非易事,"天有时,地有气,材有美,工有巧,合此四者,然后可以为良"。② 想要创造出"良"的作品,还需要有识别和利用天时、地气、材美的智慧。

"巧"是中国工艺美学的核心概念。《庄子·养生主》中的庖丁解牛堪称巧,这巧以"技"为支撑,而以"道"为理念。于是,"技"与"道"成为"巧"的实现条件。

园林作为人工与自然的结合,也是中国造物文化的一种体现,造物的工匠精神渗透其中。园林同样追求"工"与"美",并且希望良工巧匠为之,造就最美的园林,"与造化争妙"。"妙"则是对良工巧匠成果的最高赞美,因为"妙"在中国古代审美品评体系中处于最核心的地位,当认为对象美到极处,则夸赞为"妙"。妙美在其精神层面,精微难以传达,只能靠领悟。《世说新语》中有这么一则故事,"司马太傅问谢车骑:'惠子其书五车,何以无一言入玄?'谢曰:'故当是其妙处不传。'"③"妙处不传"正是因为妙之精微,无以言表。因此,"妙"也被视作"道"的特征,老子曰道"故常无,欲以观其妙"、"玄之又玄,众妙之门"。④

李格非在《名园记》中以"妙"形容洛阳园林的人工水准,一是,园林的艺术水准在他看来确实巧夺天工,与造化争妙;二是,在他的园林审美视域里,人工的艺术标准是夺天工,虽为人力所为,但最终呈现出来的却是大自然的鬼斧神工,洛阳良工巧匠种植嫁接的花卉最后"岁岁益奇且广",这正是人工之"妙"。

---

① 闻人军:《考工记译注》,上海:上海古籍出版社 2008 年版,第 1 页。
② 同上书,第 4 页。
③ 余嘉锡:《世说新语笺疏》,北京:中华书局 2015 年版,第 264 页。
④ 陈鼓应:《老子注译及评介》,北京:中华书局 2009 年版,第 53 页。

二、天工的呈现及品评

(一)天工的呈现

《洛阳名园记》全书中经常有洛阳园林自然朴素、出于天工的描述,这些园林的自然特征体现在因自然选址、向自然借景以及园中丰富的野生动、植物等方面。

第一,因自然选址。

造园之"因"的原则在《园冶》中彰显淋漓,不过早于其五百多年的《洛阳名园记》也有园林因自然选址的确切记载。以水北胡氏园为例,其选址不在洛阳城中,而在城北郊外的邙山之麓,并有瀍水流经,自然环境尤胜,李格非写道:

> "水北胡氏二园……因岸穿二土室……凡登览徜徉俯瞰,而峭绝天授地设,不待人力而巧者,洛阳独有此园耳。"①(《洛阳名园记·水北胡氏园》)

显然,水北胡氏园胜在园林选址,该园所坐落的位置,有水流经有山环抱,无须过多的人工干预便眼前皆自然山水景观。《名园记》体现出宋人对自然美的追求,以自然美为蓝底,这是园林美的根基。因自然而选址不仅体现在园林整体的选址上,也体现在构建园林的景观节点中。水北胡氏园"因岸穿二土室"的做法就是为了观赏临岸的自然水景。计成指出园林首先要选址相地,以"山林地最胜",因为山林地地形起伏多变,使造园可以"自成天然之趣,不烦人事之工"。② 计成的"自成天然之趣,不烦人事之工"与李格非的"天授地设,不待人力而巧"如出一辙,都体现了中国园林对自然的偏好和因自然选址。李格非认为,胡氏园依山傍水,比城中其他园林拥有更多奇美的自然景

---

① 李格非:《洛阳名园记》,北京:文学古籍刊行社1955年版,第9页。
② 陈植:《园冶注释》,北京:中国建筑工业出版社1988年版,第58页。

观,因此将其冠名以"独"的称赞。同样,计成也说"园地惟山林最胜",一"独"一"惟",见出李、计二人对园林选址因于自然的共同见解,和中国古代园林中自然美的极高地位。

第二,向自然借景。

从李格非的游园视角看来,《名园记》中的园林大多都运用了向自然借景的手法,见出对自然的无比热爱。上述水北胡氏园因自然选址的同时也向自然借景,"凡登览徜徉俯瞰",即是登高借园外邙山之景。环溪园中多景楼亦是为借园外"嵩高少室,龙门大谷"的周边自然风光而造,丛春园中丛春亭高于酴醾架以观洛水也是为向自然借水景。这些都说明北宋时期的造园家们已经熟练掌握了造景因借自然的手法,频繁向洛阳周边的山川河流取景,以丰富游园体验。

第三,野生植物丛生。

《洛阳名园记》各园林中生长着大量野生植物,使得这些园林愈发和谐自然,更有生命气息。《洛阳名园记》和相关宋人的诗文中都有不少关于北宋洛阳园林野生植物的记载,如:

"有池亦莲荇";①(《名园记·苗帅园》)

"没篙春水绿于苔";②(司马光《和子华游君贶园》)

"菱莲蒲荄,于沼于沚。结茅构宇……野意山情,颇以自适……"③(文彦博《余于洛城建春门内……故是作诗)

上述《名园记》中苗帅园、东园等存在大量的莲、荇、篙、苔、菱、蒲、荄等,文潞公东园中甚至还有芦苇丛④。这些无须人工种植和养护的野生植物,颇

---

① 李格非:《洛阳名园记》,北京:文学古籍刊行社 1955 年版,第 7 页。
② 司马光:《司马光集》,成都:四川大学出版社 2010 年版,第 467 页。
③ 申利:《文彦博集校注》,北京:中华书局 2016 年版,第 381 页。
④ 见附录二《洛阳名园记》园林考之文潞公园景物考。

有自然野趣,自成风景,是北宋洛阳园林的特色之一。

第四,野生动物栖息。

如此富有野趣的环境也容易引来动物栖息如此,《名园记》园林中不乏动物生存,如:

"幽禽静鸣,各夸得意";①(《名园记·董氏西园》)

"池上鱼相乐,林间鸟不惊。雨余荷气湿,风动水纹生";②(范祖禹《三月十八日雨后访张二十五以诗见寄次其韵》)

"辘轳声急散春鸦"。③(司马光《其夕宿独乐园,诘朝将归赋诗》)

《名园记》中的董氏西园、独乐园、张氏会隐园等园林内生存着鱼、鸟、禽等动物,这让园林不仅有自然气息,更有生机活力。动物和人共同休憩和栖居于园林之中,美不堪言。范纯仁《君实南园饮罢留宿二首》其二曰:"繁花锦斗鲜,好鸟歌无阕。逍遥涉其间,岂独娱岁月。"④诗歌描摹出人与自然动植物共同组成的和谐整体。无论如何,园林能呈现这般景象离不开古人对自然的喜爱。司马光云:"露荷香入座,风竹净无尘"⑤,范祖禹曰:"雨余荷气湿,风动水纹生。"因为热爱自然景物,所以能注意到自然恩惠于园林中的点点滴滴,雨露、清风、荷香皆出于自然,但更重要的是,宋代文人士大夫有一颗细腻的平和的能够感知自然微妙变化的心灵。

综上,《洛阳名园记》中所见园林处处有自然之景,或因或借或全凭天赐。这与洛阳独特的环境息息相关,《张序》非常精准地说洛阳"嵩少瀍涧,钟山水

---

① 李格非:《洛阳名园记》,北京:文学古籍刊行社 1955 年版,第 2 页。

② 范祖禹:《范太史集》,载纪昀、永瑢:《景印文渊阁四库全书》第一千一百册,台北:台湾"商务印书馆"1983 年版,第 95 页。

③ 司马光:《司马光集》,成都:四川大学出版社 2010 年版,第 457 页。

④ 范纯仁:《范忠宣公集》,载纪昀、永瑢:《景印文渊阁四库全书》第一千一百〇四册,台北:台湾"商务印书馆"1983 年版,第 550 页。

⑤ 司马光:《司马光集》,成都:四川大学出版社 2010 年版,第 411 页。

之秀"、"天匠地孕,为花卉之奇",因此很多园内外之景皆自然天成。《名园记》体现出宋人对园林的又一审美态度,那就是尽显自然风貌,朴实无华,出自天工,"不待人力而巧"。

(二)崇尚自然的文化基因

《洛阳名园记》体现出对自然的喜爱绝非偶然,这要追溯到中国人崇尚自然的文化基因。在中国传统文化中,无论道家还是儒家,都非常看中自然,表现出崇尚自然的倾向。

道家文化重视自然,讲究无为无不为,不妄为,师法自然。道家崇尚自然表现为尊重自然,尊重事物的本来面貌,不去过多干预,让事物自由发展。老子反复提及无为的重要性,如,"是以圣人处无为之事,行不言之教",①"道常无为而无不为"②等。在老子眼里,人的无为不妄为,是最好的态度和解决问题的方式,会使万事万物呈现最完美的结果。庄子的思想与老子一脉相承,不过他在老子自然无为的基础上,更明确指出,尊重和崇尚自然表现为顺应自然,所谓"顺物自然而无容私"③。

自然在中国文化里有两层含义:一为自然界;二为自然而然,即本真。无论是大自然本身,还是万事万物任其自然发展的自由状态,都有共同点,统一为本真。老子尊重自然,顺应自然的根本原因是自然无饰,表现为本真,自然之美,美在真,也可说"真美"。自然"妙在水到渠成,天机自露。'我本无心说笑话,谁知笑话逼人来。'"④无须刻意而为,一切顺理成章,这便是自然而然。

道家的这种自然观也会映射到造园活动中。《名园记》中水北胡氏园选山环水绕之地,因岸穿土室正是尊重自然、顺应自然、无为而为的造园宗旨的体现。《名园记》中很多园林中均有野生植物,如环溪中有蒿、苔;苗帅园中有荇、芰;赵韩王园中亦有蒿;独乐园有苔;东园更有大量的野生植物芦苇、菱、

① 陈鼓应:《老子注译及评介》,北京:中华书局2009年版,第60页。
② 同上书,第203页。
③ 陈鼓应:《庄子今注今译》,北京:中华书局2009年版,第235页。
④ 李渔:《闲情偶寄》,上海:上海古籍出版社2000年版,第76页。

莲、蒲、芰等①,园主王拱辰、赵普、司马光、文彦博等并不去除它们,而任由其生长,也是顺应自然,崇尚自然的证明。

儒家也尚自然,儒家文化中有着浓厚的自然之乐和自然之美,并赋予自然人生感悟的色彩。著名的"曾点气象"体现儒家文化对自然的特殊情感。孔子在与弟子们探讨人生理想时,只有曾点有"莫春者,春服既成,冠者五六人,童子六七人,浴乎沂,风乎舞雩,咏而归"②的山林理想,孔子给予高度赞赏曰:"吾与点也",而对其他弟子的修身、治国、平天下的崇高政治理想一言不发。"知者乐水,仁者乐山"③概括了孔子对自然的欣赏和对自然的情感寄托。先秦儒家已经有了崇尚自然、热爱自然的思想。魏晋时期自然山水审美的觉醒更激起人们的自然之情。

在宋代,人们依旧欣赏大自然、借自然抒情并以自然为乐。欧阳修将人生分为两种乐趣:一为"富贵者之乐",二为"山林者之乐"。"山林者之乐"体现对自然的热爱和追求,其文曰:"至于荫长松,藉丰草,听山溜之潺湲,饮石泉之滴沥,此山林者之乐也。"④欧阳修作为宋代文学巨匠,其《浮槎山水记》影响着同时代人并代表了那个时代对自然山林的喜好。

儒家的君子比德及自然之乐的思想在《洛阳名园记》中均有体现。书中大量描述松、柏、竹、梅、莲等植物,在儒家传统中,这些植物常与"坚贞"、"隐逸"、"清雅"等品质联系起来,都视为君子。《洛阳名园记》所涉及的人物大多也好"山林之乐",文潞公作诗表达了这种山林情怀,云:"……漱玉清泉泻石棱。田父相过复相劝,早归林下醉腾腾。"⑤文彦博一生为官,起起伏伏,最终厌倦了官场生活,并投身大自然,以山林草木为伴,尽情饮酒抒情以致"醉腾腾"。同样,《洛阳名园记》中的富郑公也有诗表达自己对自然的热爱,其诗云

---

① 见附录二:《洛阳名园记》园林考。
② 杨伯峻:《论语译注》,北京:中华书局2006年版,第135页。
③ 同上书,第69页。
④ 欧阳修:《欧阳修全集》,北京:中华书局2001年版,第583页。
⑤ 申利:《文彦博集校注》,北京:中华书局2016年版,第298页。

"幽居近铜驼,荒弊仍湫底。……商岭有四翁,晋林惟七子"。① 这里,富弼不仅说明他向往竹林七贤投身自然的潇洒诗意生活状态,更表明,他所营造的富郑公园呈现出幽静自然气息,因此甚是满意欣喜。《洛阳名园记》中的园主大多交游密切②,志趣相投,对自然热爱不在一二,而是整个群体的特征。

儒家热爱自然,借自然抒发内心深处的真实情感,表达人的率真。

在崇尚自然的文化基因的影响下,中国造园出现对自然的因借、描摹和缩移,表现为:曲曲透迤的道路,自然成簇、高矮错落的植物配搭,精巧宜人、灵通剔透、空间开敞的亭、轩、榭、舫等。建筑、道路等人工构筑物在园林中没有统领作用,而承担着点缀、穿插、组织空间的功能,并能够很好地融入自然山水。《洛阳名园记》中的北宋洛阳园林呈现出上述种种特质,即使有人工的因素,但人工通常能很好地切合自然,以刘氏园为典型,该园"阑楯周接,木映花承,无不妍稳。"刘氏园的建筑颇有考究,与花木唇齿相依天然和谐,虽出自人工,却与植物搭配得妍稳得当,显出自然特性。同样,富郑公园中有天光台"出竹木之杪"③,丛春园"丛春亭出荼蘼架上"。④ 几乎所有园林都见这类形式多样的建筑与自然植物的交相呼应。另外,洛阳因其氤氲的环境气候,"天匠地孕,为花卉之奇",这使得洛阳园林茂林修竹、花木渊薮,充满自然野趣,生机盎然。

三、人工与天工的关系

李格非并未在《名园记》中体现出对人工或天工的偏好,而是对二者都赞赏有加,体现出既崇人工之巧也尚天工之妙的园林人工与天工双重审美情怀。在李格非看来,园林中的人工须巧,巧到"夺造化之功",并"与造化争妙"。园

---

① 厉鹗:《宋诗纪事1》,上海:上海古籍出版社 2013 年版,第 309 页。

② 《名园记》中的园主文彦博、富弼、司马光、王拱辰等关系非常密切。如,文彦博将为其父母迁葬之事委托给司马光,可见对司马光赏识信任非同一般。司马光为之作《为文相作改葬先令公启殡文》《令公祖奠文》等文。又如,富弼曾推荐文彦博为相,再如,富弼、王拱辰等共同为邵雍在洛买宅园。

③ 李格非:《洛阳名园记》,北京:文学古籍刊行社 1955 年版,第 2 页。

④ 同上书,第 5 页。

林的自然环境更要"天匠地孕"而奇,要"天授地设,不待人力而巧"。他笔下园林的人工与天工有如下关系。

(一)托承关系

尽管中国文化崇尚自然热爱自然,认为天地有大美,但从园林审美和居住的角度看,中国人并不喜欢生活在纯粹的荒野中。① 天工被人工巧饰后而更加妩媚,天工为锦帛,人工为锦上之花,二者呈现托承关系,天工虽美,但对于居住环境而言,还有赖人力进一步修饰改造。如,苗帅园在开宝年间已经存在,到苗授购得时已经有约百年历史,李格非载:

"园既古,景物皆苍老。复得完力藻饰出之,于是有欲凭陵诸园之意矣。"②(《名园记·苗帅园》)

也就是说,园林仅有"景物皆苍老"的自然物是不够的,仍然需要人工再次参与,需要人力藻饰,才能与他园相媲美。又如,赵韩王园罕有人居,有高亭大榭、花木之渊薮,"岁时独厮养拥篲负锸者于其间而已。"③看来,园林不仅在构思和建造的时候,需要人工匠心巧治,在落成之后的管理维护上,仍然离不开人工,否则久而久之,沦为废地或者二度荒野地,无所谓人居意义上的园林了。李格非描述董氏东园时说"城中二园,因芜坏不治",正是此意。园林中人工与天工的托承关系是双向的,既有天工对人工的依赖,人工对天工的托承;也有人工对天工的依赖,天工对人工的托承和映衬。李格非的字里行间时常流露出天工对人工的映衬:

"廊庑回缭,阑楯周接,木映花承,无不妍稳。"(《洛阳名园记·刘氏园》)

---

① 陈望衡、郝娉婷、齐君:《荒野与园林——"生态园林主义"建构的思考》,《中国园林》2016年第10期。
② 李格非:《洛阳名园记》,北京:文学古籍刊行社1955年版,第6页。
③ 同上书,第7页。

"林木荟蔚,烟云掩映,高楼曲榭,时隐时见,使画工极思不可图。"
(《洛阳名园记·水北胡氏园》)

人工建筑又依赖花木的陪衬,相得益彰,方才"妍稳",否则建筑再华丽,没有植物的陪衬,总也缺少意境。水北胡氏园的高楼大榭,正是在"林木荟蔚,烟云掩映"的自然环境下才能时隐时见,充满诗情画意,超越图画表达。

(二)竞争关系

这一点尤为重要。《张序》云:

"天匠地孕,为花卉之奇。加以富贵利达,优游闲暇之士,配造物而相妩媚。"(《洛阳名园记·张琰德和序》)

"天匠地孕"的优美自然,经过"配造物"的人工后,而"相妩媚",人工与天工谁也不让谁,而是相互妩媚,暗含比较和竞争关系,且大有难分胜负高卑之意。《张序》隐晦地表达了二者的竞争比对,但李格非则清晰地指明这一关系。他说:

"今洛阳良工巧匠,批红判白,接以它木,与造化争妙,故岁岁益奇且广。"(《洛阳名园记·李氏仁丰园》)

良工巧匠嫁接创造新的植物品种,美到足以"与造化争妙"!一个"争"字,看出李格非的态度,是人与天争竞,换言之,园林要与大自然争相媲美,不让自然。其实,郭熙在《山水训》中也透露出这种审美观,他说:"嵩山多好溪,华山多好峰……奇崛神秀莫可穷其要妙。欲夺其造化,则莫神于好,莫精于勤……"①郭熙眼中,画山水,不是模仿自然,而是怀着"夺其造化"的

① 郭思:《林泉高致》,北京:中华书局 2010 年版,第 51 页。

目的和标准。山水画如此，园林如此。看来，古人最大的理想和智慧是与造化相抗衡、竞争，试图让人工艺术与天工媲美。这是中国人思维中的气魄和胆识。

《洛阳名园记》体现出来的人工与天工争妍竞巧的思想在园林领域具有开拓性和突破性的意义，充满了豪迈激情，更能激发人们在造园活动中的大胆进取精神和创新突破意识。自然诚然真美，自然也可以作为人工是否美妙的衡量标准，但是，在李格非的潜意识里，却不是最高的衡量标准。李格非强调对自然的超越，虽出自人工，却敢与天工"争妙"，要再造自然，不是因袭模仿自然。人在审美创造上，应该试图超越自然。中国古人在艺术创作中，秉承的总是"师造化"、"法自然"，而非"摹造化"、"摹自然"。老子曰："人法地，地法天，天法道，道法自然。"①人的行为讲究法，并且希望效法自然。《历代名画记》载唐代画家张璪的创作宗旨是"外师造化，中得心源"②。外师造化说的是以自然为师，从自然那里学东西。关于从师学习，中国历来秉承的是徒对师的超越理念。荀子说："青，取之于蓝而青于蓝；冰，水为之而寒于水。"③从师最终的目标是要超越他，而非永远停留在他的水准，否则学问也好，技艺也好，都无从谈及进步和开拓了。《名园记》有人工"夺造化之功"、"与造化争妙"云云，正含有与天工竞争的锐意进取精神，这是除缩移描摹自然之外的中国园林创造的又一精神追求。李格非认为"独富郑公园最为近辟，而景物最胜"，涵盖对人工的肯定，暗指那些始建于唐或者宋代开国年间，距李格非游园时间（绍圣二年，即1095年）较为久远的园林，久经岁月，呈现颓废衰败以及再度荒野自然的状态，它们与"最为近辟"，经过"目营心匠""曲有奥思"的人工巧作的富郑公园相比，有落后之意，而"近辟"的则是"最胜"的。在李格非的园林审美观念中，人工可以与天工较劲抗衡，甚至有时候可以胜出。

---

① 陈鼓应：《老子注译及评介》，北京：中华书局2009年版，第159页。
② 张彦远：《历代名画记》，上海：上海人民美术出版社1964年版，第201页。
③ 杨倞：《荀子》，上海：上海古籍出版社2010年版，第1页。

（三）参照关系

从《名园记》中包含的园林人工与天工的竞争中可以看出二者的参照关系，人工总是与天工互为参照，不可分离，从事人工时，一定离不开自然，师法自然也好，模仿自然也好，人工总是没绕开自然而完全独立存在。李格非认为李氏仁丰园中嫁接的花木美妙，以"与造化争妙"来夸赞，其实就是将自然作为参照。同样，在欣赏水北胡氏园绝佳的地理环境时李格非又说：

"天授地设，不待人力而巧。"（《洛阳名园记·水北胡氏园》）

这里，天工又必须用人工之巧作参照和比对，方显传奇色彩。工艺巨著《天工开物》榜之曰"天工"，实际是讲述农业手工业中一系列的人力之巧。而自然反复被称为"造化"或者"天工"，也总让人觉得有人为之意。人工与天工二者仿佛互为形影，相互参照比对，难以分离。宋代祖秀《华阳宫记》曰："任其石之性，不加斧凿"、"又得赭石，任其自然"。[1] 祖秀为刻画华阳宫的自然特性，而要以"斧凿"这样的人工来参照，方显自然。

人工也好，天工也罢，凡"工"皆贵"巧"。《洛阳名园记》除了直言工巧，如"争妍竞巧"、"人力巧治"等之外，还有不直言"巧"而"巧"亦蕴在其中的例子。如，杨侍郎园有流杯渠，"流杯水虽急，不旁触为异"，[2]堪称人工创造的奇景，此为人工之巧的体现。又如董氏东园中有"醒酒池"，"水四面喷泻池中，而阴出之，故朝夕如飞瀑，而池不溢。"[3]这里既有人巧也有天巧。董氏西园"清风忽来，留而不去。幽禽静鸣，各夸得意"，明明是自然山林之景象，却实际经过了人为的精心构思设计，是人巧与天巧的结晶。而水北胡氏园那样择天然美景之地而修建，能"不待人力而巧"是园林大巧的体现。

---

[1]　释祖秀：《华阳宫记》，载曾枣庄、刘琳主编：《全宋文》第一百四十六册，上海：上海辞书出版社 2006 年版，第 87 页。

[2]　李格非：《洛阳名园记》，北京：文学古籍刊行社 1955 年版，第 12 页。

[3]　同上书，第 3 页。

从《洛阳名园记》看出,李格非并没有倾向于天工(自然)或者人工任何一方,他对人工和自然美都有着极高的品评标准——人工要"与造化争妙",天工须"不待人力而巧"。人工的最高境界是走向天工走向自然,与造化争妙。而"自然"被描述为"天匠地孕"、"天授地设"或者"天工",其最高境界是"不待人力而巧",也总离不开"工匠"、"人力"这种带有"工匠精神"的人的创造意味,最美的自然虽没有人的参与,却透露出人的影子来。同时这也暗含了我们对于自然的态度:虽有"天授地设,不待人力而巧"的自然,但仍然希望加入一些人工的要素,使得这样的自然能够尽善尽美,尽物之性合人之用,将大巧转换为"至巧"。其次,并非所有的自然都是我们所喜爱的(或者说不完美,不符合我们的审美思维的),这种自然环境则有待人力而巧了。所以才有了人工山水,才有了造园活动,并企图让园林最终能与"造化争妙",与天工媲美。

第三节 动观与静观

李格非不是专业的造园家,但作为文人,他对美有着天生感知力,他从观赏者游园的角度希望园林能够兼有"多水泉"和"眺望"的双重特性,含义丰富,不仅表达了中国园林动、静结合的观景模式,更是中国审美思维的映射。

因为空间的限制,园林中的水泉一般适合近观,而不适合远望。这与大自然中的江水湖海瀑布等不同,它们可以供远观。但园林中的池、沼、溪、泉等体量与声响均有限,更适合近距离感受。"眺望"又有从高往低看的意味,水处下,多为低洼处,人站在水边,所以不能远眺。李格非说的"多水泉者艰眺望"意思是观景要有高、低、远、近不同的视角,要达到不同视角的切换和变化以及领略园林不同的景物需要动观与静观相结合。

一、园林景观的感知方式

李格非在文中多次提及亦动亦静的游览方式(表2-1):

表 2-1　《洛阳名园记》园林的动观与静观

园名	动　观	静　观
富郑公园	自其第东出"探春亭";登"四景堂";南渡"通津桥";上"方流亭";望"紫筠堂"而还;右旋花木中;走"荫樾亭"、"赏幽台"、抵"重波轩"而止;直北走"土筠洞";自此入大竹中;遵洞之南而东还有"卧云堂"	一园之胜可顾览而得;凡坐此则一园之胜,可拥而有也
董氏西园	自南门入、逾小桥、小路抵池	开轩窗四面甚敞
环溪	/	以南望、以北望
丛春园	登是亭	北可望洛水
水北胡氏园	/	如其台四望
湖园	过横地、批林莽、循曲径、登之脩然	望之超然

事实上,动观与静观相结合是为了感知园林中每个局部空间的不同,从一个景点进入下一个景点,步移景异。动观与静观从空间与方向上看具体表现为俯、仰、远、静之观以及流观。

（一）俯仰而观的园林景观感知模式

据考证,《洛阳名园记》12 个园中有台,形成高低错落的景观格局,同时,于高处建楼台亭等现象也很常见。高低参差的景物需要俯察、仰观,这是园林空间及特殊景观节点的设置引导了人的观景行为,一俯一仰感知景观,可生无限情愫意境。

俯、仰作为最基本的两个动作,透露出中国人的思维和情感表达方式,"举头望明月,低头思故乡"是外象动作对思维和情感抒发的折射。一抬头、一低头,看见的是无尽的苍穹和广袤的大地,顿然间观者的心灵与精神充塞宇宙。诚然,俯仰之举正好与人的某些思绪,或回忆过去或畅想未来这种带有方向性的思维有着内在的契合,即都具有两端性质的方向指向性。所以我们经常看见沉思者时而仰头又时而低头。这种思维习惯也影响着我们的审美和观察事物的方式。中国人追求"俯仰自得"的心境,并在一俯察一仰观之间体会无穷的快乐,兹举数例:

"仰观宇宙之大,俯察品类之盛,所以游目骋怀,足以极视听之娱,信可乐也";①(王羲之《兰亭集序》)

"俯仰终宇宙,不乐复何如?"②(陶渊明《读山海经》其一)

可以看出,"俯仰"已经超越动作的范畴,而成为一种思考和审视问题或感受快乐的途径,美感的产生就在俯仰之间,一俯一仰,意境已然。例如,王羲之"俯仰一世"、"俯仰之间,已为陈迹"云云,无不饱含幽思,韵味无穷。"俯仰"的目的是"游心",是"骋怀",最终生出韵味生出意境。"俯仰自得"的"游心"追求,导致我们观赏园林也不自觉地采取"俯仰而观"(心观和眼观)的游览方式。这正与园林流动、音乐化和节奏化了的空间相匹配。宋王洧《湖山十景诗》之《两峰插云》:"试向凤凰山上望,南高天近北烟低。"③同样,贯穿着习惯性地俯仰观景模式。

李格非懂得中国园林的观景模式需要一俯一仰,高低变化,他在其行文中以三种方式体现洛阳园林的仰观和俯察:其一,理论概括,即"多水泉者艰眺望",提出美妙的园林当有可以眺望的景色。其二,行为暗示,如,游富郑公园"登四景堂"而"顾览"、"上方流亭",游丛春园"登是亭",既然有需要"登"、"上",则证明走进这些景点且尚未登之前,必先仰观,而登上之后也必定俯察和远眺。李格非时不时用这样的游园行为字眼,表示园林俯仰之观的体验。其三,景物展现,某些景物呈现的特征只能是俯视或者仰视才有的。如,环溪园可观"隋唐宫阙楼殿、千门万户",只能是站在高处俯瞰全局的观景视野。可览一园之胜,视野开阔,呈现出极多极密的景物特征大多登高望远俯瞰所得。再如,很多景物风貌是仰视的,苗帅园中"二树对峙,高百尺,春夏望之如山然",李格非一定是站在距离树木不远之处,仰望之,否则不会有"如山"的视觉效果。文中言建筑之雄壮,树木之高大,大抵皆属于仰观。

---

① 《晋书》第八十卷,北京:中华书局1974年版,第2099页。
② 陶渊明:《陶渊明集》,南京:凤凰出版社2011年版,第219页。
③ 潜说友:《咸淳临安志》,杭州:浙江古籍出版社2012年版,第3461页。

人立于天地之间,仰望天空和俯瞰大地。园林中有山水石木、花鸟虫鱼,一座园林就是一片小天地。因此,天地之间"俯仰自得"的心境也被搬移到园林中。苏东坡为张天骥作《放鹤亭记》,曰:"风雨晦明之间,俯仰百变"①,人们在园林中俯仰而观,尽管园林空间有限,但仍可变幻莫测。有限的艺术化的园林中的俯仰之间,仍然有无限的真情和境界。

随着宋代各类园林风靡,宋人在园林中俯仰而观以探究人生、托物言志的状态十分常见。宋人王安中登丰乐楼而赋诗云:"仰止常倾四海心"②,借助登丰乐楼的登高攀爬体验,仰观天际,感受人的渺小和向大地的臣服。苏舜钦造沧浪亭,沧浪亭位置较高,于是他说:"聊上危台四望中"③,也是借登高瞭望而抒忧情,园林与俯仰,总是千丝万缕。

(二)远近之观的景观感知模式

除一俯一仰的观景方式外,仔细研读发现,李格非在游览洛阳名园的时候,不停在远眺与近观之间切换视线,构成远近来回移动的观景模式,以感知园林中不同的景物。如,游览丛春园,先近看林木,身临其中,有"岑寂而乔木森然"的感觉,后登"丛春亭"以北望洛水,转为远观。再如,富郑公园,入门先近观,而后登四景堂"顾览"一园之景胜,转为远观,此后一系列动观游走中近观"通津桥"等,再上"方流亭、望紫筠堂",又转为远观,此后"右旋花木中",则显然游走于花木之间,近观植物。其视线大略如此:近观—远眺—近观(动观)—远眺—近观(动观),反复在远与近之间变换,游其他诸园亦相类。

我们还有思维上的由近及远的空间意识,宗白华先生指出:"由近知远的空间意识,已经成为我们宇宙观的特色了。"④老子曰:"不出户,知天下;不窥牖,见天道。"⑤老子是在谈天下,谈道,但"小中见大",从近处出发,从屋宇出发,凭借近处有限的户牖,窥探远处的广袤宇宙,感知天道。这是中国人的一

---

① 苏轼:《苏轼文集》,北京:中华书局1986年版,第360页。
② 王明清:《挥麈录》,上海:上海古籍出版社2012年版,第62页。
③ 苏舜钦:《苏舜钦集》,上海:上海古籍出版社2011年版,第81页。
④ 宗白华:《美学散步》,上海:上海人民出版社1981年版,第104页。
⑤ 陈鼓应:《老子注译及评介》,北京:中华书局2009年版,第241页。

种空间认知模式和思维模式,这种思维方式决定了我们建造园林的时候会营造高低错落的空间,同时决定了欣赏园林时也希望能近观或远眺,希望视线能由近及远或由远及近,远近之间皆有景可赏。谢灵运在《山居赋》中说:

> "抗北顶以葺馆,瞰南峰以启轩。罗曾崖于户里,列镜澜于窗前。因丹霞以赪楣,附碧云以翠椽。"①

层峦叠嶂的远景始于眼下(户里),窗前还一汪碧池,远处有彩霞和云朵。谢灵运在《山居赋》中显示出了远近皆有景可观,由近及远,又由远及近的观景视线:曾崖(远)—户里(近)—镜澜(近)—丹霞(远)—赪楣(近)—碧云(远)—翠椽(近)。就这样,视线在远近之间不停往返观景。这是典型的中国园林的远近移动的观赏方式。远近移动的观景方式在文学创作中也流露出来,如,辛弃疾《鹧鸪天·陌上柔桑破嫩芽》:"山远近,路横斜。青旗沽酒有人家。"②

看来,在视觉观赏上,我们非常习惯于一远一近的切换和移动,静观与动观相互结合。所以,李格非在《名园记》中的远近来回游园的观景知觉呈现不仅是他独有的,也是下意识的自然的中国空间思维和欣赏文化的表现。

不管有没有理论支持人们这么做,中国人音乐化的节奏化的空间意识,总让人们在园林欣赏中自觉不自觉地采取远观近看的视线来回移动观景方式。白居易描写他履道里宅园(即《名园记》中的大字寺园前身)中的太湖石,道:"远望老嵯峨,近观怪欹崟。"③这里也是远望、近观来感知太湖石在不同视角下的美。

宋代叶梦得记载了关于山居的"七胜",其中便有"视远"④一胜。处理好

---

① 谢灵运:《谢灵运集》,长沙:岳麓书社1999年版,第263页。
② 辛弃疾:《稼轩长短句》,上海:上海古籍出版社1988年版,第212页。
③ 白居易:《白居易集》,北京:中华书局1999年版,第491页。
④ 叶梦得:《避暑录话》,上海:上海古籍出版社2012年版,第140页。

远观与近观的关系,难在前者,所以李格非发出园林"艰眺望"的感慨,并高度赞赏湖园能够相兼远眺与近观。园林近观诚无难处,走入徜徉其中即是。因为,近观的空间通常有局限,远观方能拓宽视野,拓宽空间,让有限的园林拥有无限的视野空间和意境。从《洛阳名园记》的描述看出,其中的远观不少为李格非登园内亭、台、楼等远眺园外之景,如从丛春园中登丛春亭北望落水,又如环溪中登望的是洛阳宫殿楼阙和嵩山少室,再如水北胡氏园登览徜徉,看的是伊洛之水以及邙山之麓。宗白华说:"一切楼、台、亭、阁,都是为了'望',都是为了得到和丰富对于空间的美的感受。"①于亭台楼阁之中的"望"是静观以感知园林的重要途径,不过静观而"望"的观景不仅是视觉上的看,更重要的是,驻足停留凭栏倚靠之间也利于"心观",品味园林之美。这些都是远观以拓宽视觉空间,让观赏者身虽处于方寸之地,目之所及却是天地之际,进一步能够引发豁达疏朗的心境。

二、园林意境的整体把握

(一)园林景观的整体感知

整体把握园林意境的前提是先整体感知园林景物。园林作为多感官共同体验的艺术,它与绘画、戏剧、音乐等艺术欣赏的最大不同之处在于,上述艺术主要刺激人的某一处或三两处感官,而园林对人的刺激则是多维度、全身心全方位的。人必须身临其境,观、闻、嗅、触等;同时,还要不停地游走其中,360度全方位审视,并时而行走、时而驻足停留,一动一静地感悟,才能把握园林的美。自古园林与绘画为姊妹艺术。亚历山大教皇认为一切园事皆是绘事,童寯先生说:"一座中国园林就是一幅三维风景画。"②南朝山水画家王微在《叙画》中说:"目有所极,故所见不周"③,证明我们通常是环顾事物,希望能够多视角体验和把握对象的整体特征。所以,中国绘画采用了动态的连续的散点

① 宗白华:《美学散步》,上海:上海人民出版社1981年版,第65页。
② 童寯:《论园》,北京:北京出版社2016年版,第5页。
③ 张彦远:《历代名画记》,上海:上海人民美术出版社1964年版,第132页。

透视法作画。中国山水画的透视方法,其实就是我们日常自然而然地游园观景方式的体现。中国园林的流动的"套匣式"空间适合并且需要人们采取俯察、仰视、远望、近观,既需要驻足停留,静观其美,又需要环顾走动以"游"的方式来领略她的美。在目光的上下前后流动,并随着人的游走发生位移,形成"流观"。因为中国塑造了"四方上下"的空间景观,所以观景视线也是流动的,曲折变化的,并含有一定的序列性,由高及远,由远及近,再由近转深,正如宗白华所说,这是一个"节奏化的行动"①。在漫长的"俯仰"、"远近"的思维方式和空间意识的影响下,园林的观赏也呈现了俯察、仰视、远看、近观的高低远近起伏运动的特性,苏轼《题西林壁》诗曰:"横看成岭侧成峰,远近高低各不同",正是如此。所以,李格非也希望园林能够"多水泉"又兼"眺望",呈现"远近高低各不同"的风景。李格非在游水北胡氏园时有"如其台四望"的观景动作,游环溪则有"瞥目而尽","四望"和"瞥目"刻画出流观顾盼的栩栩如生的游园画面。俯仰顾盼之间,生出意境。中国园林节奏化序列化的音乐般空间正好与需要"流观"的综合观赏模式,才能整体把握其意境。同样,李格非写《洛阳名园记》,正是以这样的俯仰远近之观、博览顾盼的动观与静观相结合的方式领略了洛阳的名园。

高低远近的观景序列、由各要素分割的众多小空间构成韵味十足的中国园林。中国园林的欣赏过程通常被称之为"游园",而非"看"园或"观"园。因为,园林中的景点分散在各处,正如山水画采用多点透视而非单点透视一样,几乎不可能在一个点把握全局。所以游园过程,俯仰、远景之间的切换,都意味着游人既要动观、也要静观。亭台楼阁作为园林中的景观节点,常常设定在水畔或花木中,驻足静观,从一个点到另一个点又左右旋入下一个节点,一动一静,交叉结合。

在富郑公园、董氏西园及湖园中,李格非不乏对动观的极力描写,上、走、登、旋、过、披、循,都是动观的直接写照;"望"、"坐"等则是静观的写照,字里

---

① 宗白华:《美学散步》,上海:上海人民出版社 1981 年版,第 107 页。

行间透露出对园林空间布局的深刻领悟。

对中国园林的欣赏,全面感知景观的流观模式是必要的,也是饶有特色的。因为中国园林幽邃屈曲的空间,必须用这种方式方能领略,这与欧洲体系中典型的法国古典园林非常不同。例如,凡尔赛宫空间宏大旷远,笔直的林荫道,修剪整齐的黄杨植坛,规则的水池等,适合在制高点整体把握,鸟瞰眺望的观景方式更适合感知它的美。

然而,中国园林流观的综合观景模式本身就具有深刻的美学意味。流观顾盼之所以生辉,是因为,内在精神的折射使然,顾盼生情。目光的流转、顾盼、回望之间,总是那么令人难忘,回味无穷,有时候甚至包含着巨大的力量,《后汉书·儒林列传》就说:“俯仰顾眄,则天业可移”①。这种巨大的力量和影响力来自流观回望时透露出的智慧。这就是流观的美学韵味,也是中国园林的观景方式之美。牛僧孺记载唐代一位催书生性好花木,其园香茂,“似堪流盼。”②牛僧孺使用“流盼”一词,表达了园林的观景方式。

李格非对自己游园的行为和景物视角的描写都体现了俯仰远近之观以及动态的流观,以游富郑公园为例:富郑公园中景物最胜,据李格非载,该园中亭、台、楼、轩、堂、桥等人工建筑二十余处,与其他园林相比,密度较大,而建筑与花木交映相合,错落有致。园中有四处登高之景:一是“方流亭”;二是“四景堂”,需“登”高方可入;三为“天光台”,出竹木之杪;四为“卧云堂”可拥一园之胜,四者有序间隔开来,构成园林垂直方向的重要节点,登高望远俯瞰全景。该园水平方向则有东出“探春亭”、南渡“通津桥”、右旋花木、走“阴樾亭”,直北走“土筠洞”、入大竹中等一系列变化的树林、花丛、建筑东西南北分布,相互掩映,不时转换空间,游览过程也丰富变化,有“上”、“走”、“登”、“右旋”、“出”、“入”等一系列方位变化,动观之中移步换景,所以李格非称赞道:“故透迤衡直,闳爽深密,皆曲有奥思。”③有节奏地迂回波动的空间正是北宋

---

①　《后汉书》第七十九卷,北京:中华书局2012年版,第2589页。

②　牛僧孺:《玄怪录》,上海:上海古籍出版社2012年版,第25页。

③　李格非:《洛阳名园记》,北京:文学古籍刊行社1955年版,第2页。

洛阳园林的一个特征。游览者沿精心组织的曲折园路游览,其行为如音符般富有节奏韵律地跳动,李格非游富郑公园,"上"、"登"、"走"、"右旋"、"出"、"入"等动作正是音乐中跳动的音符,在各个节点之间的转换,展现了中国园林游览的俯察、仰观、远望、近看,并动态的顾盼环视的 360 度全方位的"流观"特征,顾盼生辉、流盼有情,美了园林美了人。

可以说,俯仰之间、远近之际、顾盼回望的目光流转所蕴含的中国审美情思和思维方式,促进了中国园林起伏错落的音乐化空间的形成,也可以说,节奏化音乐般的园林空间使得顾盼回望的中国审美思维得以发挥和彰显。中国园林高、低、远、近的空间塑造和观景方式,让游赏者随着对园林的欣赏而目光流转,因而也美了起来,构成了景美、人美的生动的园林与观者和谐一体的画面。李格非的《洛阳名园记》在行文中完全展现了中国园林的游园内涵。

(二)登高望远的哲理情思与园林意境的整体生成

事实上,俯仰远近的视角往往不是单向的,通常是垂直方向和水平方向的相互穿插交织,登高之后不仅存在俯视,也存在远观,"登高望远"就是一种文化典型。"高"与"远"通常难以割舍开来,所以郭熙的三远法之一为"高远"。宋代郭熙的"三远"理论确立了以"远"为中心的绘画美学,[①]又提出了"四可"理论,其中,"可望"可视为与"远"相观照的园林"可望"美学观。所以,宋人非常看重园林的登高望远功能,登高望远能促进人抒发哲理情思,把握园林的整体意境。

李格非在《洛阳名园记》中经常表达出"登高望远"的美好体验及意境。他在《洛阳名园记》中不仅直接点出园林要兼"眺望",而且经常还在字里行间中透出登高望远,坐拥美景的愉快体验。如,李格非游水北胡氏园时说道:

"凡登览徜徉俯瞰……洛阳独有此园尔。"(《洛阳名园记·水北胡氏园》)

---

① 叶朗:《中国美学通史:宋金元卷》,南京:江苏人民出版社 2014 年版,第 220 页。

"登览"的目的是为了把握全景,同时也抒发情感。同时,"徜徉"当然不是身,而是指心灵借助美景的驰骋,有游心太玄的意境,而心的驰骋建立在登高望远,目之所能及者广阔丰富的基础上。这里,李格非揭示出园林登望游览的一个重要特征,那就是游目骋怀,或者"登览徜徉"。登览徜徉,使得游览园林从一种行为体验(登览、游目)转换为心灵意境(徜徉、骋怀),这一转化不仅升华了园林的意境,更见出园林对人的情操陶冶。通常,游人深入园林左顾右盼,经历一段时间后再登览,好似音符突然地向上跳跃,刺激着一次情感高潮的迭起。

那么,这个情感高潮到底是什么? 园林的意境是如何借助登高望远得以升华的? 这还得从"登望兴悲"的文化说起。

登高望远,是一种感悟人生的方式。站得高才能望得远。中国历代文学中一直贯穿着"登高望远"的情结。这种情节首先表现为"登望兴悲"。钱钟书通过分析总结出一个非常重要的文学现象:登高望远,使人心悲的"登望兴悲"命题。① 该命题源于宋玉的《高唐赋》,文曰:

"长吏堕官,贤士失志,愁思无已,叹息垂泪。登高望远,使人心瘁。"②

显然,宋玉的"登高望远,使人心瘁"是因为在登高之前已经携带着"贤士失志"的浓烈悲伤情绪,登高望远是点燃这个情绪的导火索。可以推测,登高望远确实有助于"心瘁"的排泄。自此,"登望兴悲"逐渐存在于人们的审美意识中。据《说苑·指武》记载,孔子东上农山"喟然叹曰:'登高望下,使人心悲'"③。宋玉式的登高兴悲主要基于个体特殊的过去经历(怀才不遇)而发,孔子的心悲则体现了更多的带有普遍性的个体生命意识。

---

① 钱钟书:《管锥编》,北京:中华书局 1979 年版,第 875 页。
② 宋玉:《高唐赋》,载萧统:《六臣注文选》,北京:中华书局 2012 年版,第 348 页。
③ 刘向:《说苑》,北京:商务印书馆 2018 年版,第 685 页。

"登高望远"生命意识的表达在后来的魏晋更为具体明确,《晋书·羊祜传》载:

> "祜乐山水,每风景,必造岘山,置酒言咏,终日不倦。尝慨然叹息,顾谓从事中郎邹湛等曰:'自有宇宙,便有此山。由来贤达胜士,登此远望,如我与卿者多矣!皆湮灭无闻,使人悲伤。'"①

众所周知,魏晋是个体意识、生命意识高度觉醒的时代。羊祜表现出对个体生命伤悲的原因:宇宙一直存在,而人,哪怕是"贤达胜士"之人,虽此刻立于天地之间登高望远,又当如何?绝大多数最终只能落得个"湮灭无闻"。他的登高之悲具有代表性和普遍性,所悲有两点:其一,人生短暂,白驹过隙,所以伤时;其二,有限的时间里,人如何名垂青史是一大难题,时间过去了,人却什么都没留下,与浩瀚的宇宙天际相比,自身显得渺小卑微。这段话还携带了一个关于中国园林审美的重要信息:每风景必造岘山,即,造园掇山、起高楼的园林审美习惯与登高望远的情结紧密相连。这在《洛阳名园记》中表现得尤为明显,洛阳城本来在山环水抱的平原区域,但造园家们仍然极力累土为台,起高楼建高亭,目的就是为了能够登高望远以抒情思。中国园林的建造向来是顺应自然的,因高而高随低而低,顺势而行,但洛阳城平原上频繁累高台的行为却似乎有一点不同,这大概是登高望远在中国文化中成为不可避免的习惯和情怀,最终体现于造园活动。

但是需要注意的是,登高并非只能生悲,置身于宇宙天地之际,顿生生命短暂和人之渺小的时间与空间的双重悲情意识。心瘁还有另一种解释:心动,"登高望远使人心动也"。② 开阔的视野有助于心胸的豁达,也能使人心旷神怡神情愉悦,登高望远,时常还能引人向上,产生激昂的情绪和志向。如,王之涣《登鹳雀楼》云:"欲穷千里目,更上一层楼",表现出引人向上攀爬,不惧困

---

① 《晋书》第三十四卷,北京:中华书局1974年版,第1020页。
② 胡绍煐:《文选笺证》,合肥:黄山书社2007年版,第510页。

难的顽强精神和壮志豪情,同时也有广阔的胸襟去博览众物,"欲穷千里目"就是这样积极高昂地情调影响着一代又一代人。

所以,登高望远是一种情怀,也是一种审美方式,这种美同时表现为登望之悲和登望豪情。

到宋代登高望远,所登之处发生了变化,试看数例:

"高楼目尽欲黄昏";①(晏殊《踏莎行·碧海无波》)

"遥岑远目……把吴钩看了,阑干拍遍,无人会,登临意"。②(辛弃疾《水龙吟·登建康赏心亭》)

我们发现,登高望远,从最初的登大自然真山真水,眺望俯瞰广袤大地上的大江大河,到宋代演变为登楼台亭阁,望池沼馆榭林木。从登自然变为登园林,"登高望远"被"园林化"了,这是宋代的时代特征造就的。园林渗透到宋代社会生活的各方面,政治、文学艺术、城市发展、百姓生活等。③反过来从园林的角度看,那就是园林必须能够登览眺望方显时代气息,方才传承了遥远的登高望远的文化。

至此,不难理解李格非游水北胡氏园所谓的"登览徜徉"的意境,"登望"或者"生悲",所悲大略为人生苦短韶华易逝但时光永恒且不等人,宇宙之无穷、人之渺小这种时空存在与人生存在的矛盾。"登望"或者"心动",激发攀登者向上的意志和宽广的胸怀,引领形成积极高昂的人生境界:会当凌绝顶,一览众山小。李格非在游洛阳园林不时登高望远,其心灵驰骋,无外乎此二重,然而无论哪种,都见出园林登高望远所表达的人生际遇,园林在"登览徜徉"中升华了意境,"望远"最重要的是心的高远。

---

① 晏殊:《晏殊词集》,上海:上海古籍出版社 2016 年版,第 45 页。
② 辛弃疾:《稼轩长短句》,上海:上海古籍出版社 1988 年版,第 101 页。
③ 园林在宋代成功地渗透到全民社会生活的各个角落,这一点在"园居生活审美"章有详细论述。

　　《洛阳名园记》中园主司马光、文彦博、王拱辰等高情远致的宋代文人深知登高望远的道理,造园时有意识地营造这样的观景体验。《洛阳名园记》中,李格非常言"望"者,一般皆为登楼台而远眺,最典型地当属登环溪园的"多景楼"和"风月台",分别南望嵩高少室、龙门大谷,北望洛阳城旧时宫殿全貌,畅享天然和人工美景。该园园主王拱辰说:"楼名多景可旷望",①说明多景楼设定的目的就是为了登高望远。同样,独乐园也经过园主司马光的匠心独运,充分考虑园林的"登望"功能及意境,他在《独乐园记》中说:"洛城距山不远,而林薄茂密,常若不得见,乃于园中筑台,构屋其上,以望万安、轩辕,至于太室。命之曰'见山台'。"②王拱辰和司马光从造园的角度不谋而合,认为园林需要登高望远。宋人造园普遍意识到这一点,同时代的王安石在南京建半山园,作《示元度》诗记录其造园思想,有云"担土为培楼"③,是有意识地自觉地在园中构建"登高望远"的观景模式的体现。

　　李格非云:"多水泉者艰眺望",体现他对园林"登望"的重视。《名园记》中园林虽多出盆地平原,但造园家和园主们都在极力缔造一座座可登可望的有意境的园林,平地起高楼、垒高台,登览一园之胜、千门万户以及洛阳的大好河山。而李格非可谓懂园林、识园林,他在《名园记》中,从园林观赏的角度展示这些园林登高望远的意境,正好合了造园家们的目的性,成为宋代洛阳园林的"知音"。始终不能忘怀,李格非作《洛阳名园记》旨在志兴衰发警言,大概李格非在《洛阳名园记》中突出登望的观景体验,如"登"、"上"、"望"等,尤其是登上环溪园中的风月台以北望"隋唐宫阙楼殿,千门万户,岿巍璀璨"时,触景生情不由生出无限思绪,登望兴悲,正是为了暗示希望北宋不要重蹈唐时覆辙,游园之间,一"登"一"望",竟是国愫忧思的大胸怀大境界。

---

① 厉鹗:《宋诗纪事1》,上海:上海古籍出版社2013年版,第297页。
② 司马光:《司马光集》,成都:四川大学出版社2010年版,第1377页。
③ 王安石:《王安石全集》,上海:复旦大学出版社2016年版,第146页。

第四节　"六胜"相兼之美

李格非云:"兼此六者,惟湖园而已",这是历史上园林"兼美"思想的提出,希望园林能囊括四海精华,荟萃兼美。荀子曾言"不全不粹之不足以为美",意为真正的美具备两大特征:全、粹,这正是荟萃兼美的意义所在。要粹,那么园林的每个小空间和每一种构成的要素都必须美,即偏胜之美;要全,则所有要素和空间都须具备各自不同的美,而且这些美必须还能"相兼",即融合。

一、偏胜之美与相兼之美

偏胜之美与相兼之美在中国历代美学品评中一直存在,且二者形影不离,偏胜构成兼备的基础,至关重要,而相兼则近乎完美,论者多取相兼之美为终极目的。

三国时期刘劭在人物品评中提出"英雄"的偏胜与相兼,云:"草之精秀者为英,兽之特群者为雄……然皆偏至之材,人臣之任也。故英可以为相,雄可以为将,若一人之身见有英、雄,则能长世。"①刘劭认为偏胜之材亦有大用,可以为人臣,不过最完美的当是"英"、"雄"相兼。清代刘熙载论文章,对偏胜之美给予肯定,认为董仲舒、司马迁、贾谊等人文辞各有所长,云:"人知数子之文,纯粹、旁礴、窈眇、昭晰、雍容,各有所至,尤当于其原委穷之。"②刘熙载又云:"白石才子之词,稼轩豪杰之词。才子豪杰,各从其类爱之,强论得失,皆偏辞也。"③艺术应该有多样性,应该各自呈现各自的个性品格,各自为长,方有百家争鸣、百花齐放的欣荣局面。因此,刘熙载认为应该尊重艺术呈现的偏胜之美,偏胜之美使人"各从其类而爱之",不应当对偏胜者"强论得失"。在尊重偏胜、肯定偏胜的基础上,刘熙载提出兼美,认为李白之诗"各有所取,无

---

① 刘劭:《人物志》,北京:中华书局 2016 年版,第 101—102 页。
② 刘熙载:《刘熙载集》,上海:华东师范大学出版社 1993 年版,第 58 页。
③ 同上书,第 136 页。

遗美焉"。① 总的说来,偏胜之美的意义不可否认,它构成多元兼美的前提和基础,能使各类艺术五彩缤纷、百花齐放。不过,仅有单一的偏胜,往往又给人不完美的缺失感,因此论者多在一定程度上肯定偏胜之美,最终又都指向相兼之美。园林审美同样如此,李格非在《洛阳名园记》中表现出对园林偏胜之美的肯定,同时也以相兼之美为最高追求。宏大、幽邃、人工、天工等在李格非看来均是美的,也都是单一的偏胜之美,因此他赞叹湖园的巧妙之处在于它非常难得地将那些相互对立、很难相融的风格巧妙圆融地组织在一起,显得那样自然和谐。

李格非列举了园林六胜:宏大、幽邃、人工、天然、多水泉、眺望,并感慨道:"兼此六者,惟湖园而已。"这里,并非古代园林仅以此六品为胜,而是此六者最难相互兼容,往往顾此失彼。当一座园林能够把那些最相互排斥的美格统一起来,那么它足以具备吸纳所有美的能力了。"兼美"是《洛阳名园记》一书中关于中国古典园林美学思想重要概括,而"兼六"则是全文关于园林审美的文眼。日本人得《洛阳名园记》,独具慧眼,择"兼六"二字作为日本三大名园"兼六园"之名,"兼美"影响可谓深远。

宋代是一个讲究美的朝代,也是一个文化艺术璀璨的朝代,她的园林也是这样,具备极高的品位格调,更重要的是其饶有智慧地将天地之间美的精华融合在一起。倘若细细品味,《洛阳名园记》中的大多数园林都具有兼美的趣味,表现在以下三方面。

(一)宏大与幽邃相兼的空间

《名园记》所提及的张氏会隐园具有空间上的兼美特征,李格非对此园的记载较为简略,不过,宋人尹洙对会隐园有描述,并称赞云:

"屈曲回护,高敞荫蔚,邃及乎奥,旷及乎远,无不称者。"②(尹洙《张

---

① 刘熙载:《刘熙载集》,上海:华东师范大学出版社1993年版,第95页。
② 尹洙:《张氏会隐园记》,载曾枣庄、刘琳主编:《全宋文》第二十八册,上海:上海辞书出版社2006年版,第34页。

氏会隐园记》)

看来,会隐园既"旷如"又"奥如",能将旷远、疏朗和幽邃这些相对难兼容的格调协调起来,组成荟萃兼美的空间,诚可叹。李格非说"务宏大者少幽邃",言下之意宏大与幽邃各自有偏胜之美,但他希望这二者并重。《洛阳名园记》中的园林大多都能处理好幽邃与宏大疏朗的空间关系。如,归仁园,占地二百亩,庞大的规模使得该园更容易容纳四海之美,宏大无需言,此园也曲折幽邃,李复说道:"竹木环舍,翁郁幽邃",若在"远山深林之间"①。同样,归仁园在一园之内既有宏大之美,亦有幽邃之美,二者相兼统一。再如,文彦博东田,中有大池,泛舟而游如在江湖间,有疏朗简远之意境,其周围则林木荟蔚、"森然四合"②,遂有幽静之美。无论总体占地面积广袤与否,中国古代园林总能展现一个丰富、完整的世界,一个有花草虫鸟、有亭台楼阁,或开阔或幽邃、可游可居的人间仙境。通常处理园林中两两互相排斥的美学品格的手法是利用楼阁、茂林、山水、道路等要素将园林分割成很多不同的空间,并注意不同观景点和空间之间的衔接与转换。以"旷如"与"奥如"为例,中国古人早就注意到疏敞与幽密相互交替这一原则,陶渊明在构建人间理想境地桃花源的时候就非常注意这一点,他在《桃花源记》中写道:"林尽水源,便得一山。山有小口……初极狭,才通人。复行数十步,豁然开朗,土地平旷,屋舍俨然。"③桃花源作为中国的理想家园,其空间构建即是先幽后敞,在经历种种猜测后豁然开朗,遂有柳暗花明之境。《洛阳名园记》中园林大多亦如此,"幽"、"敞"结合,过渡自然。

(二)自然与人工相融的景观特性

自然与人工在园林中均非常重要,《洛阳名园记》中园林大多能将此二者

---

①　李复:《游归仁园记》,载曾枣庄、刘琳主编:《全宋文》第一百二十二册,上海:上海辞书出版社 2006 年版,第 95 页。

②　申利:《文彦博集校注》,北京:中华书局 2016 年版,第 381 页。

③　陶渊明:《陶渊明集》,南京:凤凰出版社 2011 年版,第 272 页。

自然融合,配合得恰到好处。如,归仁园既有"新荷方出"、"仓庚时鸣"的自然及生命气息,更有"清池浮轩"①的恬淡清雅画面。再者,该园唐时已建,园中高桧为故木,苍古劲美,使得园林兼备自然古朴与文化历史气息。又如,文潞公东园水中有"菱莲蒲芰"②,岸边更有悠悠芦苇,一派天然野趣,同时又配以人工建筑,"渊映瀍水二堂,宛宛在水中",人工与天工交融,呈现出和谐美好的画面。《洛阳名园记》中其他园林,如富郑公园、董氏西园、松岛等无不括精华、兼众美,既疏朗旷如,又苍古自然,既有人工之美又有天然水竹之胜,无不称者。"人工"与"天工"就是这样难舍难分,不合目的性的自然人们要改造它,所以造园;而合目的性的自然,人们又要依赖和仰仗它而造园。自然先有"天匠地孕,为花卉之奇"这样的天工创化,再"加以富贵利达、优游闲暇之士,配造物而相妩媚,争妍竞巧于鼎新革故之际",在人工的参与后,人工与天工的结合,于是出现了"馆榭池台,风俗之习,岁时嬉游,声诗之播扬,图画之传写,古今华夏莫比"的宋代园林和园林生活场景。这时候,人与自然相互交融,彼此依存。这是中华文化中崇人文与尚自然双重精神深深交拧的结果。而李格非则很早就意识到这一点,并在描述园林之美的时候分别对二者给出精准的定位,"与造化争妙"和"不待人力而巧",诚可叹也!

(三)动静俯仰结合的观景模式

《洛阳名园记》中园林空间富于变化,逶迤横直相互交替,导致观景体验需要动观与静观相互结合,并从俯、仰、远、近各个角度把握园林风貌。李格非游富郑公园"走"、"登"、"旋"、"上"以及坐卧云堂而"拥一园之胜"等观景方式均是综合的,动、静结合,远近、俯仰亦相结合。同样,游湖园也如此,"过横地,披林莽,循曲径"一系列动观体验中移步换景,到达"知止菴"静观驻足,又过竹径而"望"超然亭,自近观转为远观。其他园林的游观亦大致相似。

李格非提出的园林审美"兼美"观,不独是洛阳园林特征,也是整个宋代

---

① 李复:《游归仁园记》,载曾枣庄、刘琳主编:《全宋文》第一百二十二册,上海:上海辞书出版社 2006 年版,第 95 页。

② 申利:《文彦博集校注》,北京:中华书局 2016 年版,第 381 页。

园林审美特性的反映,皇家园林亦如此。艮岳作为宋代皇家园林的集大成者,囊括四海之美,僧人祖秀嘉赞道:"括天下之美,藏古今之胜。"①"括天下之美",即是荟萃兼美的造园审美观的集中体现。徽宗本人也这样描述艮岳:

> "亭阁楼观,乔木茂草,或高或下,或远或近,一出一入,一荣一彫,四向周匝。徘徊而仰顾,若在重山大壑、幽谷深崖之底,而不知京邑空旷坦荡而平夷也,又不知郛郭寰会纷华而填委也。真天造地设,神谋化力,非人所能为者,此举其梗概焉。"②

徽宗《艮岳记》所反映出的园林审美思想和李格非如出一辙,都包含了园林的全面审美:人工与天工并重的景观特性之美,远近俯仰动静结合的观景模式,以及幽邃的空间。在京邑平夷之地造出重山大壑,人力之胜足见,然而艮岳总体却如"天造地设、神谋化力",园林中的人工总能不留斧痕,与自然相互交织。"高""下""远""近"、"徘徊仰顾"也是观景者俯仰顾盼全方位欣赏园林的体现。"纷华"则体现了收纳多元之美于一身的众美荟萃的思想。无论如何,他们对园林的审美,最终都落脚在综合之美上,希望园林之美中有多元兼容的品质。这种观点放之当下也皆准。

"兼美"园林观是《名园记》对园林美学的最大创见,也是影响最远,最受海外关注的园林美学思想。"兼美"与中国一贯的审美品评思维相符。

司空图论诗,提出"醇美"的理念,他在《与李生论诗书》一文中这样说:

> "华之人所以充饥而遽辍者,知其咸酸之外,醇美者有所乏耳。彼江岭之人习之而不辨也,宜哉。诗贯六义,则讽喻、抑扬、渟蓄、温雅,皆在其间矣。"③

---

① 释祖秀:《华阳宫记》,载曾枣庄、刘琳主编:《全宋文》第一百四十六册,上海:上海辞书出版社2006年版,第89页。

② 宋徽宗:《艮岳记》,载曾枣庄、刘琳主编:《全宋文》第一百六十六册,上海:上海辞书出版社2006年版,第385页。

③ 祖保泉、陶礼天:《司空表圣诗文集笺校》,合肥:安徽大学出版社2002年版,第193页。

司空图认为醋和盐各自有味，可都仅限于各自的酸和咸味，然而这种单一的味道是不够的，因为缺乏"醇美"。显然，司空图提倡的"醇美"是厚重韵味和情感，于诗而言，好的诗兼备讽喻、抑扬、渟蓄、温雅等多重美。所以，司空图论诗文之"醇美"与李格非论园林之"兼美"的实质是相通的，也就是对象具备兼收并蓄众美荟萃的特性。

更进一步，"醇美"与"兼美"，都不是美的要素的简单组合，而是高度融合之后的无穷尽的余韵，是超越各美的要素的本味之外的余味。简言之，是"和如羹焉"的"和"的味道，晏子如是说："和如羹焉，水、火、醯、醢、盐、梅，以烹鱼肉，燀之以薪，宰夫和之，齐之以味，济其不及，以泄其过。"①"和如羹焉"的基础条件是有醯、醢、盐、梅、鱼等多重基础元素并存，也是李格非列举的园林之幽邃、宏大、人工、天工等各种美的格调，也就是"齐之以味"，经过燀之以薪的加工后，品尝出来的是超越原来醯、醢、盐、梅、鱼等任何一样原材料的基础味道的"和羹"之味，但仔细回味，这羹之中又似乎隐约含着上述几种味道。十分相似，《洛阳名园记》中的每一座园林都并非只包含某种单一的美学格调，而是多重美的和谐混合，以松岛为例，该园因有数百年松而有苍古之韵，又因园中"清泉细流，涓涓无不通处"而生清雅、秀丽之姿，还因"结茅深林下，开户流水边。晓听松风坐，夜枕云涛眠"②而尽显幽静之美，并有简远恬淡的味道。如同"远上寒山石径斜，白云生处有人家"那样，虽安静深幽却并不孤独。苍古、清雅、幽静、简远、恬淡、壮丽等多重美都集中于松岛之内，但并没有相互冲突，而是融合得那么自然那么美好，这一切带给游园者的是一种"乐"境的综合体验，司马光游松岛如是说："花林烂漫竹林幽。临风高咏足为乐……"③松岛集和多种美为一身，游者最终体会到的是众美融合之"乐"，是超越或壮丽或清雅的任何单一审美格调的综合性的美感，不是多个单一偏胜之美的叠加，

---

① 杨伯峻：《春秋左传注》，北京：中华书局2009年版，第1419页。

② 范祖禹：《范太史集》，载纪昀、永瑢：《景印文渊阁四库全书》第一千一百册，台北：台湾"商务印书馆"1983年版，第93—94页。

③ 司马光：《司马光集》，成都：四川大学出版社2010年版，第468页。

这就是李格非的园林"六胜相兼"的美学理想,也是"和如羹"和司空图诗文"醇美"的深层内涵。

所以,李格非内心深处对园林审美的最高理想是希望一座园林能够同时融合各不相同的美,无论从哪个角度审视,她都有多元融合,众美荟萃的特征。

二、人景交融的审美境界

审美活动离不开主体和客体双方,"六胜"相兼之美倡导园林多重美学品格的融合,其目的是为了创造景人相和的审美融合境界。李格非在《洛阳名园记》中表达出景人相合的审美观,他说道:

> "有庵在松桧藤葛之中……避松桧,骞藤葛,的然与人目相会,而名之曰学古庵。"①(《名园记·水北胡氏园》)

其实质是说景人相合,景需悦耳悦目,即悦感官。李格非说水北胡氏园中的建筑掩映山林,这证明景与人目相合,景合于目,便会悦目,也就是园林景物按照美的原则来组织安排,先要悦耳悦目,给观赏者带来愉快的感官体验,随后才会悦心,悦耳悦目是悦心的前提。刘勰对这一现象概括为"目既往还,心亦吐纳"②,可谓精准。李格非的一个"会"字美学意味深远,有相合与交感的味道。宗炳《画山水序》云:"夫以应目会心为理者,类之成巧,则目亦同应,心亦俱会,应会感神,神超理得……"③宗炳揭示了客观景物如何与主观情感相互连通,那就是"应目会心",先通过诸如视觉等感官(应目)触动主体(会心),再走向精神触发,即"应会感神"。宗炳所言"应目会心"、"应会感神"的实质是"交感",物我交感,天人交感。交感是审美体验继续深入走向高峰的基础,景物与人目光"的然相会"后的下一个阶段便是主体进入无穷的想象阶

---

① 李格非:《洛阳名园记》,北京:文学古籍刊行社1955年版,第10页。
② 刘勰:《文心雕龙》,上海:上海古籍出版社2010年版,第95页。
③ 张彦远:《历代名画记》,上海:上海人民美术出版社1964年版,第130页。

段,品味"象外之象"和"味外之味",也就是前文所讲述的"妙"的品评,再往后最高的境界,主体便进入庄周梦蝶的"不知周之梦为胡蝶与,胡蝶之梦为周与?"①的"物我两忘"物我相融的美学境界,此时人的精神进入高度自由的状态,也就是"物与神游"的高度自由与和谐,岂不快哉!

"会"不仅有"应会"、"交感"的意思,还有"通"的味道。陆机这样描述灵感,"若夫应感之会,通塞之纪,来不可遏,去不可止……"②灵感是"应感之会",应感过程能生发新事物或新的精神意境,带来的效果是"通塞"。"通"又能引发新的联想阐发,如通达,融会贯通,无不蕴含着"活"和"流动"的味道,美的(准确来讲,是生命的)意味就随之而来。再如,人与人之间的交流叫沟通,物物输送称交通,通则能活,塞则亡。感应,交感,通塞,这些都是"会"所体现的美学意味,足见李格非苦心文章,功底深厚,字斟句酌,其言园林景物"的然与人目相会",读者便能想见洛阳私家园林景色之胜,更能知景人相合,情景交织的喜悦。

柳宗元有言:"美不自美,因人而彰。"③从《洛阳名园记》中发现,园林的兼美不仅是景物与景物之间的和谐统一与争妍竞巧,呈现美的盛宴,更重要的是,人参与其中,与园中景物相融合,呈现情景交融的审美状态。园林的目的关乎审美,在欣赏过程中,最高境界莫过于"人与景合",形成人、景、情三者的高度融合。景作为客体存在刺激主体的情感生发,并使得主体陶醉其中,这样,三者就交融了。宋人辛弃疾的"我见青山多妩媚,料青山见我应如是"④所传达的正是这种情、景、人相交融的审美境界。景人相合,园林才有了美的意义。

李格非是懂美的,他从园林欣赏品评的角度,细腻又含蓄地多次在《洛阳名园记》中提及景人相合的审美境界:

① 陈鼓应:《庄子今注今译》,北京:中华书局2009年版,第101页。
② 陆机:《文赋》,载萧统:《六臣注文选》,北京:中华书局2013年版,第315页。
③ 柳宗元:《柳宗元集》,北京:中华书局1979年版,第730页。
④ 辛弃疾:《稼轩长短句》,上海:上海古籍出版社1988年版,第21页。

"刘给事园凉堂,高卑制度,适惬可人意";①(《洛阳名园记·刘氏园》)

"水清浅则鸣潄,湍瀑则奔驶,皆可喜也";②(《洛阳名园记·水北胡氏园》)

"自竹径望之超然,登之修然者,环翠亭也"。③（《洛阳名园记·湖园》)

李格非在游园过程中,细腻入微地感知景物,让自己融入园中,才能感受各个园林究竟美在哪里。因此,景到美时,情到深处,通常景中有人有情,情又因景而生。刘氏园凉堂"适惬可人意","可人"既是凉堂的特征,也是人的感受,这是对园林相当高的美学评价。李格非眼里的水北胡氏园,其清泉的"鸣潄"或"奔驶",仿佛它是有生命的,而且总是那样自由自在,给游园人带来"可喜"之情,从而进入情景交融的审美境界。湖园中的环翠亭,李格非云"望之超然","超然"已经是李格非因景而领悟到的道家境界,这种道境既是属于湖园的品质,也是审美主体的精神境界。看似李格非在《名园记》中大多是客观景物描摹,云左有某堂某池,右旋有某木某花,但在对园林客观记载中总是不经意间融入情感,而且情感与景物融合得太自然以致很难分别那些到底是景还是人之情。李格非体会到的洛阳董氏东园的山林之景是这样的:"幽禽静鸣各夸得意。""得意"的看似仅有园中鸟禽,实则还有李格非观此园此景,触景生情,游着游着,他因受到林泉静谧氛围的感染而沉醉在山林之中,人与景合,遂与山禽共"得意"。

在园林欣赏中,往往情景交融,此情此景,情即景,景即情。不同的景能激发人不同的情感、心绪,或愉悦、或兴喜……上述《名园记》中李格非所言"可人"、"可喜"、"超然"、"得意"之属,都是不同景物带来不同情感的情景交融

---

① 李格非:《洛阳名园记》,北京:文学古籍刊行社 1955 年版,第 4 页
② 同上书,第 9 页。
③ 同上书,第 11 页。

的写照。真正好的园林都是能激发情感的,《园冶》中也常有情景交融的描绘,如,"兴适清偏,怡情丘壑。顿开尘外想,拟入画中行"①,"清气觉来几席,凡尘顿远襟怀"②,"片山多致,寸石生情⋯⋯"③"怡情"、"襟怀"、"生情"无不是主体在欣赏客体(园林山水)时所产生的情感。情感为天人之际的中介,通过情,人能体悟自然之乐,领悟隐藏在山水间的规律、法则,最后融入自然,达到主客高度统一的审美境界。尽管不同的园林给人的具体感受不同,但最终都通向具有一定高度的人生哲理情思的境界,正如李格非所说:"游之亦可以观万物之无常,览时之倏来而忽逝也。"④对他而言,游园"观万物之无常"就是指为后世传为"知言"的观洛阳园亭之兴废可知天下之兴亡治乱的浓厚的家国意识和家国情怀。家国情怀发端于儒家的"外王"思想,是一种超越个人人生哲学的更宏观更有气度的大仁大爱。

情与景通常相互激发相互彰显,情因景生,但景也因情而活了起来。明代谢榛说:"情景相触而成诗",又说"作诗本乎情景,孤不自成,两不相背,""景乃诗之媒,情乃诗之胚,合而为诗。"⑤造园如作诗文,何尝不如此,常有景心景眼以抒情,《洛阳名园记》中园林的景点题名通常都是情感寄托和抒发的景心景眼,如,富郑公园有"卧云堂"、"天光台",李氏仁丰园有"超然亭"等都以景寄托情思心境。然而,《名园记》中园林,情景交融体现最充分的当属司马光独乐园。独乐园与其他园林的不同之处在于,它有明确的主题,它的构思设想围绕"乐"展开,如何表现乐景乐情,司马光运筹帷幄造七景:读书堂、弄水轩、钓鱼庵、种竹斋、采药圃、见山台、浇花亭,分别展现举世皆知的董仲舒、杜牧之、严子陵、王子猷、韩伯休、陶渊明、白乐天七位文人的气节与风度,司马光所"乐"者就是这些文人雅事。独乐园可谓一景一情,无景不情,造园就是要抒写情感、寄托情感。景情密不可分,明末清初王夫之说:"情景名为二,而实不

① 陈植:《园冶注释》,北京:中国建筑工业出版社1998年版,第243页。
② 同上书,第51页。
③ 同上书,第60页。
④ 李格非:《洛阳名园记》,北京:文学古籍刊行社1955年版,第13页。
⑤ 谢榛:《四溟诗话》,北京:中华书局1985年版,第41页。

可离。神于诗者,妙合无垠。巧者则有情中景,景中情。"①之后王国在王夫之所提"景语""情语"基础上继续推进一步,认为二者是二而一的,他说:"昔人论诗词,有景语、情语之别。不知一切景语,皆情语也。"②

人景相合,情景交融,通常需要主客二体的协同作用。《庄子·达生》曰:"以天合天",林希逸认为"以我之自然,合其物之自然"③是为以天合天,这是天人相合的审美状态。要达到这种状态,审美主体必须有感知美的领悟力。关于此,刘勰说得好,"登山则情满于山,观海则意溢于海"。④ 山与海,各美其美,带给人的情感是不同的,感知力敏锐的人就能感觉他的情感分别是"满于山"和"溢于海"的。李格非作为文化素养极高的文人,具备文雅品质,因而他能领略到北宋洛阳园林的恬淡清雅之趣。

从审美客体角度看,园林本身必须具备能够激起主体美的感知的品质。这一点,李格非在《名园记》中也提及,他在游览完富郑公园时,给出这样的结论:"亭台花木,皆出其目营心匠。"富郑公园中景物正因为经过"目营心匠",按照美的原则组织,才有了"景物最胜"的整体印象。只有当园林(对象)合于人的情感(主体)或者人合于园林时,园林之美才产生,园林的意境才得以体现。董氏东园有桧,其实"甘香"甚于松实,大隐庄梅"香甚烈",东园"水渺瀰甚广"有江湖之趣,刘氏园中高卑制度正与法合的凉堂,水北胡氏园中悦目悦耳的清泉以及楼榭林木,这些都是能够激起主体美的体验的先决条件,先要有能够合于人,能够带给人快适体验的客观景物对象,主体才能基于客体的这些品质而产生美的体验和情感来,再进一步升华意境。造园过程中要充分营造景色氛围,促使欣赏主体抒发情感,如"月隐清微,屋绕梅余种竹;似多幽趣,更入深情"⑤。依照人的审美特征,主动营造适合人抒发情感的景色,促使主

---

① 戴鸿森:《姜斋诗话笺注》,上海:上海古籍出版社2012年版,第72页。
② 王国维:《人间词话》,北京:中华书局2010年版,第129页。
③ 周启成:《庄子鬳斋口义校注》,北京:中华书局1997年版,第296页。
④ 刘勰:《文心雕龙》,上海:上海古籍出版社2010年版,第53页。
⑤ 陈植:《园冶注释》,北京:中国建筑工业出版社1998年版,第64页。

体产生对联想,李格非的"望之超然",计成的"更入深情"便是景合于人,促成天人合一,主客统一的心境状态,达到"物与神游",物我合一的高度和谐状态。

小　结

不难看出,《洛阳名园记》中有丰富的园林品评与审美思想,并以"务宏大者少幽邃,人力胜者少苍古,多水泉者艰眺望"为核心发散开来,体现在北宋洛阳园林的植物、水系、建筑、空间等方方面面。书中反映了宋人对园林美的渴求:第一,宏大壮丽、屈曲幽邃;人工要与"造化争妙",天工又"不待人力而巧",合此种种以造佳园。第二,符合远、近、俯、仰的立体观景模式,顾盼有情,俯仰顾盼之间生出情来。然而,这些都不够,《洛阳名园记》体现的最高审美理想,是单一要素的偏胜之美与多重要素相兼之美的并重,最终落脚为"兼六"的综合之美,即博采众长,荟萃兼美,括天地之美于一身,幸运的是,湖园正好构成众美荟萃的典型,因而李格非叹道:"兼此六者,惟湖园而已。"

第三章 园林景观营造

园林审美理想可以指导园林景观的营造。在"兼六"审美理想的引导下，《洛阳名园记》中的园林景观呈现出多样性。值得说明的是，园林景观的营造不仅需要一定的美学思想作指导，还需要一定的艺术修养将其设计成具体的景观，而景观营造又需要一定的技术做支撑。只有美学、艺术、技术三者结合才能完成景观的营造。学界普遍认为宋代园林从技艺层面上看，已经走向成熟期，有着无比精美的景观体系，《洛阳名园记》也有着突出的反映。不过，从《洛阳名园记》所载的园林景观营造特色来看，也有一些特殊现象的存在，见出北宋洛阳园林在当时整体共性中也存在个性的一面。

第一节 植 物

植物在园林中举足轻重，《诗经·郑风·将仲子》："将仲子兮！无逾我园，无折我树檀。"毛传："园，所以树木。"①童寯说道："园林无花木则无生气"②。《洛阳名园记》所提及的园林植物种类丰富，奇花异木无不有。

一、植物种类

独特的地理环境、气候及成熟的植物培育技术造就了洛阳花木甲于天下

---

① 毛亨：《宋本毛诗诂训传》，北京：国家图书馆出版社 2017 年版，第 133 页。

② 童寯：《江南园林志(典藏版)》，北京：中国建筑工业出版社 2014 年版，第 22 页。

的盛况,为洛阳园池花繁木茂奠定了基础。《刘氏菊谱》谓菊品繁多"皆中州物产,而萃聚于洛阳园圃中"。① 童寯注意到"《洛阳名园记》描写花木,不厌其烦",这与一般"文人为记,每详于山池楼阁,而略于花丛树荫"②的现象截然不同。《洛阳名园记》中的园林无不以植物见长,如:

"亭台花木,皆出其目营心匠";③(《名园记·富郑公园》)

"树松桧花木千株";④(《名园记·环溪》)

"木映花承,无不妍稳";⑤(《洛阳名园记·刘氏园》)

"岑寂而乔木森然,桐梓桧柏,皆就行列";⑥(《洛阳名园记·丛春园》)

"独有牡丹数十万本";⑦(《洛阳名园记·天王院花园子》)

"北有牡丹与芍药千株。中有竹百亩";⑧(《洛阳名园记·归仁园》)

"花木之渊薮";⑨(《洛阳名园记·赵韩王园》)

"洛中花木无不有"。⑩(《洛阳名园记·李氏仁丰园》)

几乎所有园林都花繁木茂,其中,天王院花园子更是一片牡丹花的海洋,姚黄魏花姹紫嫣红,何其绚烂。而李氏仁丰园则有花木数千种,包罗万象,甚至还包含很多产自他处的奇花异木,形成独特的植物景观。

那么,《洛阳名园记》中园林植物都有哪些? 根据史料记载,如表3-1所示:

---

① 刘蒙:《菊谱》,郑州:中州古籍出版社2015年版,第22页。
② 童寯:《江南园林志(典藏版)》,北京:中国建筑工业出版社2014年版,第20页。
③ 李格非:《洛阳名园记》,北京:文学古籍刊行社1955年版,第2页。
④ 同上书,第4页。
⑤ 同上。
⑥ 同上书,第5页。
⑦ 同上。
⑧ 同上书,第6页。
⑨ 同上书,第7页。
⑩ 同上书,第8页。

表 3-1　《洛阳名园记》园林植物一览表①

序号	在古籍中的名称	出现频次	序号	在古籍中的名称	出现频次
1	牡丹	凡园皆植	21	七叶树	1
2	竹	14	22	槐	1
3	梅	7	23	楔	1
4	莲	7	24	甘棠	1
5	松	5	25	月桂	1
6	桧	5	26	桂	1
7	柏	3	27	榴	1
8	桃	3	28	菊	1
9	芍药	3	29	茉莉	1
10	红薇	3	30	紫兰	1
11	苔	3	31	琼花	1
12	李	2	32	山茶	1
13	杏	2	33	凌霄花	1
14	酴醾	2	34	芦苇	1
15	苹	2	35	芡	1
16	蒿	2	36	萍	1
17	荇	2	37	菱	1
18	栝	1	38	蒲	1
19	桐	1	39	芰	1
20	梓	1			

（表格来源：作者自绘）

表 3-1 统计显示《洛阳名园记》中，北宋 22 座园林的植物记载达 39 种，涵盖乔木、灌木、草本、藤本、水生、湿生等不同类型，构成丰富的植物群落。其中出现频次较高的植物为：牡丹（按照李格非所言，凡园皆有）、竹（14）、梅（7）、莲（7）、松（5）、桧（5）、柏（3）。在北宋，人们对植物欣赏的兴趣大大增加，很多植物如牡丹、梅、松、竹等的文化内涵在当时都有所发展，被赋予新的

---

① 表中植物据《洛阳名园记》及附录二《洛阳名园记》园林考等材料统计所得。表中所列均为《洛阳名园记》中园林在北宋时期的植物。

内涵,形成洛阳园林特有的地域和时代特色。

二、植物美学寓意

《洛阳名园记》中所提及的植物中,牡丹、梅、荷等在宋代被赋予新的内涵,丰富了洛阳园林的精神意蕴,也提升了园林的美学韵味。

（一）牡丹

尽管在全国范围内,宋代梅花的地位跻身第一,成为最受欢迎的植物,但在洛阳,牡丹远超梅,成为洛阳的代名词。《洛阳名园记》中天王院花园子是一处牡丹专类花园,是当地人从事牡丹花种植和交易的场所。牡丹在北宋洛阳园林中普遍存在,成为这一时期园林植物造景的必备要素和洛阳的标志,几近无园不牡丹的地步,李格非云:"洛中花甚多种,而独名牡丹曰花王。凡园皆植牡丹"。[1] 有些园林选址甚至依牡丹而定,邵伯温载:"三月牡丹开","于花盛处作园圃"[2],足见北宋时期园林营造中非常重视牡丹。牡丹也成为人们园林生活中经常谈论和欣赏的主角,《洛阳名园记》中的独乐园里,甚至上演过邵雍替牡丹算命那样的风雅趣事,张邦基载邵雍推测独乐园牡丹"某日某时当毁",当天是时,两匹马突然闯入牡丹丛中,以致"花果毁焉"。[3] 该事件在当时成为传奇,可以想见牡丹在洛阳园林中受重视和喜爱的程度非同一般。牡丹花开时,很多园主特邀友人观赏,组织园林聚会,据载,《洛阳名园记》富郑公园园主富弼任西京留守时"因府园牡丹盛开",便邀文彦博(《洛阳名园记》中东园园主)、司马光(《洛阳名园记》独乐园园主)等人宴集赏牡丹,并为牡丹卜签。[4] 这便是牡丹在北宋洛阳园林中的重要角色和地位。北宋洛阳园林虽花木渊薮,但牡丹却格外绚烂耀眼,成为园主们夸赞、炫耀甚至招待客人组织专题聚会的对象和资本。

---

① 李格非:《洛阳名园记》,北京:文学古籍刊行社 1955 年版,第 5 页。
② 邵伯温:《邵氏闻见录》,上海:上海古籍出版社 2012 年版,第 96 页。
③ 张邦基:《墨庄漫录》,上海:上海古籍出版社 2012 年版,第 80 页。
④ 马永卿:《嫩真子录》,上海:上海古籍出版社 2012 年版,第 110 页。

洛阳牡丹自唐开始引起文人士大夫及贵族的关注,《昆虫草木略一》载:"牡丹晚出,唐始有闻,贵游趋竞"①。刘禹锡有"唯有牡丹真国色,花开时节动京城"②的咏花佳句脍炙人口,牡丹自此被喻为国色天香。到北宋,人们对牡丹的热情有过之而无不及,洛阳牡丹在宋代格外夺人眼球,随着受关注的人群范围的扩展而逐渐发展成别具一格的地域文化,持续至今。大文豪欧阳修赞曰:"洛阳地脉花最宜,牡丹尤为天下奇"③,特作《洛阳牡丹记》,言牡丹"出洛阳者天下第一",欧公在此文中还进一步指出,牡丹在洛阳人心里的卓殊地位:

> "洛阳亦有黄芍药、绯桃、瑞莲、千叶李、红郁李之类,皆不减他出者,而洛阳人不甚惜,谓之果子花,曰某花、某花。至牡丹,则不名,直曰花,其意谓天下真花独牡丹,其名之著,不假曰牡丹而可知也。其爱重之如此。"④

按照欧阳修的记载,洛阳人对牡丹情有独钟,认为"天下真花独牡丹"。其他花都必须指明是何种花,而只对牡丹直呼"花",这大概也是"天王院花园子"为何不需要命名为"天王院牡丹花园"的原因。

牡丹在北宋洛阳成为全民共赏的对象。李格非在《名园记》中说道:"城中士女,绝烟火游之。"⑤无论男女,无论什么身份,洛阳城居民都在牡丹花开时节来到天王院花园子尽情游赏。欧阳修云:"春时,城中无贵贱,皆插花……花开时,士庶竞为游邀,往往于古寺废宅有池台处,为市井……至花落乃罢。"⑥看来,牡丹节期间,人们不仅载歌载舞,绝烟火竞相游邀,还有全城皆

---

① 郑樵:《通志》,北京:中华书局 1987 年版,第 868 页。
② 刘禹锡:《刘禹锡集》,南京:凤凰出版社 2014 年版,第 181 页。
③ 欧阳修:《欧阳修全集》,北京:中华书局 2001 年版,第 34 页。
④ 同上书,第 1096 页。
⑤ 李格非:《洛阳名园记》,北京:文学古籍刊行社 1955 年版,第 5 页。
⑥ 欧阳修:《欧阳修全集》,北京:中华书局 2001 年版,第 1101 页。

以牡丹为簪花的习俗。值得注意的是,牡丹在唐代更多情况下受到皇亲国戚官宦等的青睐,是贵族之花。到了宋代,则由唐时权贵化走向平民化、风俗化,士庶男女无贵贱,都尽情欣赏牡丹的艳丽芬芳。因此,宋人周敦颐发出"牡丹之爱,宜乎众矣"①的感叹。当时甚至有专为牡丹设立花节的习俗,节日气氛热闹非凡。西京洛阳有"万花会",宋代张邦基描绘了牡丹花节的狂欢盛况,"西京牡丹闻于天下,花盛时,太守作万花会,宴集之所,以花为屏障……举目皆花也。"②万花会是官方组织的以牡丹为主题的宴会,说明牡丹自上而下都得到洛阳人的青睐。

牡丹在审美格调上表现为"丽",一是外在形象上的华丽,二是内在象征上的富贵。牡丹受人喜爱,一个重要的原因是其外形艳丽芬芳。牡丹品种奇多,色彩艳丽,花朵大且花瓣重重叠叠,这种"大"、"多"、"艳"的特色非常引人关注,史料不乏对其记载。同时,牡丹品种繁多,《洛阳花木记》记载了牡丹一百零九种。牡丹花开时节姹紫嫣红,姚黄、魏紫③争妍斗奇,俨然一片国色天香的海洋,李格非也感叹道:"姚黄魏花,一枝千钱。姚黄无卖者。"④牡丹备受欢迎的另一个原因大概是其在花中享有尊贵显赫的身份地位,象征富贵、尊贵,遂有花开富贵之说。正因为牡丹国色天香的华丽外表,使其成为花中之花,享有"花王"之美誉,一直被宋人放在尊贵的地位。周敦颐将定义牡丹为"花之富贵者"。⑤ 陈景沂《全芳备祖》前集卷二《花部》引杨诚斋诗注云:"论花者以牡丹为花王。"⑥花王证明牡丹在花中的统领和支配地位。五代张翊在《花经》中则仿照官品,将花分成九品九命,其中一品九命依次为"兰、牡丹、腊梅"等⑦,牡丹位

---

① 周敦颐:《周敦颐集》,北京:中华书局 2009 年版,第 53 页。
② 张邦基:《墨庄漫录》,上海:上海古籍出版社 2012 年版,第 139 页。
③ "姚黄"、"魏紫"是牡丹品种的名字,分别因为姚家和魏家园中黄色和紫色牡丹在当时尤为出众,品相且佳,后以名之为"姚黄"、"魏紫"。
④ 李格非:《洛阳名园记》,北京:文学古籍刊行社 1955 年版,第 5—6 页。
⑤ 周敦颐:《周敦颐集》,北京:中华书局 2009 年版,第 53 页。
⑥ 陈景沂:《全芳备祖》,北京:农业出版社 1982 年版,第 111 页。
⑦ 张翊:《花经》,载江庆柏主编:《中国历代谱录文献集成》第二十七册,合肥:黄山书社 2016 年版,第 18659 页。

居一品九命的至尊位置,当时人均高度称赞张翊对花的品级。上文张邦基所记载的太守组织官方牡丹花会,臣民同乐,之所以选取牡丹为全民宴集主题,大概也是因为牡丹的华丽外形之美与尊贵内在之美并重,以此预示国富民安。

牡丹在洛阳园林中的显赫地位具有重要的美学意义,它不仅成为洛阳园林的标志植物,也能点缀宋代园林的清雅之美,见出宋代包容的审美文化。正如明代谢榛说:"作诗虽贵古淡,而富丽不可无,譬如松篁之于桃李,布帛之于锦绣也。"① 倘若园林中全是梅、兰、竹、菊等清客幽客,可能太过高雅清幽而远离现实生活,也似乎全盘皆"清"反而张显不出清雅的魅力了。正因为牡丹以华丽尊贵的形象和入世化的精神格调进入园林,使得北宋洛阳园林在清幽中尽显张力和生机,颇有万绿丛中一点红的味道。

牡丹以其"真国色"在群芳斗艳中占据一席之地,成为北宋洛阳园林的必备景观甚至主角,牡丹也因其"丽"的审美品格而备受世人称颂。牡丹不仅让园林富丽堂皇起来,围绕其展开的观赏活动和风雅趣事更使园林在文化上璀璨多姿。看来,李格非对洛阳园林作出"凡园皆植牡丹"的结论是言之凿凿的。

（二）梅

一种与牡丹截然不同的植物——梅在洛阳园林中也极为重要。《洛阳名园记》中的北宋园林,7 座含有对梅的明确记载,出现的频率仅次于竹和牡丹,"梅台"亦在各园中频繁出现,也高达 7 次。司马光、邵雍等人有大量关于《名园记》园林的咏梅诗。邵雍作诗《依韵和陈成伯著作史馆园会上作》咏王溥园梅(即《名园记》苗帅园),又作《同诸友城南张园赏梅十首》夸赞会隐园(即《名园记》大字寺园):"梅花四种或黄红,颜色不同香颇同"。② 这时期,更有园林以梅著称——大隐庄梅"香甚烈而大"。司马光赞大隐庄梅道:"寒梅犯雪荣,大隐又专名。"③

---

① 谢榛:《四溟诗话》,北京:中华书局 1985 年版,第 3 页。
② 邵雍:《伊川击壤集》,北京:中华书局 2013 年版,第 196 页。
③ 司马光:《司马光集》,成都:四川大学出版社 2010 年版,第 423 页。

梅、兰、竹、菊在中国文化中享有"四君子"盛誉,为世人皆知。不过,梅花却是在宋代才开始确立其极高的精神内涵地位,审美韵味也在此时基本奠定。清代《四库全书总目》之《梅苑》提要云:"自宋人始重此花,人人吟咏。"① 据统计,《全宋词》和《全宋诗》的咏花诗作中,梅为榜首,纵向比较发现,"宋代咏梅诗词的总量,是此前历代总量的47.6倍。"② 总的看来,"梅是两宋期间地位最高的园林植物"。③ 这与梅花内涵在宋代的发展有关。

北宋林逋、梅尧臣、欧阳修对梅花精神内涵及审美地位的提高和奠定有不可磨灭的贡献。林逋《山园小梅》其一云:

"疏影横斜水清浅,暗香浮动月黄昏。"④

林逋隐居,终身不娶不仕,人称"梅妻鹤子"。林逋与梅的故事,传为美誉,梅花也因此成为隐逸的象征。此后梅尧臣评价林逋诗"平淡邃美"。⑤ 在两宋文化高度繁荣、文人地位极高的年代,"平淡邃美"可以说是对文人清雅品格的最高颂扬。紧接着,欧阳修又将"疏影横斜水清浅,暗香浮动月黄昏"这一咏梅诗句推向巅峰,他说:"前世咏梅者多矣,未有此句","自逋之卒,湖山寂寥,未有继者。"⑥后来辛弃疾这样说道:"自有陶潜方有菊,若无和靖即无梅。"⑦梅尧臣和欧阳修对林逋《山园小梅》的高度认可,使得在北宋因为林逋的影响,梅花的"疏影"、"暗香"形象与隐士联系在一起。尽管林逋不是最早颂扬梅花,也不是第一个将梅花和隐逸联系在一起的人,但林逋与梅花的交织最为深刻动人,"隐逸生活的愿望、代表人物林逋以及他钟爱的梅花形象互相

① 永瑢:《四库全书总目》,北京:中华书局1987年版,第1823页。
② 荣斌:《一代咏梅成正声—论宋代咏梅诗词创作热》,《东岳论丛》2003年第1期。
③ 齐君、郝娉婷:《宋代城市及园林植物的传承与演变》,《中国园林》,2016年第2期。
④ 林逋:《林和靖集》,杭州:浙江古籍出版社2012年版,第87页。
⑤ 朱东润:《梅尧臣集编年校注》,上海:上海古籍出版社2006年版,第1150页。
⑥ 欧阳修:《欧阳修全集》,北京:中华书局2001年版,第1930页。
⑦ 辛弃疾:《稼轩长短句》,上海:上海古籍出版社1988年版,第296页。

交融,不可分割。"①

此后,苏轼有《再用前韵》诗:

"罗浮山下梅花村,玉雪为骨冰为魂。"

苏轼的流放经历和他的咏梅诗,造就了"玉雪为骨冰为魂"的梅花形象与流放文化的关联性,即梅花与"高洁"、"孤傲"的内涵关联域。这样,北宋赋予了梅"疏影"、"暗香"的优美外在形象和"隐逸"、"高洁"、"孤傲"的冰清玉洁的文化隐喻。梅花的耐寒,孤独盛开以及暗香袭人的外在品质使得它能够成为文人品格的代名词。王安石以"凌寒独自开"、"为有暗香来"②的诗句表达了梅花的这种外在特性。

因为梅花具备了这种文人高洁情怀的隐喻,使得它在当时声名鹊起,文士造园,莫不种植。范成大《范村梅谱》曰:

"梅,天下尤物,无问智贤愚不肖,莫敢有异议。学圃之士必先种梅,且不厌多。"③

《洛阳名园记》中的很多园主,如司马光、富弼、文彦博、王拱辰、王溥等人尽管出仕为官,但学者、文人、政治家三位一体的特性使得他们仍然是文人集团的重要成员。换言之,他们具备中国传统文人的典型品质——高洁,孤傲,清雅,这正好与梅花在北宋时期的文化隐喻高度契合,因此哪怕是官宦也爱咏梅植梅,以梅代言。《名园记》中富郑公园、环溪、苗帅园、会隐园、大隐庄等这些仕宦园林都种梅。李氏仁丰园、湖园等富贾或民家园林中亦种梅。在北宋,洛阳这个文人结社、文化著称的城市,处处沾染文人气息,文人品格向世俗和

---

① 毕嘉珍:《墨梅》,南京:江苏人民出版社2012年版,第34页。
② 王安石:《王安石全集》,上海:复旦大学出版社2016年版,第541页。
③ 范成大:《范村梅谱》,上海:上海书店2017年版,第1页。

官宦浸润渗透。因此,与文人高度联结的梅花频繁出现在各种类型的园林中,体现园林文人化的趋向。

(三)莲

《洛阳名园记》中园林水源丰富,池、沼、塘中繁育了丰富的水生及湿生植物,荇、芡、芦苇、萍、菱等或漂浮水上或摇曳水中或顾盼于浅水岸,野趣横生,清新自然,充满生机。不过,水生类植物中最受关注的当为莲,《洛阳名园记》的 22 处园林中 7 座园林诗文包含对莲的记载①,莲成为水生之最,也是《洛阳名园记》中园林的重要植物。

莲有荷、芙蕖、水芝、芙蓉、菡萏等多重称谓,自古就在中华文化中享有盛誉,自《诗经·泽陂》"彼泽之陂,有蒲与荷。有美一人,伤如之何"②始,荷就以美好的寓意和形象呈现在世人面前,因此园林水池养莲司空见惯。莲的寓意非常丰富,从"多子多福"的儒家实用理性思维显现到佛教佛性与修行兼而有之。不过,周敦颐(1017—1073)的一篇《爱莲说》使得莲在北宋也有了类似梅的文化关联域经历,其内涵被再次发掘,因而在园林植物中的地位也随之上升,其文云:

> "予独爱莲之出淤泥而不染,濯清涟而不妖……香远益清,亭亭净植……莲,花之君子者也。"③

《爱莲说》一问世,便备受称颂,人尽皆知。周敦颐再次强化了莲花"不染"、"不妖"、"香清"、"洁净"的美好品格,这正与中国文士修身养性,并追求"独善其身"的美好品质相联系,是不折不扣的君子之格。因此,周敦颐将莲定义为"花之君子"。与此同时,周敦颐以当时牡丹的普遍性、大众化与世俗化作对比,更见出莲的高雅内涵,只象征少数洁身自好的真君子并为他们所钟

---

① 分别为归仁园、苗帅园、赵韩王园、李氏仁丰园、松岛、东园、会隐园。
② 程俊英:《诗经译注》,上海:上海古籍出版社 2006 年版,第 201 页。
③ 周敦颐:《周敦颐集》,北京:中华书局 2009 年版,第 53 页。

爱。自此,北宋时期的莲花以更为突出的清雅姿态和精神内涵——"不染"、"洁净"的"花中君子"展现于众,成为"君子"的代名词。周敦颐笔下的莲,相比牡丹花语的艳丽富贵,显出清丽脱俗的气质,而对比陶渊明的"隐逸"之菊,则又以不逃避世俗、虽入世但仍能"不染"而透露出几分激昂和勇敢,黄庭坚也赞誉莲花"不染"道:"莲花生淤泥,可见嗔喜性。小立近幽香,心与晚色静。"①这说明,此时对莲的称赞都走向"独善其身",受到周敦颐的影响。

自北宋周敦颐始,莲的文化内涵被再一次发掘和完善,在文人心中的地位大大提升,因此,莲在园林植物中的地位提升也较为正常。《洛阳名园记》中的多位园主诸如司马光、王拱辰等都曾因为仕途不顺独善其身而退居洛阳造园,中隐于园林,与莲的内在美学意蕴高度吻合。不过,从客观条件看,《洛阳名园记》中园林多莲的一个原因归功于"洛、伊二水自东南分注河南城中……园亭喜得之"的丰富水资源。

(四)松、柏、竹

洛阳地区多竹,邵雍诗云:"洛川多好山,伊川多美竹。"②《洛阳名园记》中园林常见竹,据表3-1,竹在14所园林中有记载,兹举数例:

"中有竹百亩";③(《名园记·归仁园》)

"竹万余竿,皆大满二三围,疏筠琅玕如碧玉橼";④(《名园记·苗帅园》)

"水竹尚甲洛阳"。⑤(《名园记·大字寺园》)

竹文化在中国由来已久,并与园林和文人结下不解之缘。南朝卫国淇园

① 黄庭坚:《黄庭坚诗集注》,北京:中华书局2003年版,第459页。
② 邵雍:《伊川击壤集》,北京:中华书局2013年版,第30页。
③ 李格非:《洛阳名园记》,北京:文学古籍刊行社1955年版,第6页。
④ 同上。
⑤ 同上书,第10页。

已经孕育了园林植竹的文化,《史记·河渠书》:"淇园之竹以为楗。"①《诗经·卫风·淇奥》描摹云:"瞻彼淇奥,绿竹猗猗。有匪君子,如切如磋,如琢如磨"。② 这样,"竹"、"园林"、"君子"三者建立了内在联系,也基本奠定了中国的竹文化。自此文人多爱竹,养竹,以竹喻君子。魏晋的竹林七贤,东晋王子猷"何可一日无此君"的故事又丰富了"竹"与"居"的内涵,影响深远。到宋代,文人士大夫对竹的痴迷有增无减,以苏轼"不可居无竹"为典范。《洛阳名园记》作者李格非本人亦爱竹如痴如醉,几近癫狂,友人晁补之作《有竹堂记》载李格非"狭而卑"的住处种有竹,有客来访,李格非不第一时间会客,却道:"竹固招我。"③这说明在宋代随着文人增多,"竹"与"居"进一步发扬和普及,形成"竹居"文化。文人士大夫造园大都养竹,难怪《洛阳名园记》中园林多植竹,几乎无园不竹。

松、桧也非常常见。如表3-1所示,《名园记》中北宋洛阳园林松、桧出现的频次为:松(4)、桧(栝)(5+1)。在洛阳,桧(栝)也成为园林中的重要植物。桧为柏科,亦常与松齐名并称,《尔雅·释木》:"柏叶松身。"

自先秦孔子"岁寒,而后知松柏之后凋"④树立了松柏"坚贞"的君子形象,松柏就一直受文人青睐。庄子亦云:"大寒既至,霜雪既降,吾是以知松柏之茂也。"⑤松、竹、柏因为相同的习性——耐寒、不改柯易叶,而常被并列提及,都是坚贞不渝的高贵品格的象征,《礼记·礼器》云:"其在人也,如竹箭之有筠也,如松柏之有心也……故贯四时而不改柯易叶。"⑥在这里,"竹、松、柏"都直接与人之君子相类,都有"不改柯易叶"坚贞不渝的美好品质。荀子也继承这种松柏比德说,云:"岁不寒无以知松柏,事不难无以知君子。"⑦因此,松柏被

---

① 《史记》第二十九卷,北京:中华书局1982年版,第1413页。

② 程俊英:《诗经译注》,上海:上海古籍出版社2006年版,第80页。

③ 潘守皎:《苏轼门人晁补之传》,天津:天津古籍出版社2012年版,第101页。

④ 杨伯峻:《论语译注》,北京:中华书局2006年版,第109页。

⑤ 陈鼓应:《庄子今注今译》,北京:中华书局2009年版,第814页。

⑥ 王文锦:《礼记译解》,北京:中华书局2001年版,第309页。

⑦ 杨惊:《荀子》,上海:上海古籍出版社2010年版,第327页。

誉为"百木之长"。①

宋代科学技术迅速发展,处世界领先水平,这使得宋人对植物的认识从以往的感性感官认知逐渐走向理性科学认知。宋代陈景沂《全芳备祖》不仅对所录植物作文化意蕴阐述,更有科学性的介绍,其引《本草》云:

"松脂沦入地,千年为茯苓,又千年为琥珀,又千年为璧,烧之皆有松气。"②

松脂久经沉淀,历经三个千年逐渐成就"茯苓"、"琥珀"、"璧",以美玉告终。无疑,陈景沂对松的进一步科学解释,使得松的内在品质阐发在科学的支撑下,又与"琥珀"、"璧"这类坚硬、剔透的美丽事物联系起来,因而更加动人。这样,松不仅具备了由感官体验而引发的美——岁寒后凋的"坚贞",同时具备科学认知而被挖掘出的美——脂经千年为琥珀及璧的"顽强"、"透亮"之美。

松、柏因其坚贞的审美内涵和审美意蕴而广受文人士大夫喜爱,《洛阳名园记》中的园林多植松、柏,透出清贞之美。洛阳是北宋的文人聚集之地,其园林也都染上了深厚的文化意蕴,李格非云"洛阳独爱栝而敬松",③显示出洛阳园林折射出的君子高贵品格。

简言之,洛阳人爱栝敬松,《洛阳名园记》中园林多植松柏,且几无园不竹。松、竹、桧(柏)这些坚贞品格的傲雪常青的植物在北宋洛阳园林中尽管不像牡丹那样绚烂而独特,但也是主要和重要的植物景观,并成为园林主人的精神寄托和写照。

三、植物造景手法

《洛阳名园记》中的园林植物造景手法非常成熟,从种植方式来看,孤植、

---

① 祝穆:《古今事文类聚》,上海:上海古籍出版社 1992 年版,第 366 页。
② 陈景沂:《全芳备祖》后集第十四卷,北京:农业出版社 1982 年版,第 1105 页。
③ 李格非:《洛阳名园记》,北京:文学古籍刊行社 1955 年版,第 8 页。

对植、列植、混植无不有。

孤植以《洛阳名园记》富郑公园凌霄花为典范,陆游《老学庵笔记》云其"挺然独立","宣和初,景华苑成,移植于芳林殿前"。① 足见此凌霄花在所有植物中异常突出,与其他凌霄花依附它物生长的特性截然不同,孤植更能凸显其一反常态、傲然挺立,因此最终被移植于京城景华苑。

对植则以《洛阳名园记》松岛东南隅双松最为突出,李格非云此"双松尤奇"。范祖禹《题李少师园十题》之《松岛》又对二松的"对植"方式做了补充陈述,云:"苍松郁相对"。此二松高大挺拔且形态"尤奇",是园中特色植物,两株对植,相互呼应。无独有偶,《名园记》中苗帅园"有七叶二树对峙高百尺",亦当是对植。

群植的方式会使园林郁郁葱葱、繁花似锦,这种种植现象自古至今都非常普遍,《洛阳名园记》中园林亦是,如:

"独有牡丹数十万本";(《洛阳名园记·天王院花园子》)

"北有牡丹与芍药千株,中有竹百亩";(《洛阳名园记·归仁园》)

"竹万余竿"。(《洛阳名园记·苗帅园》)

这些都是大量同种植物的群植,是《名园记》中园林植物造景最为常见的一种手法。

混植的例子则毋庸多说,不同种类植植物交替比邻的现象更是常见,李格非游富郑公园时"又旋花木中,有百余步",说明此园有大片混植的花丛与树木,水北胡氏园"有庵在松桧藤葛之中"亦是。混植的植物造景方式与花木天然混合丛生的状态也非常接近,较为自然。

列植现象在《洛阳名园记》园林中也不止一次出现,如:

"树松桧花木千株,皆品别种列";(《名园记·李氏仁丰园》)

---

① 陆游:《老学庵笔记》,上海:上海古籍出版社 2013 年版,第 140 页。

"桐梓桧柏,皆就行列";(《名园记·丛春园》)

"圃南为六栏,芍药、牡丹、杂花,各居其二,每种止植两本,识其名状而已,不求多也"①。(《独乐园记》)

如果说丛春园可能因曾为苗圃而巧合出现"皆就行列"的列植现象②,那么独乐园中芍药、牡丹、杂花各两栏,则属于有意识的分类列植。同时,独乐园"每种止植两本"是一种点到即止的写意手法,只求意境,有如中国文人画一般,只需三两笔轻描淡写,便抓住精髓。陈从周说:"园之佳者……皆以少胜多,有不尽之意,寥寥数笔,弦外之音犹绕梁间。"③别处园林未见植物种植写意手法的记载,独司马光记文传达自己的栽种原则和意图,说明其精于造园之事。

北宋洛阳的园林植物自然种植与行列规整式种植兼有。李格非言董氏西园"亭台花木,不为行列区处"。李格非在这里传达了显隐两条重要信息:其一,董氏西园植物为自然式种植,此为显,其二,李格非将董氏西园自然式的植物种植和亭台布局加以特别说明,是"不为行列区处",证明当时园林中的规则布局以及植物"行列"种植现象已经出现,或许还不在少数,此为隐。事实确实如此,《洛阳名园记》中归仁园、东园、独乐园等均有分割成块的畦田,《归仁园记》描述归仁园"南引伊水,舟行竹间,又散入畦槛"④,文彦博《游东田八韵》载东园"故迹药园间……畦窦水潺潺"⑤,范纯仁《同张伯常会君实南园》载独乐园"畦广容载药"⑥。这说明,北宋洛阳园林中常有草药等植物,以成片

①　司马光:《司马光集》,成都:四川大学出版社 2010 年版,第 1377 页。

②　汪菊渊先生在《中国古代园林史》中认为丛春园可能曾为苗圃,久不移植而造就乔木皆就行列的规整列植方式。张家骥先生在《中国造园艺术史》中认同该观点。

③　陈从周:《品园》,南京:江苏凤凰文艺出版社 2016 年版,第 4 页。

④　李复:《游归仁园记》,载曾枣庄、刘琳主编:《全宋文》第一百二十二册,上海:上海辞书出版社 2006 年版,第 95 页。

⑤　申利:《文彦博集校注》,北京:中华书局 2016 年版,第 382 页。

⑥　范纯仁:《范忠宣公集》,载纪昀、永瑢:《景印文渊阁四库全书》第一千一百〇四册,台北:台湾"商务印书馆"1983 年版,第 559 页。

畦田规则式种植。另外,洛阳花木业兴盛,用作商业交易的花木也常行列种植。因此,北宋洛阳园林植物规则种植和自然式种植均存在,而仅有自然式种植。

除上述植物手法之外,《洛阳名园记》中园林植物造景总体遵从"四时有景"原则。这一点,李格非本人也明确说道:

> "若夫百花酣而白昼眩。青苹动而林阴合。水静而跳鱼鸣。木落而群峰出。虽四时不同,而景物皆好……"①(《洛阳名园记·湖园》)

《洛阳名园记》中园林因为花木众多,常绿及落叶乔木、灌木、不同季节盛开的各色花卉、草本、藤本植物等无不有,不同花木的观赏特性不同,可观花、叶、果,可嗅芳香气息,更可听松涛阵阵,因而构成了"四时不同"的多感官植物审美盛宴。

园林是有生命的,随着时间的流逝,或成长或衰落。园林当容纳四时之美,这是李格非在湖园欣赏时流露的观点,希望园林的景观构建能够四时风光不尽相同,乐趣亦无穷,每个季节看都有新鲜感,尽量减少审美疲劳。通常我们更多关注园林的空间结构,因为经过山水、亭台、草木等可视要素的组建与分割,空间变得更容易感知。事实上,中国园林中一直追求着亘古的时间观,时间一直是园林中的一根隐线,空间的变化也有待时间的推移而展开,"连续流动的空间在时间中延伸,通过时间与空间的交替,创造不断变化的气氛。"②时间沉淀的下园林成为四维空间。在中国古代,人们很早就注意到时间带给万物的变化,所谓"四时行焉,百物生焉"。③ 不过最早明确在私家园林里阐述园林四时观的是白居易,他在《庐山草堂记》中说道:"春有锦绣谷花,夏有石

---

① 李格非:《洛阳名园记》,北京:文学古籍刊行社 1955 年版,第 12 页。

② 赵春林:《园林美学概论》,北京:中国建筑工业出版社 1992 年版,第 72—73 页。

③ 杨伯峻:《论语译注》,北京:中华书局 2006 年版,第 211 页。

门涧云，秋有虎溪月，冬有炉峰雪。"①白居易留意到园林构建和观赏中的四时季节变化的重要性，并将这种观点清晰地表达出来，这给予宋人以启发。欧阳修继承了这一理念，他在《醉翁亭记》中说：

> "野芳发而幽香，佳木秀而繁阴，风霜高洁，水清而石出者，山间之四时也。朝而往，暮而归，四时之景不同，而乐亦无穷也。"②

不难发现，李格非在《洛阳名园记》中透露出的园林四时观与欧阳修如出一辙。大概，园林构建和欣赏的四时观在宋代已经普遍建立起来，园林景物搭配的四时观是一般园林都遵循的原则，在后来亦被提及并经常在造园活动中体现。明代文震亨就说："四时不断，皆入图画。"③拙政园中有绣倚亭、荷风四面亭、待霜亭、雪香云蔚亭，分别观赏春夏秋冬四季不同的景色，春天于绣倚亭中赏牡丹；夏季于荷风四面亭观荷；秋日于待霜亭看橘子红了、枫叶红了；冬天则在雪香云蔚亭看雪并享受梅花暗香浮动。又如圆明园中有"四宜书屋"赏四时风花雪月，再如留园，亦有清风池馆、涵碧山房、闻木樨香轩、可亭分赏四时之景。注重景物的季节搭配，使园四时易景且皆好，这是中国园林注重体验的表现。

《洛阳名园记》中的北宋洛阳园林以植物见长，这最能体现各园林四时有景可观且景物皆异而好的特征，从表3-1《洛阳名园记》园林植物一览表中看出，洛阳园林春有桃、李、山茶、牡丹、芍药，夏有菡萏、茉莉、紫兰，秋有菊、桂、凌霄，冬有梅、竹、松、柏，有观叶者、观花者、观果者，乃至可嗅者，种类各异缤彩纷呈，正如李格非所说"虽四时不同，而景物皆好"。

李格非的园林四时观，即四时有景是中国园林遵循的重要原则之一，至今仍如此。

---

① 白居易：《白居易集》，北京：中华书局1979年版，第934页。
② 欧阳修：《欧阳修全集》，北京：中华书局2001年版，第576页。
③ 文震亨：《长物志》，北京：中华书局2012年版，第37页。

要而言之,《洛阳名园记》中所见北宋洛阳园林无不以花木见长,植物种类繁多,以牡丹、梅、莲、松、柏、竹为代表。梅、莲在宋代被赋予新的美学内涵并在园林植物景观中的地位上升,与松、竹一道君子比德,显示出园林整体"清"、"雅"、"隐"的美学品格以及园主独善其身、修身养性的君子品质。与此同时,花王牡丹普及化世俗化,"凡园皆植牡丹",多姿多彩富贵艳丽,成为洛阳园林的又一特色和清雅品格的陪衬与对比。《洛阳名园记》园内也有很多天然植物,如萍、荇、苔、芦苇等,自然天成,颇有野趣。洛阳植物造景手法也颇丰富,孤植、对植、列植、群植、混植无不有,且总体依照"四时有景"原则组合搭配植物,以使"四时不同而景物皆好"。

第二节　水　体

中国素有尚水的文化基因,孔子曰:"逝者如斯夫! 不舍昼夜。"[1]老子云:"上善若水。水善利万物而不争"[2]。理水成为中国园林重要的环节之一。自周朝开始,就注重水体营建,灵囿中有灵池,之后的园林更不言而喻。宋代洛阳人邵雍在《小圃睡起》诗中说:"有水园亭活"。[3]

一、水体类型

《洛阳名园记》中园林内山石虽少,但水景颇丰富,并在园林景观营造中起着至关重要的作用。我国台湾地区学者侯迺慧甚至说到白居易履道里的宅园"完成其多重造境的关键,主要在于水景的造设与居游"[4]。不仅履道里宅园如此,《洛阳名园记》中其他园林都以水造景,因水而活。书中具体水景详见表3-2。

---

① 杨伯峻:《论语译注》,北京:中华书局2006年版,第105页。
② 陈鼓应:《老子注译及评介》,北京:中华书局2009年版,第86页。
③ 邵雍:《伊川击壤集》,北京:中华书局2013年版,第25页。
④ 侯迺慧:《物境、艺境、道境——白居易履道园水景的多重造境美学》,《清华学报》2011年第3期。

表3-2　《洛阳名园记》园林水系一览表

序号	园名	岛/洲/其他	水体形式	状态
1	富郑公园	——	引流穿之(似为溪、渠)	动态水
2	董氏西园	——	似喷泉、池(中有石芙蓉,水自其花间涌出)	动、静水体结合
3	董氏东园	——	流杯、醒酒池(水四面喷泻池中,醒酒池似为方池)	动、静水体结合
4	环溪	汕、岛	池、大池、引水绕园、溪势曲如环	动、静水体结合
5	刘氏园			——
6	丛春园	——	北临洛水,"汹涌奔激"	动态水体
7	天王院花园子	——		——
8	归仁园	——	南引伊水、清池、方塘	动静结合
9	苗帅园	——	东有水自伊水派来、溪、引水绕松、池	池溪颇多,动、静水体结合
10	赵韩王园	——	莲池	静态水体
11	李氏仁丰园			
12	松岛	松岛	池、自东大渠引水注园、清泉细流涓涓无不通处(溪)、芡池、莲池	动静水体结合
13	东园	——	水渺涨甚广,如湖;双沼	静水,以水面广阔为园林特色
14	紫金台张氏园	——	饶水(溪、渠)	动态水
15	水北胡氏园	——	瀍水流经,水清浅则鸣漱、湍瀑则奔驶	动态
16	大字寺园	——	池	静态
17	独乐园	岛	方池、清渠、流水、(有水形若虎爪、象鼻)、井	动、静水体结合
18	湖园	百花洲	湖、池;裴度时有沼、汕	动、静水结合
19	吕文穆园	一亭在池中	池	静态水
20	大隐庄	——		——
21	杨侍郎园	——	流杯渠	动态水
22	师子园	——		——
23	合	5	17	动静结合

(表格来源:作者自绘,表中信息据《名园记》及附录考证所得)

《洛阳名园记》所提及的 22 处北宋洛阳园林,17 座有水系记载,种类有池、沼、溪、塘、渠、湖、泉、瀑、井、流杯等,几乎包含明清园林中的所有水体类型。《洛阳名园记》中园林的水景覆盖范围广泛,是园林整体上的一大特色。洛阳造园者借助天然地理优势,常引伊、洛水入园,并结合地形与园林布局的变化,构造溪、流杯曲水、瀑布、池、湖等不同形态的园林水体,动静结合、声形互衬,体现当时灵活的造园理水技艺。

《洛阳名园记》中园林的水体从动、静形式上看,二者兼有且相互结合,有静态大小不等的水系,如池、湖、沼、塘等,有用于生活及浇灌所需的井,也有狭长曲折流动的动态水系,如流杯渠、溪等,还有飞瀑和喷泉这类动力十足的特殊动态水体。动水或流动或飞落或喷涌,充满灵动的生命气息,且同时构成声音景观,李格非所言水北胡氏园"水清浅则鸣漱"、丛春园北望洛水"声闻数十里"①即是。静水则平和静谧,刘禹锡《望洞庭》诗描写静水云:"湖光秋月两相和,潭面无风镜未磨"②,为园林增添祥和的意境。池、湖、沼等静水如镜,倒映园中其他景物,别有风致。《洛阳名园记》中园林多临水而建,其中多处园中水景富于变化和组合,如,环溪中多处有池,且园周有溪水环绕,动静结合,另外湖园、独乐园等都具备这样的特性(如图 3-1 所示)。

从水体的曲直形态上看,《洛阳名园记》中的水体有直有曲。大概由于计成"须开池者三,曲折有情"③的准则奠定了中国园林理水"曲折有情"的基本理论指导和审美取向,现存明清园林中水系恰好证实了这一理念,这使得曲水④深入人心。但计成也有"池凿四方"⑤的方池云云,只不过受关注度没有曲水高。《洛阳名园记》中北宋园林不乏规则几何形体的景观,如前文所提畦田、栽植成行的花圃、乔木,以及水系中的规则方池。司马光《独乐园记》云:

---

① 李格非:《洛阳名园记》,北京:文学古籍刊行社 1955 年版,第 5 页。
② 刘禹锡:《刘禹锡集》,南京:凤凰出版社 2014 年版,第 140 页。
③ 陈植:《园冶注释》,北京:中国建筑工业出版社 1988 年版,第 62 页。
④ 曲水在中国古代园林中常指曲水流觞,即流杯渠,此处为与方池、方塘等规整水系相区分的园林水体,以"曲水"一词代指所有形态曲折的水系,包括溪、涧、曲池等。
⑤ 陈植:《园冶注释》,北京:中国建筑工业出版社 1988 年版,第 206 页。

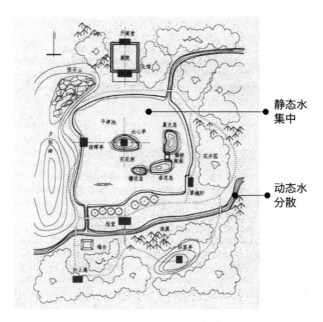

静态水
集中

动态水
分散

图 3-1　湖园中的水体特征

（平面设想图图来自：王铎《中国古代苑园与文化》）

"中央为沼，方深各三尺"，[1]该方沼尺度虽小，但形态标准，长宽高各三尺，呈现立方体样式。另外，李复对《洛阳名园记》中归仁园的方形水系亦有载，曰"南引伊水，舟行竹间，又散入畦槛，会于方塘"。[2]董氏东园中西有大池，"水四面喷泻池中"，疑此大池亦为方池。朱育帆认为方池有"正方"和"曲方"两种可能。[3]这说明，北宋时期洛阳园林中的方池并非罕见。然而，不独洛阳，东京也不例外，张择端的《金明池争标图》（图 3-2）则将方池以视觉的形式展现。鲍沁星通过对文献和宋画的研究认为"方池和直线形的池岸是两宋皇家园林理水的常见形式"。[4]可见，北宋时期理水中方池与曲水并存，曲直相结

①　司马光：《司马光集》，成都：四川大学出版社 2010 年版，第 1377 页。

②　李复：《游归仁园记》，载曾枣庄、刘琳主编：《全宋文》第一百二十二册，上海：上海辞书出版社 2006 年版，第 95 页。

③　朱育帆：《艮岳景象研究》，北京：北京林业大学 1997 年，第 118 页。

④　鲍沁星：《两宋园林中方池现象研究》，《中国园林》2012 年第 4 期。

合,且几何形的方池也较为普遍,无论私家园林还是皇家园林都常有方池。

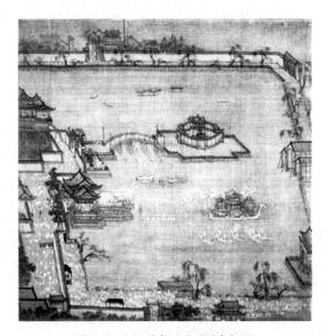

图 3-2　(宋)张择端金明池争标图

其实,唐时造园已有方池出现,白居易《草堂记》云:"台南有方池,倍平台",①但唐时所见对方池的记载不及宋时频繁。方池在明代仍然存在,不过,顾凯指出方池在明末的记载大大减少,17 世纪以后,江南方、曲并存的理水方式发生转变,方池逐渐衰退,曲水成为主流。② 拙政等名园中的方池均被改建,如今江南园林已很少有方池,明末以来逐渐形成理水贵曲的观念,并成为人们对中国园林理水的通识。殊不知,在中国造园史上,方池在宋代的各类园林中兴盛,持续数百年。需要注意的是,宋代方池与曲水在园林中均享有重要地位,那些过于强调中国园林理水贵曲,并以"曲"盖全的观点都过于片面和笼统。

总而言之,《名园记》中园林的水系灵活多变,形式不同的水体水面富于变化,在集中与分散、曲与直、开阔与封闭、动与静之中变化莫测,饶有趣味。

---

① 白居易:《白居易集》,北京:中华书局 1979 年版,第 934 页。
② 顾凯:《重新认识江南园林:早期差异与晚明转折》,《建筑学报》2009 年第 1 期。

种类丰富灵活多变的水景是《洛阳名园记》中北宋洛阳园林的特征之一,故曰洛阳"园池"。

二、水体美学意味

伊水、洛水以及穿越洛城诸坊内的几条渠道共同构成整个洛阳城坊内丰富的活水体系,为洛阳造园提供了活水源泉。《洛阳名园记》中园林大多临水而建,引水入园,构成丰富的水体景观。这些丰富多变的水景给游者声觉、视觉、触觉等全方位体验,令人叹为观止。李格非在《洛阳名园记》中透露出水景的两大美学特色:一为"活",二为"清",意味深长。

李格非非常注重对活水的欣赏和描摹,其一表现为"动",即各种类型的动态水体,如:

> "皆斩竹丈许,引流穿之而径其上";①(《洛阳名园记·富郑公园》)
>
> "中有石芙蓉,水自其花间涌出";②(《洛阳名园记·董氏西园》)
>
> "水四面喷泻池中";(《洛阳名园记·董氏东园》)
>
> "复汇为大池";③(《洛阳名园记·环溪》)
>
> "引水绕之"。(《洛阳名园记·苗帅园》)

苏珊·朗格说:"要想使一种形式成为一种生命的形式,它就必须具备如下条件:第一,它必须是一种动力形式。"④艺术因为具备了动态,而活灵活现,流动不息,通向活的生命,从而具备了美的价值。《洛阳名园记》园林中水系多为动态活水。"引"、"穿"、"涌"、"喷泻"、"汇"、"绕"等是水之流动的传达,动态形式丰富多样。园林若缺少动态景观"就会'板'、'结'、'塞'而缺乏生气",⑤孙联

---

① 李格非:《洛阳名园记》,北京:文学古籍刊行社1955年版,第1页。
② 同上书,第2页。
③ 李格非:《洛阳名园记》,北京:文学古籍刊行社1955年版,第4页。
④ 苏珊·朗格:《艺术问题》,南京:南京出版社2006年版,第64页。
⑤ 刘天华:《〈拉奥孔〉与古典园林——浅论我国园林艺术的综合性》,《学术月刊》1982年第10期。

奎说"一息不流动,则疾病之患生"①也有此意。然而,动景的营造相当程度上体现在动态水景上。动态水亦为活水,水之活主要体现为"通",由于很多园中有多种水体存在,池、沼、溪等不尽相同,亦动亦静,但能互通,成为活水。《洛阳名园记》中园林水系相互通达,体现活的特性,以松岛为胜,李格非载该园"自东大渠引水注园中……涓涓无不通处"。"涓涓无不通"是对园林中水系流通的有力写照。不独松岛,其他园林之水亦有此特性,富郑公园"左右二山,被压通流"亦是。计成云:"水溶通源"②、"或傍山林,欲通河沼",③也强调了理水要"通","通"的目的即是"活"。

苏轼也称赞园林活水,他在《李氏园》中说:"其西引溪水,活活转墙曲。东注入深林,林深窗户绿。"活水对于园林来说,重要意义不仅在于水体本身的景观效果,更在于活水能够周流园内,滋养花木景观,孕育生命。同样,宋代郭熙也云:"水,活物也。其形欲深静,欲柔滑,欲汪洋,欲回环,欲肥腻,欲喷薄,欲激射,欲多泉,欲远流,欲瀑布插天,欲溅扑入地,欲渔钓怡怡,欲草木欣欣,欲挟烟云而秀媚,欲照溪谷而光辉。此水之活体也。"④"水者,天地之血也,血贵周流而不凝滞。"⑤这里,郭熙直逼水的最高本质——"活物",且表现为"周流不凝滞",并非常全面地概括了水因动而活,因活而形成了不同的形态——汪洋、回环、多泉、远流、瀑布等,并传达水之活不仅在于自身的流动变化,也在于它能滋养万物,孕育生命,"欲草木欣欣",不仅活己,而且活它,诚可贵也。换言之,水之活,体现在自身的灵动变化以及孕育滋养生命两方面。这对园林景观营造具有双重意义。李格非深知水对洛阳园林生命的滋养作用,说道得伊水上流清澈水源的园林"春夏无枯涸之病"。⑥ 洛阳园林之水无

---

① 孙联奎、杨廷芝:《司空图〈诗品〉解说二种》,济南:山东人民出版社 1962 年版,第 52 页。
② 陈植:《园冶注释》,北京:中国建筑工业出版社 1988 年版,第 64 页。
③ 同上书,第 56 页。
④ 郭思:《林泉高致》,北京:中华书局 2010 年版,第 64 页。
⑤ 同上书,第 67 页。
⑥ 李格非:《洛阳名园记》,北京:文学古籍刊行社 1955 年版,第 12 页。

疑具备了郭熙所言的活水特征,成为园林中重要的景观。

清代王培荀评价李格非"品在清流"①,一语见地。李格非的清雅之品也致使他对水之"清"品非常重视。"清"是水的本性,先秦庚桑楚就有"水之性清"的著名论断。"清泉细流"是《名园记》中园林水之"清"的极美概括。另外其他园林多处也可见清水潺潺,如:

"久之,觉清冽侵入肌骨";②(《洛阳名园记·丛春园》)

"水清浅则鸣漱";(《洛阳名园记·水北胡氏园》)

"伊水尤清澈,园亭喜得之";(《洛阳名园记·吕文穆园》)

"清渠流不绝"。③（范纯仁《君实南园饮罢留宿二首》其二）

水的本质状态就是清澈透明的,因此水之清含有自然、真、纯粹、不染的意思,兼有君子圣人的品质。"清"在中华美学中具有丰富的内涵。在儒家思想中,"清"主要体现在"正",清官不贪,清官正直,儒家的清政通向"仁"。道家的清,强调真,通向"道",清这种美学品格被儒释两家共同认可。王冕的《墨梅图》中有题诗曰:"不要人夸好颜色,只留清气满乾坤"④,表达了对"清"品的追求。明代胡应麟曰:"清者,超凡绝俗之谓,非专于枯寂闲淡之谓也。"⑤清,相对于修饰,它具有本色之美,相对于世俗,它是一种超脱之美,相对于虚假,它是一种纯真的美。与清相反的是浊、杂,浑浊的事物会扰乱心绪,老子云:"五色令人目盲;五音令人耳聋;五味令人口爽"。⑥水之清品与《洛阳名园记》中多位园主的退隐园林以修身养性、独善其身的品性也颇为吻合,如,

---

① 王培荀:《乡园忆旧录》,济南:齐鲁书社 1993 年版,第 201 页。

② 李格非:《洛阳名园记》,北京:文学古籍刊行社 1955 年版,第 5 页。

③ 范纯仁:《范忠宣公集》,载纪昀、永瑢:《景印文渊阁四库全书》第一千一百〇四册,台北:台湾"商务印书馆"1983 年版,第 550 页。

④ 王冕:《王冕集》,杭州:浙江古籍出版社 2012 年版,第 259 页。

⑤ 胡应麟:《诗薮》,北京:中华书局 1962 年版,第 183 页。

⑥ 陈鼓应:《老子注译及评介》,北京:中华书局 2009 年版,第 104 页。

司马光正是追求自我本真、不愿趋炎附势,才退居洛阳建独乐园,深入浅出著书立说。对水清澈之美的追求较为普遍,诗句"问渠哪得清如许"也体现了水以清为美的审美标准。李格非在《洛阳名园记》中频繁强调水景的清澈之美,大概出于两点原因:一,从客观上讲,因为洛阳园林水源本身清澈可喜,李格非云"伊水尤清澈"。二,从主观上看,出于中国文人士大夫对"清"品的审美追求。

《洛阳名园记》中的园林常因为有流水的存在而别有意境。一是因为"小桥流水人家"的居住模式,在我们的思维里根深蒂固,成为我们内心深入认同的美丽生活画面。二是因为水能孕育生命,滋润园林植被,与园林俱兴废。第三,君子比德增加了水的精神感染力,老子云:"水善利万物而不争",孔子曰:"知者乐水,仁者乐山"。无论是老子还是孔子,都将水作为高贵品格的象征和精神寄托,因此水的生命性和美学韵味更加丰富和突显,也使得《洛阳名园记》中园林的美学意味更加深长。

三、水体造景手法

从表3-2看出,《洛阳名园记》中的园林北宋时期5处水中有景,或岛、或洲、或汀、或建亭、堂等建筑。到北宋,发达的农业和水利技术,为造园开渠引流的理水活动及园林灌溉提供了有力的技术支撑。《名园记》中的北宋时期洛阳园林大多结合园林特色和地理形式设计水的形式,使其玲珑多变,体现了成熟的理水技术和手法,主要表现为如下几方面。

(一)园林选址多临水,开渠引流入园,并善于营造形式丰富的水体。如,富郑公园位于天津桥南,可闻洛水涛涛,利用邻近洛水的天然优势,"引流穿之",该园因有洛水流入而活了起来。再如,苗帅园位于洛阳城东会节坊,城东有伊水流经,李格非云"东有水自伊水沠[1]来,可泛十石舟",知此园引伊水入其中,汇集为池,由动态水汇聚为静态水,动静结合,由聚集型水面转换为开

---

[1] 《津逮秘书》本作"派"来。

阔型水域以致可泛舟其间。松岛也位城东睦仁坊，"自东大渠引水注园中"，形成"清泉细流，涓涓无不通"的贯穿全园的溪水，清雅秀丽。独乐园将方沼分水为"五派"，"形若虎爪"，并开渠若象鼻，使"清渠流不绝"，引水和分水的手法如此多变，可开渠使其涓涓细流，也可辟池沼使其汇集。这些园林充分体现大水宜分，小水宜聚，分聚结合的手法，造就形式多变的水体形式。

（二）善于利用高差及天然水压，形成飞瀑湍流和泉涌喷流的动态水景。如，董氏东园利用高差使"水四面喷泻池中""朝夕如飞瀑"，董氏西园有天然泉水口，且由于水压而自然向上喷涌，园主则巧妙以石在泉口组合为花瓣状，形成"中有石芙蓉，水自其花间涌出"的天然喷泉效果，巧妙至极。

（三）临水而借水景。如，水北胡氏园，在邙山之麓，瀍水流经旁侧，在靠近瀍水处造轩临水，"因岸穿二土室……开轩窗其前，以临水上"，于是园外瀍水"清浅则鸣漱，湍瀑则奔驶"的变化之景则可为园主观赏，"皆可喜也"。再如丛春园，位于天津桥附近的洛水南畔，使北可望洛水，于是能赏"洛水自西汹涌奔激而东"的壮丽水景。

（四）注重营造多感官观水景。水特殊的物理流动性能使得水不仅成为视觉景观，其触觉和声觉也相当有感染力。喷泉、瀑布、溪、涧等流水或涓涓细流或汹涌奔激，不仅因内在动力而美，更因流动之水常伴有声音，构成声音景观（soundscape）而别有趣味。据李格非所载，丛春园北可望洛水，"洪下皆大石，底与水争"，水中置石，使水流与之相搏击，不仅形成浪花、喷薄成雾，塑造丰富多变的动态水景，更有"声闻数十里"的宏壮之音，具有声景构建的雏形。水北胡氏园"水清浅则鸣漱"也是一种水体声景。另外，在丛春园中还可感受洛水"清冽侵入肌骨"，这种触觉感知水景更是一种游园的特殊体验。

（五）突破一池三山。"池—岛"造园手法发源于汉，武帝为求长寿，建造人工蓬莱仙境，命人水中堆山比拟天堂。《史记》述建章宫"北治大池，渐台高二十余丈，名曰太液池，中有蓬莱、方丈、瀛洲、壶梁，像海中神山龟鱼之属。"[1]

---

[1]　《史记》第二十八卷，北京：中华书局 1982 年版，第 1402 页。

建章宫的这一"池—岛"的营建手法,即为后世所称的经典"一池三山"仙境模式,对中国园林影响深远。隋西苑、唐太液池都按照"一池三山"的"池—岛"手法营造。

《洛阳名园记》中的北宋园林非常善于水中造景,常在水中配以岛、洲、亭、堂等构筑物。"池—岛"手法突破一池三山,走向"一池—N岛"、"池—建筑"的自由模式。范祖禹《松岛》诗勾勒了松岛的"池—岛"模式,司马光《独乐园记》也描绘了"钓鱼庵"的"池—岛"模式[1],且并非最初严格意义上的一池三岛了,变成"一池—N岛"。"池—岛"手法在北宋洛阳体现较为灵活,不仅是只有池和岛及岛上亭桥,有些甚至池中直接建亭桥楼,如董氏东园和吕文穆园,省去岛屿。董氏东园大池中构"含碧堂"[2]属"池—建筑"的"池—堂"模式,吕文穆园有三亭,"一在池中,二在池外,桥跨池上,相属也",则是"池—建筑"的"池—亭"及"池—桥"形式。因此"池—岛"模式从汉代最初的标准"一池三山",到北宋走向多种自由模式,从数量上看,突破严格的一三组合,而为"一池—N岛",从形式上看,也突破岛的限制,出现"池—建筑"手法。(如图3-3、图3-4)

图3-3　(宋)张先《十咏图》局部　　图3-4　(宋)刘松年《四江山水图》局部

"池—岛"的理水手法能满足人的亲水性,最大限度让人体验到水之美。董氏东园醒酒池水四面喷泻池中,登池中含碧堂,有"朝夕如飞瀑"及盛醉者

---

①　司马光:《司马光集》,成都:四川大学出版社2010年版,第1377页。
②　关于含碧堂的讨论详见附录考证。

"走登其堂辄醒"的亲水体验。池中岛及建筑还可以分割水面,明代文震亨说:"凿池自亩以及顷,愈广愈胜。最广者,中可置台榭之属,或长堤横隔,汀蒲、岸苇杂植其中,一望无际,乃称巨浸。……池傍植垂柳,忌桃杏间种,中畜凫雁,须十数为群,方有生意。最广处可置水阁,必如图画中者佳。"①文震亨所说的理水配以建筑、堤及植物的做法,早在北宋时期《洛阳名园记》中的园林基本都有涉及。

《名园记》显示出北宋洛阳造园理水之技法娴熟,并充分利用这些技法自觉获取亲水体验。

简言之,《洛阳名园记》中的北宋洛阳园林多临水而建,引水入园,以水景著称,理水技术和手法都已经相当成熟和完善;不同水体形态多达近 10 种,聚—散、动—静、曲—直和谐并存;"池—岛"模式向自由不固定的方向发展;《名园记》中园林的审美以"活"、"清"为特色,丰富了园林的内涵,因水的存在,这些园林呈现清雅灵动的特质。

第三节　建　筑

植物、水系等自然要素在园林中固然重要,但配以人工建筑则更有亲和力和家园感,正所谓"好花须映好楼台"。正如中国大篇幅的山水画中,某个角落总透露人的影子和家园的气息。如,山脚下的小茅舍、水畔的钓鱼翁等,再或者曲曲折折的小路通向半山腰,让你觉得这路上有人经过,山那一边肯定隐藏着一户人家。这样寥寥数笔透出人的迹象的点缀总能让山水流光溢彩。同样,坐落在山水之中的建筑也更彰显生命气息。建筑作为园林中唯一的纯人工艺术,不仅需要为观赏者提供最佳观赏点,其本身也是重要的景观对象,建筑在园林中的作用正好印证了卞之琳所勾勒的经典画面,"你站在桥上看风景,看风景人在楼上看你"②,耐人寻味。

---

① 文震亨:《长物志》,北京:中华书局 2012 年版,第 82 页。
② 卞之琳:《卞之琳诗选》,武汉:长江文艺出版社 2003 年版,第 57 页。

一、建筑类型

《名园记》和相关史料中多次提及各园中建筑,对其题名、在园中所处的方位、用材等多方面都有不同程度的描述和分析。《名园记》中园林涉及的建筑情况大致如表3-3。

表3-3 《洛阳名园记》建筑及相关构筑物一览表①

序号	名称	出现数量	序号	名称	出现数量
1	亭	35	8	榭	4
2	堂	20	9	楼	3
3	台	13	10	阁	2
4	轩	7	11	斋	2
5	桥	6	12	土室	2
6	洞	5	13	酴醿架	2
7	庵	5	14	廊(庑)	1

(表格来源:作者自绘)

由上表知,《洛阳名园记》中的建筑及相关构筑物类型丰富,且亭、堂颇多,洞为特色。

史料中,《洛阳名园记》中的北宋洛阳园林建筑及相关构筑物类型多达16种,有堂(20)、轩(7)、楼(3)、台(13)、亭(35)、榭(4)、阁(2)、斋(2)、洞(5)、庵(5)、土室(2)、廊庑(1)、桥(6)、架(2),涉及广泛,包含了宋代园林文献中绝大多数的建筑类型。从功能上看,上述不同建筑功能主要有:居住(堂为主),宴集(厅堂、台、亭等空间宏大或开敞的构筑物),观景(所有建筑),交通(桥、廊),等等。

堂、台、亭出现频次相对较高,亭居首,亭一为观景,二为"人所停集",大概因为北宋洛阳园林常为文人宴集之地。堂亦非常多,堂可居,可能因为《洛

① 表格中"数量"指《洛阳名园记》以及考证材料中各类建筑出现次数。

阳名园记》中园林不仅"可望"、"可游",且"可居",以生活为主要目的。

洞是北宋洛阳园林中的特色建筑,体现洛阳当时的"穴居"风俗。据载,宋太祖少居洛阳时,"尝与韩令坤博土室中"。①《洛阳名园记》中园林不乏开辟土洞的做法。富弼园中有"水筠"、"土筠"等五洞,水北胡氏园"因岸穿二土室",司马光独乐园西斋之下凿一地下土室,谓之"凉洞",大概与当今窑洞相似。李格非所述"凡谓之洞者,皆斩竹丈许,引流穿之而径其上",与计成所载洞"上或堆土植树,或作台,或置亭屋"②颇为相合,均说明洞顶可造景。富郑公园中洞顶就有流水和竹径。洞室因为深入地下,因而保温效果极佳,冬暖夏凉,深受当时的洛阳人喜爱,遂有"穴居"风俗。

二、建筑风格

《洛阳名园记》中园林建筑风格相差极大,奢华与朴素相并,奢华者"待侔禁省",简陋者草编为屋。

《名园记》中洛阳园林建筑不乏宏大华丽者,王拱辰环溪园有"凉榭锦厅,其下可坐数百人。宏大壮丽,洛中无逾者。"王得臣《麈史》卷下"谐谑"载王拱辰在洛阳"营第甚侈,中堂起屋三层,上曰'朝元阁'"③,与李格非所记基本相吻合。此外,苗帅园有桥亭,"制度宏奢",刘氏园建筑"率务俊立"。公卿巨贾财力雄厚,他们有经济实力建造奢华的建筑。宋初名相赵普宅第仅"麻捣钱一千二百余贯,其他可知。盖屋皆以板为笪,上以方砖甃之然后布瓦"④,相当奢华。可以看出这一时期,不乏喜欢华丽建筑的公卿贵族。普通百姓也崇尚豪华之风,景祐中,"士民之众,罔遵矩度,争尚僭奢……室屋宏丽,交穷土木之工。"⑤百姓既如此,宗亲贵宦之居家治园池更是以豪华相尚。

《洛阳名园记》中有些建筑奢华到何种程度? 建筑不仅有居住功能,更是

① 《宋史》第一卷,北京:中华书局1977年版,第2页。
② 陈植:《园冶注释》,北京:中国建筑工业出版社1988年版,第218页。
③ 王得臣:《尘史》,上海:上海古籍出版社2012年版,第55页。
④ 沈括:《梦溪笔谈》,上海:上海古籍出版社2015年版,第159—160页。
⑤ 李攸:《宋朝事实》,北京:中华书局1985年版,第214页。

儒家礼制文化的承载,在我国古代历来有严格的建筑等级制度规定。在宋,"六品以上宅舍,许作乌头门。父祖舍宅有者,子孙许仍之。凡民庶家,不得施重栱、藻井及五色文采为饰,仍不得四铺飞檐。庶人舍屋,许五架,门一间两厦而已。"[①]然而,奢豪风尚的引导下,有些建筑不免有僭越典章制度之嫌,如赵普宅园:

> "国初诏将作营治,故其经画制作,殆侔禁省。"[②](《名园记·赵韩王园》)

由于赵韩王园华丽无比,太祖幸洛观其宅第豪华,因而发出"此老子终是不纯"[③]的感慨。看来,《名园记》中最华丽的建筑甚至可与当时的宫廷建筑相媲美。

崇宁二年(1103 年)李诫作《营造法式》,梁思成先生认为此时建筑之风开始转变,宋代建筑在初期"结构尤硕健质朴,"自太宗太平兴国以后开始转变,崇宁开始变得"纤靡"且"刻意修饰"。[④] 刘敦桢先生也说宋代建筑风格向着"柔和绚丽的方向发展"。[⑤] 李格非所见的北宋洛阳园林建筑又都早于崇宁时期,当属于硕大质朴向纤靡华丽过渡的阶段,即,《名园记》中园林那些奢华的建筑雄伟华丽,制度豪奢又装饰绚丽。

《洛阳名园记》中的北宋洛阳园林建筑亦有朴素简陋者。这些简朴的建筑多就地取材,因材致用,常用自然竹木、茅草、芦苇、草席之侪,野趣盎然。其中司马光独乐园建筑可谓朴素之大成者,该园中建筑及构筑物朴素体现在三个方面:其一,材料直接取之自然,其中有"种竹斋","厚其墉茨,以御烈

---

① 《宋史》第一百五十四卷,北京:中华书局 1977 年版,第 3600 页。
② 李格非:《洛阳名园记》,北京:文学古籍刊行社 1955 年版,第 7 页。
③ 欧阳修等:《归田录(外五种)》,上海:上海古籍出版社 2012 年版,第 72 页。
④ 梁思成:《中国建筑史》,北京:三联书店 2011 年版,第 114 页。
⑤ 刘敦桢:《中国古代建筑史》,北京:中国建筑工业出版社 1984 年版,第 245 页。

日"①。独乐园中还有竹架，一般架子以坚木制作，而独乐园酴醾架则用竹取代，对此，司马光解释道："贫家不办构坚木，缚竹立架擎酴醾。"②其二，独乐园中有些建筑朴素到形制也无章可循，法无定法，较为自由，其中"钓鱼庵"是"岛上植竹……揽结其杪"③而成，形制甚至简洁到不能称之为"建筑"，仅仅是结杪的竹丛而已。其三，独乐园建筑尺度亦小，仅足容膝。该园中有洞，洞的规模"宽者容一席，狭者分三支"④。《洛阳名园记》中其他园林里也常见简朴的构筑物。如，归仁园有"草堂"⑤，松岛园有"茅菴"，宰相文彦博东园中还有"霜蕈编为屋"，⑥范祖禹《和乐庵记》又云张氏会隐园"结茅为庵"。

北宋时期，砖瓦开始出现在建筑领域，一些城市采用砖砌成墙以及地面铺装。朱长文在《吴郡图经续记》中有"近郊隘巷，悉甃以甓"的砖墙记载。⑦ 民宅中也出现不少瓦舍，日本僧人成寻熙宁五年（1072 年）对浙江舟山群岛的小均山民居建筑描述为茅瓦相间，文曰："有四浦，多人家，一浦有十一家。此中二宇瓦葺大家，余皆萱屋。"⑧砖瓦建筑在北宋城市中的使用尽管较为常见，不过，那仍然是富贵人家才能享受的。唐庚（1070—1120）在《重修思政堂记》说到城市中"非富家大姓不用瓦屋"⑨。《洛阳名园记》中园林园主公卿富贾居多，按理都有修建瓦房的经济实力，且当时的社会风气更是奢豪相尚，但很多士大夫仍然选择建造茅草屋，形成一股园林清流，如：上文归仁园、文潞公东园、司马温公独乐园等，这是北宋洛阳园林文人化清雅化的体现。

总之，《名园记》中北宋洛阳园林建筑风格不一，从"宏大壮丽""制度雄

---

① 司马光：《司马光集》，成都：四川大学出版社 2010 年版，第 1377 页。

② 同上书，第 126 页。

③ 同上书，第 1377 页。

④ 同上书，第 114 页。

⑤ 李復：《游归仁园记》，载曾枣庄、刘琳主编：《全宋文》第一百二十二册，上海：上海辞书出版社 2006 年版，第 95 页。

⑥ 申利：《文彦博集校注》，北京：中华书局 2016 年版，第 382 页。

⑦ 朱长文：《吴郡图经续记》，南京：江苏古籍出版社 1999 年版，第 7 页。

⑧ 成寻：《新校参天台五台山记》，上海：上海古籍出版社 2009 年版，第 11 页。

⑨ 唐庚：《重修思政堂记》，载曾枣庄、刘琳主编：《全宋文》第一百四十册，上海：上海辞书出版社 2006 年版，第 25 页。

奢"到"霜蔀为屋""结茅为庵",豪奢与简朴相兼,风格迥然又各自为长。

三、建筑配置手法

从文献记载来看,《洛阳名园记》园林中建筑相比水系和植物占比并不大,多点缀在园林之间。仔细品味,发现这些建筑的配置手法颇为讲究,主要体现在以下几方面。

(一)点景与组景相结合

建筑在山水林木之间的适当出现能够起到点景与组织引导路线的作用,成为园林空间起承转合过渡的重要表达手法。《洛阳名园记》中的园林建筑就很好地运用建筑点景和组织景点。其中,建筑点景最为突出的当属文潞公东园,该园中间以大面积水域为主体,宽阔浩渺,为打破观景时大面积静态水面带给人的单一平淡感,造园者以渊映堂和潺水堂配合湖面,造就二堂"宛宛在水中"①的美好画面,建筑既妆点平静的水面,又自成景色,使东园中心大面积开阔的水景格外有灵气。另外,水北胡氏园有建筑配置在大片林木中,使山林之景更有意境,李格非认为"高楼曲榭"在"林木荟蔚"中时隐时见的建筑点缀山林的美好景色使"画工极思不可图",足见该园中建筑点景的手法高妙。

园林中的建筑通常还能起到引导视线、分割空间从而组织空间的重要作用,每一处亭、台、楼、阁、廊、桥、栏、楯既是景观节点,又是引导下一处景色和空间的过渡点,使观赏者或停留驻足或继续前行,《洛阳名园记》中的园林建筑既如此。李格非游富郑公园时,园中建筑组织景物的功能体现得异常明显,依次为:出探春亭—登四景堂(停留片刻赏一园之景)—渡通津桥—上方流亭—望紫筠堂—(经过花木)走荫樾亭、赏幽台—重波轩。可以看出,园中整个空间基本依靠亭、堂、轩、桥等建筑分割和组织,将水景、花木有序联系在一起,并给观赏者适当停顿的空间,是引导和组织园林景物的重要因素,意义重大。

---

① 李格非:《洛阳名园记》,北京:文学古籍刊行社 1955 年版,第 9 页。

（二）因地制宜，因景而设

《洛阳名园记》中园林建筑的配置大多很有考究，因地制宜，且临景而设，身临其境有景可观，以水北胡氏园为典型。李格非云：

"因岸穿二土室，深百余尺……开轩窗其前，以临水上。"（《洛阳名园记·水北胡氏园》）

水北胡氏园中"二土室"体现出建筑配置的两处巧妙，一是选址依山傍水，俯仰前后皆有景可观；二是建筑形制自由不墨守成规，形制以土室展现且"深百余尺"，正是因为此处建筑坐落在芒山麓，地势倾斜不平坦所致。这里，建筑的配置的手法可谓因地制宜与因景而设并存。

《名园记》中的建筑很少孤立存在，或临水或环以花木，如，董氏西园中"又西一堂，竹环之"。以竹环绕的目的之一便是人在堂中可观竹景，使游者不仅有堂驻足，更眼前有景，该园中另一堂临池而建，基本都遵循因景而设的原则。其他园林均如此，如：

"华亭者，南临池"；①（《洛阳名园记·环溪》）
"今创亭压其溪。……今创水轩，板出水上"；②（《洛阳名园记·苗帅园》）
"池前后为亭临之"。③（《洛阳名园记·松岛》）

同时，还有很多建筑坐落花丛林木中，刘氏园及水北胡氏园中花木掩映建筑，也是建筑临景而设的体现。同时，选择何种建筑类型与相应的景物搭配也颇为讲究，都以利于观景为出发点。这些园林建筑的配置方式基本都符合

---

① 李格非：《洛阳名园记》，北京：文学古籍刊行社1955年版，第3页。
② 同上书，第6—7页。
③ 同上书，第8页。

"宜亭斯亭、宜榭斯榭"①的原则。书中几乎所有建筑均选择临景而建,并非偶然。造园者深知建筑是园林中游人驻足的重要景观节点,因此建筑周围必须有景可赏,透过建筑门窗,将人的视线引领到远近无穷的自然中,同时又把无限风光聚集在门窗这样的咫尺画面之内,别出心裁。

(三)注重立意

从《洛阳名园记》中发现,所有题释景观中,建筑景题往往比园林命名更为出色,②非常注重建筑的立意,突出局部园景主题并烘托意境。如,富郑公园中建筑题名有"天光台"、"卧云堂",根据题名可知此台此堂位置较高,适合登览视线开阔,事实确实如此,李格非云"天光台"出"竹木之杪",坐"卧云堂"可览"一园之胜"。更重要的是,此台此堂位居高处,不受花木遮挡,登之能观赏到天空景象,似乎高耸云霄,园主因而名之为"天光"、"卧云",不仅应景,更能触发人观景时的情感体验并提升园林意境。《名园记》所载园林中这种通过建筑景题以立意的做法非常常见,司马光独乐园"弄水轩"、"种竹轩"、"见山台"等七景,湖园"知止菴"等无不如此。这说明,北宋时期造园非常注重建筑立意,企图通过建筑升华园林的精神内涵。

当然,建筑立意的最直接方法是给予命名,形成题释景观。题释景观又不止于建筑,这在《名园记》所载园林中可谓一大亮点。

第四节 题 释

题释景观③相对于山水、植物、建筑等园林实体要素,侧重园林基本信息和精神立意的传达。李格非作《洛阳名园记》对园林中的题释景观涉及较多,

---

① 陈植:《园冶注释》,北京:中国建筑工业出版社1988年版,第47页。

② 《洛阳名园记》中园林多以人物命名,不能体现园林的意境,如:富郑公园、董氏西园、董氏东园、刘氏园、赵韩王园、苗帅园等。

③ 金学智先生在《美学基础》(苏州,1994)中提出"题释景观"的概念,认为景观的命名、题咏等均属此类。此后,金先生又在《风景园林品题美学》(北京,2011)一书中以"品题"代"题释",二者内涵大致相同。为与建筑景观、植物景观等统一,本书取"题释景观"这一概念。

园名及其中的景物题名均很常见,这些题释对于园林有重要意义。

一、题释在园林中的作用

孔子云:"必也正名乎! ……名不正,则言不顺"。① "名"可寓意言志,在中国古代历来受重视,园林也不例外。园林中的"名"主要体现在园林名称及其中的景点题名等题释景观上。题释景观对于园林而言,意义重大,《洛阳名园记》中出现的题释景观主要为园名及景题两大类,其作用主要体现为:一,客观陈述的说明作用;二,作为景心,升华园林意境。

表3-4　《洛阳名园记》题释景观一览表②

园名	人物类	富郑公园、董氏西园、董氏东园、刘氏园、苗帅园、赵韩王园、紫金台张氏园、吕文穆园、杨侍郎园
	景物类	环溪、丛春园、天王院花园子、松岛、湖园、师子园
	地点方位类	归仁园、东园
	人物地点结合	李氏仁丰园、水北胡氏园
	主旨类	会隐园、独乐园、大隐庄
	功能性质类	大字寺院
景题	景物类	紫筠堂、渊映堂、瀍水堂、湘肤堂、药圃堂、百花洲堂、桂堂、重波轩、翠趋轩、多景楼、梅台、风月台、探春亭、荫樾亭、批风亭、漪岚亭、夹竹亭、兼山亭、流杯亭、寸碧亭、丛春亭、先春亭、迎翠亭、环翠亭、土筠洞、水筠洞、石筠洞、紫筠洞等
	寓意类	读书堂、弄水轩、见山台、濯缨亭、观德亭、超然亭、浇花亭、种竹斋、学古庵、和乐庵、钓鱼庵、知止庵等
	叙事类	噎瓜亭
	其他	凉洞、朝元阁、西斋等

(表格来源:作者自绘)

总的看来,《洛阳名园记》中题释景观的第一个明显作用是陈述说明,即基本信息介绍的功能。这一点在园林名称上体现得更为明显,《洛阳名园记》

---

① 杨伯峻:《论语译注》,北京:中华书局2014年版,第150页。
② 题释来源为《洛阳名园记》原文及附录园林考证材料。

提及的北宋园名除独乐园、会隐园、大隐庄是具有整体主旨营造的园林外，其他均较为朴实，一般采用人物、景物、地点方位、功能性质或者择二者相结合的命名方式。景题中也有很多依据景物命名，诸如梅台、桂堂、重波轩等。这种题释景观的客观说明性较强，观名则可知园林及其景物的基本信息，诸如园主何人、位于什么位方向、园中有些什么样的花、木、水等景物一目了然。如，环溪园"溪势曲如环"①，登"多景楼"则有"少室龙门"、"层峰翠巘"之景，这里，题释的客观说明性较强。

《洛阳名园记》园林中的另一类题释景观——景题，其重要意义则不仅在于客观陈述和说明，更在于突出园林主题，升华园林意境。如果说园林中的植物、水体、建筑等景观要素是园林的"景眼"，那么园林中的题释景观则是园林的"景心"。曹雪芹也认为园林中的题释景观至关重要，他在《红楼梦》中说："偌大景致若干亭榭无字标题，也觉寥落无趣，任有花柳山水也断不能生色。"②这说明，园林中的山、水、植物、建筑等实体景观需要借助题释题名才能韵味无穷。实体景观不能言语，需要借助题释景观加以题点，引导游园者联想更多的情景和体会更深远的意境。不会言说的艺术品往往需要配以文字，方能辅佐意境的传达，引导人们更好地理解其精神内涵。好比书与画通常互相联系，画上常常配一两行字，一来作为主旨画龙点睛，二来能让人产生联想。董其昌说："一入品题，情貌都尽"③，也是这个道理。景题能够很好地诠释园林的意境并透露园主的审美意趣。《洛阳名园记》所载园林的意境升华和传达很大程度上正是依赖园中丰富的题释景观。

二、题释景观的文化意蕴

北宋刘敞（1019—1068）在《东平乐郊池亭记》中说："其制名也，或主于

---

① 司马光：《司马光集》，成都：四川大学出版社 2010 年版，第 445 页。
② 曹雪芹：《红楼梦》，北京：人民文学出版社 2000 年版，第 169 页。
③ 董其昌：《画禅室随笔》，南京：江苏教育出版社 2005 年版，第 207 页。

礼,或因于事,或寓于物,或谕于志。"①刘敞总结了景观命名的四大类型——主于礼、因于事、寓于物、谕于志。《洛阳名园记》所载园林在题释景观方面的特色可圈可点,总体上也表现为这四大类型。

"主于礼"的题释景观在《洛阳名园记》中并不少见。如,会隐园中有"和乐庵",典出《诗经·常棣》:"兄弟既翕,和乐且湛",②以表达主人张氏兄弟之间的和睦情感。又如水北胡氏园有"知止庵",意为"知止而后有定,定而后能静"③。李氏仁丰园有"观德亭",典出《书·咸有一德》:"七世之庙,可以观德。"这类景题通常见出较强的儒家境界,也能见出主人的道德和品格追求。

"因于事"常以经历、回忆等事件题名。吕文穆园"噎瓜亭"④便是这类典型。吕文穆回忆贫困时在伊水畔无钱买瓜,因人遗一在地而得食的往事,后公以"噎瓜"命园中临伊水一亭,不忘贫贱之义。这类题释在《洛阳名园记》的园林中出现相对较少,不构成主流,但背后有故事可讲,见出主人的特殊经历,为园林增添色彩。

"寓于物"的题释较多,因物的类型不同,可分为:

(一)景物:梅台、桂堂、夹竹亭、土筠洞、水筠洞、石筠洞、榭筠洞、紫筠洞、酴醾架、药圃堂、流杯亭等;

(二)地点:瀍水堂、百花洲堂等;

(三)景物描摹:卧云堂、探春亭、荫樾亭、丛玉亭、披风亭、漪岚亭、重波轩、天光台、赏幽台、多景楼、风月台、秀野台、环翠亭、含碧堂、寸碧堂、丛春亭、先春亭、渊映堂、迎晖亭、翠趋轩等。⑤

"寓于物"的命名方式较为淳朴、直接,多吟风弄月,闻名可知其景大略。这反映北宋初期园林景题的朴素的一面。不过,某些特殊的景物描摹通常也

① 刘敞:《公是集》,北京:中华书局1985年版,第433页。
② 程俊英:《诗经译注》,上海:上海古籍出版社2006年版,第241页。
③ 王文锦:《礼记译解》,北京:中华书局2001年版,第895页。
④ 邵伯温:《邵氏闻见录》,上海:上海古籍出版社2012年版,第43页。
⑤ 尽管"探春"、"寸碧"等名出自相关诗篇,但由于这些题名仍以描述景物为主,且所出诗作典籍未能有清晰的指代性,因而归为此列。

含有深层哲理,表达园主的精神寄托或者志向追求。如,"梅台"以梅为题,重在强调梅的隐逸文化域以及高洁的象征,同样,"夹竹亭"突出竹的存在,亦是因为竹为"四君子"之一。

"谕于志"的景题常出于典,以"述古"的方式表达园主的志向与追求,这类景题在《名园记》园林中也高频次出现。如李氏仁风园"濯缨亭"典出屈原"沧浪之水清兮,可以濯吾缨"①,寄寓园主不随波逐流、追求自我的骚家志向。李氏仁丰园"超然亭"则取自老子:"虽有荣观,燕处超然"②,体现洒脱出世的道家境界。然而,《洛阳名园记》园林中题释最为突出也最全面的当属司马温公独乐园,司马光本人作《独乐园记》说明其"独乐"主旨的内涵,既有儒家颜子之乐,又有"逍遥相羊,唯意所适"③的道家之乐。该园从园林名称到园中七景的题名皆为园主精心构思谋划而得,以传达"独乐"的内涵。"读书堂"典出董仲舒"下帷讲诵"④,表明司马光穷经守幽独的志向。"钓鱼庵"和"见山台"分别取自严子陵曾与"光武同游学",待光武称帝后,严子陵"隐身不见"⑤的故事,和陶渊明悠然见南山的体悟,以示司马光隐逸之志。"种竹斋"、"弄水轩"、"浇花亭"分别典出王子猷"何可一日无此君"、杜牧与弄水亭、白乐天履道里养花的故事,以示对历代才子风流潇洒、安乐闲适生活的向往。

综上所述,所有"主于礼、因于事、寓于物、谕于志"的题释景观均含有丰富的情感因素,寄寓园主的哲理情思并体现其精神境界追求,从而起到画龙点睛、升华园林意境的作用。《洛阳名园记》中的题释景观从思想境界上看主要表现为三种:一是儒境,表现为"君君、臣臣、父父、子子"的亲缘君臣伦理及仁、义、礼、智的"内圣"追求,如,"和乐"、"观德"等。二是道境,体现为逍遥徜徉、超然物外人生境界,以"超然亭"为典型。三是骚家境界,以"濯缨亭"为代表。有些题释也显示出多家融合的特性,如富郑公园"天光台",颇有道、释

---

① 屈原:《楚辞》,上海:上海古籍出版社 2015 年版,第 229 页。
② 陈鼓应:《老子注译及评介》,北京:中华书局 2009 年版,第 166 页。
③ 司马光:《司马光集》,成都:四川大学出版社 2010 年版,第 1378 页。
④ 《汉书》第五十六卷,北京:中华书局 1962 年版,第 2495 页。
⑤ 《后汉书》第八十三卷,北京:中华书局 1965 年版,第 2763 页。

结合的意味。然而,无论是哪家思想意蕴,最终又都统一于真、善、美的审美境界,丰富了各园林的精神内涵。

从《洛阳名园记》看出,北宋时期已经相当关注园林的景题内涵及意境,且对景题的品评要求极高,不仅要托物言志、述古寓今,且要与园林本身的景物相吻合,更要有创新独到之处,不可随大流。李格非在《洛阳名园记》中批判了水北胡氏园与湖园中的题释景观,认为胡氏园景色"天授地设,不待人力而巧者",但"学古庵"、"玩月台"等"亭台之名,皆不足载。载之则乱实"①。李格非又认为湖园"百花洲堂""名盖旧,堂盖新也",四并堂"名盖不足,胜盖有余也"②。"不足载"、"乱实"、"名盖旧"、"名盖不足"是李对格非对"学古庵"、"玩月台""四并堂"等题释的直接批判,因为"学古"、"玩月"之名不足表达胡氏园的美,"四并"则在当时随处可见,陷入流俗。南宋洪迈认为亭榭题名要创新但不可晦涩,他说道:"立亭榭名最易蹈袭,既不可近俗,而务为奇涩亦非是。"③明代谢肇淛认为明代园林"临池水槛,必曰'天光云影';'濠濮想'多见鱼塘;'水竹居'必施筊坞"等做法是恶俗的。④ 在谢看来,直接以景物题名,非常浅薄,且陷入大众化的俗恶境地。显然,洪迈及谢肇淛对园林题释景观的品评都与李格非极为相似,这样的品评标准大概具有一定的代表性。诚然,以景物、地点、用途等命名,过于干脆直接,与中国古代追求含蓄的审美品位相去甚远。

金学智说:"有没有自觉出现或大量出现带有文学意味或文化色彩的题名,使作为物质建构的园林文学化、心灵化,这是宋代园林和唐代园林的质的区别之一。"⑤作为实体物的园林总会变迁甚至消亡,只有当园林及其景物被赋予深刻内涵时才会永垂不朽,成为心灵之园(garden of the mind)⑥。题释景

---

① 李格非:《洛阳名园记》,北京:文学古籍刊行社 1955 年版,第 9—10 页。
② 李格非:《洛阳名园记》,北京:文学古籍刊行社 1955 年版,第 11 页。
③ 洪迈:《容斋随笔》,上海:上海古籍出版社 2015 年版,第 350 页。
④ 谢肇淛:《五杂俎》,上海:上海古籍出版社 2012 年版,第 53 页。
⑤ 金学智:《中国园林美学》,北京:中国建筑工业出版社 2005 年版,第 60 页。
⑥ Jan Stuart:"Ming dynasty gardens reconstructed in words and images",*Studies in thehistory of gardens and designedlandscape*,1990(3).

观可提升园林的精神意境,虽在《洛阳名园记》园林中非常常见,不过王其亨先生认为"风景题名的中典故依然流连于阳春白雪的士人阶层"①。这说明北宋洛阳园林题释景观亦透露出"士化"的特征。有些景题具有多重性,主于礼、寓于物、谕于志合为一。《魏书》载"名目要有其义"。②"谕于志"的景题是北宋园林一次觉醒和质的飞跃,使园林的精神追求从"无意识"上升到"有意识",从"不自觉"迈向"主动"和"自觉"。

《洛阳名园记》中的植物、水系、建筑、题释均丰富美妙,然而,一个奇怪的现象是,李格非笔下的园林少有掇山累石记载。《洛阳名园记》所提及的22座园林12处园中有高台或山,而在北宋时,关于这些园林中石的记载更少,仅5处,园内有石仅4处。③ 于是学界提出洛阳"无叠山论"④,在宋代造园累石掇山成风,洛阳的"无叠山"成为奇怪现象。

第五节　景观营造的美学法则

计成云:"园地惟山林最胜,有高有凹,有曲有深,有峻而悬,有平而坦,自成天然之趣,不烦人事之工。"⑤择山林地的实质是追求起伏曲折的节奏化的

---

① 王其亨、盛梅:《古典园林中的景题与用典》,《规划师》1997年第2期。
② 《魏书》第十九卷,北京:中华书局1974年版,第468页。
③ 数据来源通过《洛阳名园记》原文及附录园林考据统计而得。
④ 明代文人王世贞(1526—1590)最早发现《名园记》中园林的这一特征,并于《游金陵诸园记·序》中说道:"盖洛中有水、有竹、有桧柏,而无石,文叔《记》中不称有叠石为峰岭者可推已。"王世贞的观点得到后来学者的认同,童寯(1900—1983)在《江南园林志》中说:"吾国园林,无论大小,几莫不有石。李格非记洛阳名园,独未言石,似足为洛阳在北宋无叠山之证。""无叠山"准确说来是无叠石为山,但并不意味着《名园记》所载园林无类属掇山之事。因为这些园林大多位于盆地平原的洛阳城区,地势平坦,为寻找更开阔的视野,必须于园中垒土为台,形成土丘,并配以建筑,成为观景点。富郑公园有"登四景堂"可顾览一园之景,此处需登高方可达,类似登高观景的亭台楼阁频繁出现,或为人事累土而得。张家骥先生在《中国造园艺术史》中说:"这种土筑之台,显然体量不够大,(从模写自然山水的创作观点来看)是难以称之为山的。"这种看法不无道理。《洛阳名园记》虽少有石山记载,但垒土为高地的类属掇山之工却处处可见。《名园记》中未见假石山的原因大概因为两点:一,书中未涉及当时的皇家园林;二,园林假石山之风兴起于宣和艮岳,到明代全面盛行,但《名园记》中园林在此之前而建。
⑤ 陈植:《园冶注释》,北京:中国建筑工业出版社1988年版,第58页。

园林空间。这种节奏化了的园林空间组织源于中国的宇宙观。往古来今谓之宙,四方上下谓之宇。中国人的空间观念里总是透露着时间的影子,宗白华认为我们的"空间意识和空间表现就是'无往不复的天地之际'。……是阴阳明暗高下起伏所构成的节奏化了的空间。"①这就是中国式的空间观,也是中国园林的空间特征——流动和节奏化。日本造园史家横山正把这种富有层次、流动变化富有节奏的空间称为"套匣式结构"。② 园林流动的节奏化的空间旨在营造意境,顾盼生情,董其昌说:"远山一起一伏则有势,疏林或高或下则有情。"

　　节奏化与流动的空间需要用巧妙的艺术手法才能构成,《名园记》中的北宋洛阳园林已经体现出非常成熟的空间组织手法,不仅巧于因借,也非常注重曲与直、疏与密、显与隐、虚与实的对照与变化。沈复云:"园亭楼阁,套室回廊……大中见小,小中见大,虚中有实,实中有虚,或藏或露,或浅或深。不仅在'周回曲折'四字……"③这一切在《洛阳名园记》的园林中都得以充分展现,这些手法最终构建了顾盼生情的园林艺术空间。

一、因与借

　　从《洛阳名园记》看出,北宋时期的洛阳园林已经具备了非常巧妙的艺术手法,营造多变的空间格局,首先表现为"因借"。计成最早总提炼出造园"巧于因借"的理论,不过《名园记》中其实已经则透露出这一手法的娴熟运用。

　　(一)因

　　李格非载水北胡氏园云:

　　　　"因岸穿二土室,深百余尺,坚完如埏埴。开轩窗其前,以临水上。"④

---

　　① 宗白华:《美学散步》,上海:上海人民出版社1981年版,第99页。
　　② 横山正:《中国园林》,载《美学文献》编辑部:《美学文献》第1辑,北京:书目文献出版社1984年版,第425页。
　　③ 沈复:《浮生六记》,北京:人民文学出版社2010年版,第27页。
　　④ 李格非:《洛阳名园记》,北京:文学古籍刊行社1955年版,第9页。

（《名园记·水北胡氏园》）

这里，"因"的手法明确，遵随天然地势而造景，利用邻水高差构土室，并在邻水侧开窗，自成风景。正如计成所说"随基势之高下……宜亭斯亭，宜榭斯榭"。① 园林是自然山水的艺术化，是人将自然作为原材料，加以修整，使之符合人的审美、游览、居住等需求。因，在此处是因地制宜，地势之高，则让其自然成山，山顶筑小亭，登亭坐拥全园之景，地势低则汇水为池，池中可养鱼种莲，最大程度上发挥自然原本的美，而非夷山为平地，或填海填湖以起高楼。造园之"因"表现为在尊重自然、顺应自然的基础上利用或改造自然，这是中国古代造园思想的精髓。《洛阳名园记》水北胡氏园中"因岸穿二土室"是造园因地制宜的体现。

（二）借

咫尺之内，景色有限，气势磅礴的山川河流无法全部被限定在一园之中。中国园林擅用"借景"②，丰富观赏体验。计成高度评价造园的借景手法，"夫借景，园林之最要者也"。③ 洛阳地处天下之中，洛、伊、瀍、涧四水流经，城外北邙西崤、少室龙门，群山环抱，可谓依山傍水，人居风水之宝地。鉴于此地理环境，《名园记》中诸园借景屡屡可见，手法娴熟。

借景手法很好地解决了在园林有限空间中观赏无限山水的矛盾，使有限空间与无限自然结合起来，丰富了园林的空间格局，使其内能屈曲深邃，外能旷远广袤。园虽有墙，隔离内外，视线却可眺望园外无限自然景色，使得人工与自然浑然一体。环溪可谓《名园记》中远借手法的代表，李格非曰：

"榭南有多景楼，以南望，则嵩高少室，龙门大谷……榭北有风月台，

---

① 陈植：《园冶注释》，北京：中国建筑工业出版社 1988 年版，第 47 页。
② "借景"一词最早出自《园冶》："夫借景，园林之最要者也。"一般意义上自园内借用园外之景被认作借景。不过，孟兆祯先生在《借景浅论》一文中认为《园冶》中"借景"的意思是"凭借什么造景"，具有一定的启发意义。为方便本书论述，笔者取学界一般意义上的借景之意。
③ 陈植：《园冶注释》，北京：中国建筑工业出版社 1988 年版，第 247 页。

以北望,则隋唐宫阙楼殿,千门万户,岩嶤璀璨,延亘十余里。"(《洛阳名
园记·环溪》)

北宋洛阳分为宫城、内城和外城,隋唐宫阙,千门万户处于洛阳东北角,在
洛水之北。而外城东南则茂林修竹、繁花似锦,是私家园林汇聚之地。环溪园
通过建造风月台,登台则可北望远处隋唐宫阙岩嶤璀璨,又通过起高楼——多
景楼,来获得城南嵩山少室、龙门大谷以及层峰叠嶂的天然景色,美不胜收,正
如计成所说"远峰偏宜借景,秀色堪餐"①。多景楼和风月台分别分布在榭的
南北两侧,又分别借南北两方远景,台、楼、轩三个不同类型的建筑,其方位、高
低制度、及构筑形式均深思熟虑而得,相邻相异、功能不同。虽游在一园之内,
但通过一台、一楼,登高即可获园外南北辽阔的景色,精巧构思,令人感叹。环
溪将计成所言"园虽别内外,得景则无拘远近"②的借景效果展现得淋漓尽致。
《洛阳名园记》中的借景随处可见,丛春园"北可望洛水",湖园"眺望"一语也
示意远借。水北胡氏园则有玩月台,登此台"四望尽百余里,而萦伊缭洛乎其
间,林木荟蔚,烟云掩映……"所览景色美到极致,"画工极思不可图",会目、
悦目以致悦心畅神。《名园记》中采用过借景手法的园林远不止上述诸例,这
些园林多处洛阳城区盆地平原,因此,各园中累高台、起高楼、高亭等大概均为
借景的具体手段。

借景手法的运用,大大丰富了北宋洛阳园林的审美范围和视觉效果,园外
天然山川河流,皆可通过借景而得。虽在园内,不仅可以坐拥一园之景,也可
以眼观园外无限风光,所谓"天授地设,不待人力而巧"。刘天华认为因借手
法"是基于空间的引申和扩展"③,不无道理。《名园记》虽未明确提出"借景"
这个概念,但其中所包含的借景手法已臻完美,借山、借水、借宫阙城楼千门万

---

① 　陈植:《园冶注释》,北京:中国建筑工业出版社 1988 年版,第 51 页。
② 　同上书,第 47 页。
③ 　刘天华:《〈拉奥孔〉与古典园林—浅论我国园林艺术的综合性》,《学术月刊》1982 年第
10 期。

户,所借之景人文与天然相交,远与近相会,园内与园外相应,使人工与天工交融媲美。

二、曲与直

宋代画家李成在《山水诀》中提出"路须曲折"、"远水萦纡而来"①的理念,路之曲、水之纡,是山水之美的表现。不过,《名园记》中的园林空间形态并非一味曲折迂回,而是一曲一直,"曲—折"对比结合。例如,园林道路时常曲折迂回,李格非很少着笔描述路的形式,不过结合游览路线亦可概观园路,如:

> "循曲径而后得者,梅台,知止菴也";(《名园记·湖园》)
>
> "右旋百余步";(《名园记·富郑公园》)
>
> "小路抵池"。(《名园记·董氏西园》)

这些都是对道路曲折形态的直接或间接写照。园林道路在园中占据重要作用,用来引导和贯穿空间,不仅有交通功能,更有"风景线"的作用。园路曲折迂回,方能引导观者,制造屈曲深邃的空间,李渔说:"径莫便于捷,而又莫妙于迂。"②李格非所言"右旋"、"循曲径"、"小路"之后,均有景——荫樾亭、梅台、知止菴、池,这就是李渔所说径之"迂"的妙处——"柳暗花明又一村",步移景异。园中也有溪、泉等水系迂回萦绕,如松岛中泉水"涓涓无不通",独乐园中更有水渠形若"虎爪"、"象鼻"③。

然而,《名园记》中园林并非只有曲折迂回的自然式布局,也有规整式的造景。北宋洛阳园林植物栽种呈现自然式和行列规整式相互结合的特征,董氏东园、归仁园、独乐园等园中还有方池。《名园记》中园林的道路、水系、植物等要素的处理,大都注重曲直结合,在一曲一直的张力对抗中营造整体变化

---

① 郭思:《林泉高致》,北京:中华书局 2010 年版,第 191 页。

② 李渔:《闲情偶寄》,上海:上海古籍出版社 2000 年版,第 183 页。

③ 司马光:《司马光集》,成都:四川大学出版社 2010 年版,第 1377 页。

的空间,如图 3-5。

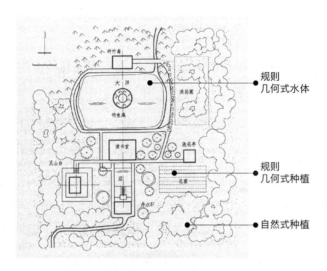

图 3-5　独乐园中的规则式与自然式布局

（平面设想图来自：王铎《中国古代苑园与文化》）

　　"曲—直"的形式对比交替是为了显、隐结合的艺术境界。为了构筑步移景异的空间景观,有些景物通常需要隐藏起来,几经周折之后方显露。中国古代园林常用障景手法,为了制造深邃、曲折、幽静的效果,障的目的是为了"隐"。"显—隐"手法在北宋洛阳园林中常见,如,湖园"百花洲堂"位于湖中,可一览无余,是为"显"。相比之下,"梅台"、"知止菴"则需"过横地,批林莽,循曲径"方能得,是为"隐"。董氏西园"自南门入,有堂相望者三"为显,经过小路抵池,池为"隐"。显隐结合,时隐时见的景色能平添园林的图画境界,水北胡氏园"林木荟蔚,烟云掩映,高楼曲榭,时隐时见"即是。

　　需要注意的是,曲与直、显与隐的设定需要注意节奏,曲直显隐交替可以营造开阔与幽密交替的空间,韵味深长之景尽含在一显一隐之中。

　　对于隐的称赞,古已有之,刘勰云："隐也者,文外之重旨者也……夫隐之为体,义生文外,秘响傍通,伏采潜发……"①园林天然与诗画音乐相连相通,

---

①　刘勰：《文心雕龙》,上海：上海古籍出版社 2010 年版,第 81 页。

刘勰的隐秀观虽论文,但也适合园林。刘勰更多地看中"隐"的作用,文外之意仁者见仁智者见智,意味深长,体现出无限性。园林的幽隐之景也增加了其神秘性和观者的想象空间,造就了含蓄的意味。

在幽隐的空间里,由于视线不能及远,不能把握园林的全貌,因而需要不停想象猜测,下一刻将会看见什么、发生什么。由于想象的作用,产生"象外之象,景外之景",①这才是最美的景色和意境。任何园林都只能在有限的空间里承载和展现有限的景观,中国古代园林的显景与隐景相互组合变化,引发游人猜测和联想,景外生景,新生的景在游人思绪中。"象外之象、景外之景"具有无限的韵味,正如司空图所云:"近而不浮、远而不尽,然后可以言韵外之致耳。"②"不尽"、"韵外之致"都是无限韵味的体现。司空图所指为诗的意境,众所周知,诗、词、乐等艺术与园林有很多内在共通性,对节奏、韵律、意境的追求大致相似。

三、疏与密

园林空间要注意疏与密的适当对比与组织,疏朗显得旷达,好似绘画中的留白,留有余地,园林也便有了余味。清代画家笪重光云:"空本难图,实景清而空景现。神无可绘,真境逼而神境生。位置相戾,有画处多属赘疣。虚实相生,无画处皆成妙境。"③中国美学很看重虚空、疏朗,认为虚空则有灵气。园林空间也是这样,不可所有地方填满建筑、山石、花木,须有视线豁然开朗的空间设置。

《洛阳名园记》中的园林也非常注重景物疏密关系的安排,如:董氏西园,一堂于大地间,以及四面甚敞的轩都是园林景物局部疏朗的体现。不过,整体疏朗开阔与幽密相对比结合的典型当为文彦博东园。李格非对东园的描述如下:

---

① 祖保泉、陶礼天:《司空表圣诗文集笺校》,合肥:安徽大学出版社 2002 年版,第 215 页。

② 祖保泉、陶礼天:《司空表圣诗文集笺校》,合肥:安徽大学出版社 2002 年版,第 193—194 页。

③ 沈子丞:《历代论画名著汇编》,北京:文物出版社 1982 年版,第 310 页。

"文潞公东园,本药圃。地薄东城,水渺渺甚广,泛舟游者,如在江湖间也。渊映瀍水二堂,宛宛在水中。湘肤药圃二堂,间列水石,西去其第里余。"①(《洛阳名园记·东园》)

东园以大面积静态水景为核心,水面开阔,可泛舟而游。从李的记载来看,园中主体区域未见特殊成片树林或者松、柏、桧等高大乔木。建筑也仅有渊映、瀍水、湘肤、药圃四堂,排列稀疏。东园主体大片区域景物仅为一水四堂,按文彦博《潞公集》卷七载"余于洛城建春门内循城得池数百亩,其池乃唐之药园。因学徐勉作东田,引水一支灌其中"②,又,《蒙斋笔谈》载"文潞公洛阳居第袁象先旧基,屋虽不甚宏大,晚得其旁羡地数亩为园,号'东田'"③。可知东园数亩地,所谓一水四堂就是数亩之主体,可以想见其疏朗开阔。不过,李格非载之不足百字,显然只挑选了东园最突出的水域景观,其幽密之处见于《潞公集》卷七:

"岁月渐久,景物已老。乔木修竹森然四合⋯⋯"④

至此,东园的全貌更加清晰明了,其中间为辽阔的水域,系文彦博引水入园而成,四堂列于浅水区或水畔,园四周则是岁月渐久的乔木修竹,葱葱郁郁密密围合的边缘,遂有"森然四合"之状。东园四周幽密的植物与中间大面似江湖的大池构成疏与密、开阔与幽邃并重的富有张力的空间,同时正好符合人们的空间心理:"瞭望——庇护",诚可叹也。

假若园林没有做到疏密适当结合会怎样? 张岱记录巘花阁"在筠芝亭松峡下⋯⋯五雪叔归自广陵,一肚皮园亭,于此小试,台之、亭之、廊之、栈道之、

---

① 李格非:《洛阳名园记》,北京:文学古籍刊行社1955年版,第9页。
② 申利:《文彦博集校注》,北京:中华书局2016年版,第381页。
③ 郑景望:《蒙斋笔谈》,北京:中华书局1991年版,第2页。
④ 申利:《文彦博集校注》,北京:中华书局2016年版,第381页。

照面楼之,侧又堂之阁之,梅花缠折旋之,未免伤板,伤实,伤排挤,意反踢蹬,若石窟书砚"①。五雪叔不懂疏与密的相互结合,一味堆砌大兴土木,亭、台、楼、堂、花、木拥挤而列,景物设置密度过大,不留余地,被诟病为"伤板,伤实"。这种伤板、伤实的园林往往给游览者带来密不透气的压抑感。中国文化中,常见对疏朗景物的赞美,以梅为例,清代龚自珍《病梅馆记》认为梅"以疏为美,密则无态。"②林觉民在《与妻书》中描述梅花说:"窗外疏梅筛月影,依稀掩映",③表达对疏朗景物的赞美。林觉民的描述更能体现为何梅花"以疏为美",疏梅可筛月影,像筛子一样,让更美的那部分月影有选择性地散落下来,仔细品味,美不胜收。倘若此梅密密麻麻重重叠叠,她的投影也只能是一团黢黑罢了,无美可言。林觉民的疏梅筛月影正透露出林逋"疏影横斜"的审美观。景物"以疏为美",不求多不求密,疏与密结合,留有空白,空白即为无,空白之处更显意境,因为"无"通向无限。疏之美可以升华绘画、园林等的艺术境界。庄子:"瞻彼阕者,虚室生白。"④这里,由"虚"而生"白","白"即"道","道"即美。苏东坡云:"静故了群动,空故纳万境",说明了"空"的功能及包容力,"纳万境"的实质是"心"的"纳万境",需要用心观照体悟。庄子、苏轼间接阐明了"虚"、"空"的"生发"和"容纳"功能。这正是园林景物布置留有开阔、疏朗空间的原因。童寯先生在《江南园林志》中说园有三重境界,第一即为"疏密得宜"⑤,可见,造园最基本和最重要的便是处理好景物构置的"疏"与"密"。园林中的山水、道路、建筑等要素相互组织穿插,要留出适当的空间,显得疏朗通透,疏朗之处容易令人释放情感,也容易承载情感。难以设想密密麻麻的树林配上拥挤不堪的建筑群,游览其中"目不暇接"是一种什么样的感受。疏朗的园林空间,视野开阔,更有利借景,不失为一种回味无穷的园林美学品格。

---

① 张岱:《陶庵梦忆》,上海:上海古籍出版社 2009 年版,第 130—131 页。
② 龚自珍:《龚自珍全集》,杭州:浙江古籍出版社 2014 年版,第 358 页。
③ 丁振宇:《中华名人家书》,北京:北京工业大学出版社 2015 年版,第 138 页。
④ 陈鼓应:《庄子今注今译》,北京:中华书局 2009 年版,第 130 页。
⑤ 童寯:《江南园林志(典藏版)》,北京:中国建筑工业出版社 2014 年版,第 16 页。

《洛阳名园记》中园林的建筑、水系、植物等相互组织井然有序,疏—密关系处理恰当,构成了疏朗开阔与幽密深邃并存的空间,并因此也提升了园林的意境。

四、虚与实

北宋洛阳园林亭台楼阁、繁花茂林、清水潺潺等可视的实景无须多言,这些实景需要与花香、鸟语、蝉鸣、水声、月影、日光、题释①等无形的虚景并存才能更显美妙,《洛阳名园记》中多处可见虚景,如下表3-5所示:

表3-5　《洛阳名园记》园林虚景②

地点	虚 景	地点	虚 景
董氏西园	清风忽来、幽禽静鸣	水北胡氏园	水清浅则鸣漱
董氏东园	甘香过之、朝夕如飞瀑	东园	芦渚炊烟起;荷借夕阳殷
丛春园	洛水自西汹涌奔激而东;声闻数十里;听洛水声;觉清冽侵入肌骨	会隐园	梅花四种或红黄,颜色不同香颇同;林下风清共一香;露荷香入座,风竹净无尘;风动水纹生
环溪	波光冷如玉	大隐庄	香甚烈而大
湖园	百花醋而白昼眩;青苹动而林阴合;水静而跳鱼鸣	独乐园	花香袭杖屦;飒飒凉风吹面过;林蝉忽噪惊薄梦;槐影沉沉雨势来

(表格来源:作者自绘)

这种种虚景可以促进园林的整体意境生成,常被歌咏。不仅李格非,宋代文人士大夫大多都注重园林虚景的感知,如,陆游"小楼一夜听春雨"③,欧阳修"雨声滴碎荷声"④等。声、光、影、香等虚景与实景结合,丰富了园林的

---

① 题释景观也可归纳为虚景一类,其在园林中的意境及作用在前一节已探讨。
② 表中虚景由《洛阳名园记》原文及附录考证材料而得。
③ 陆游:《陆游集》,北京:中华书局1976年版,第502页。
④ 欧阳修:《欧阳修全集》,北京:中华书局2001年版,第2034页。

虚空间,激发想象力,不仅"眼前有景",同时调动人的全方位感官,结合听觉、嗅觉等感知园林,以致内心也生出景来。《洛阳名园记》中的北宋洛阳园林娴熟地运用虚实手法,丰富了园林的多维感官体验,增强了园林意境。董氏西园的"幽禽静鸣",董氏东园的"甘香",会隐园的"林下风清共一香"等虚景均需要借用听觉和触觉共同完成,使得观景过程更丰富有趣。另外,很多虚景还必须与实景相辅相成甚至形影不离,方有意境,如独乐园的"槐影"、环溪园水面的"波光"等是槐树、水(实景)与光(虚景)的结合所得,虚景与实景往往就是这样相互映衬相互依赖。明代孔衍栻认为绘画需要"以虚运实,实者亦虚,通幅皆有灵气"①。中国美学讲形神,主张以形写神,但重在写神。"形神"与虚实相关,形为实,神为虚。以形写神,即以实写虚。形在象内,神在象外,只有借象内之形(实),通象外之神(虚),方为高明。正如宗炳在《画山水序》中说:"旨微于言象之外者,可心取于书策之内。"②中国美学讲意境。意境是一种空明灵透的境界,它由实与虚构成,重在虚。中国诗论所说,"超以象外,得其环中"③,"脱有形似,握手已违",④都可以看做是意境理论的阐述。宗白华说:"化实景而为虚境,创形象以象征,使人类最高的心灵具体化……这就是'艺术境界'。"⑤《名园记》中的园林充分利用实景与虚景的结合,创造了令人幻想的充满诗情画意的艺术空间。

曲与直、疏与密、虚与实这种两极对立又相互融合,富于变化到二者完美和谐地步的造景方式备受西方造园学家称赞,约翰·奥尔德姆说:"中国和日本大师对园林设计最主要的贡献之一是,对暴露和覆盖区域,开阔和封闭空间,规整自然式形状和轮廓之间关系的掌握。他们一贯注意克服由于几何结构对自然发生冲突时所产生的压力。而我们西方在 20 世纪才开始完全理解

---

① 沈子丞:《历代论画名著汇编》,北京:文物出版社 1982 年版,第 272 页。
② 张彦远:《历代名画记》,上海:上海人民美术出版社 1964 年版,第 130 页。
③ 司空图:《二十四诗品》,杭州:浙江古籍出版社 2013 年版,第 1 页。
④ 同上书,第 7 页。
⑤ 宗白华:《美学散步》,上海:上海人民出版社 1981 年版,第 70 页。

这一问题。"①看来,西方 20 世纪才理解的造园手法早在宋代已经展现得淋漓尽致。

小　结

从植物、水体、建筑、题释等景观营造来看,《洛阳名园记》中的北宋洛阳园林整体有宦贾园林文人化的一面。公卿大夫、富贾巨商、文苑巨匠,无论各园园主身份如何,这些园林都透露出文人"清"与"雅"的特性,各园中普遍植松、柏、竹、梅、莲,以示清高、孤傲、雅致、隐逸的格调;大量的景题诸如"超然亭"、"知止庵"、"濯缨亭"等见出园主的高尚道德和境界追求;同时,许多园中的草屋茅舍和浮萍青苔又见出恬淡朴素、自然野趣的特质,使得园林整体有"清"、"雅"、"野"、"隐"的美学品格。与此同时,凡园皆植牡丹以及不少奢豪建筑的又体现出官宦和富贾的身份以及洛阳园林"丽"的一面。因此,《洛阳名园记》中的北宋洛阳园林虽有多重风貌,有"雅"有"丽",但联结所有园林为一体的是清雅脱俗的一面,即宦贾园林文人化,统一于高洁、淡雅,均见出文人雅趣。学界对宋代园林的整体评价是"无比精美的景观体系"②。周维权认为宋代文人园林具有简远、疏朗、雅致、天然③的美学品格,德国园艺学家玛丽安娜·鲍榭蒂认为宋代的园林、绘画等艺术"都极富想象力,而且是非教条的和有精神支柱的。在这之后渐渐地走了下坡路……"④换言之,鲍榭蒂以为宋代园林处于中国历代造园的巅峰,是园林集大成的时代。这些对宋代园林整体的评价大体也适合北宋的洛阳园林,但还不够全面,北宋时期的洛阳园林也有着朴素、天然野趣的一面,其中野生动植物、简朴的建筑等大量存在,整体尚不

---

① 约翰·奥尔德姆:《东方园林设计与园林艺术对世界创造环境的影响》,《中国园林》1989 年第 2 期。

② 王毅:《中国园林文化史》,上海:上海人民出版社 2014 年版,第 143 页。

③ 周维权:《中国古典园林史》,北京:清华大学出版社 2008 年版,第 318—320 页。

④ 玛丽安娜·鲍榭蒂:《中国园林》,北京:中国建筑工业出版社 1996 年版,第 94 页。

至于无比精美。

　　另外,《洛阳名园记》体现出北宋时期园林造景手法已基本成熟。书中的园林在理水、建筑、植物的处理上,基本趋向成熟并体现了明清鼎盛时期的所有手法,在要素的组合及空间处理上,善于用因与借、显与隐、疏与密、虚与实等艺术手法,在协调对比一张一弛中,使水系、建筑、花木构成连贯的节奏化的且具有张力的艺术空间。

第四章　园居生活审美

园林是人们营造的理想的居住环境,《林泉高致》中提出山水可行、可望、可游、可居的"四可"论断,"居"列最高位。它反映了中国人对居住品位的追求,即希望将内心深处认为最美好的山水变为"可游、可居"之所,这样的山水也就是园林兼"家园"了。园居是园林审美的主题,宋人将园居生活称之为"燕居"和"嬉游"。《洛阳名园记》生动地描述了以审美为特征的园居生活。值得我们注意的是《洛阳名园记》所记录的园林虽然大多是私家园林,但这些园林有着一定的开放特征,只要得到许可,百姓也可以进入,因而园林中也有百姓的"嬉游"生活。园林之乐呈现出雅俗共赏的生活画面,五彩纷呈。

第一节　园林的生活导向:"园居"

在宋代,园林的功能以审美为主,人们更加追求在园林中的审美和享受,而非以祭祀、通神等距离现实生活神秘而遥远的精神寄托。精神层次转变的同时,也迎来了实际功利的嬗变:园林直接为人的生活居住服务,并且服务和享用扩大到普通百姓。自君臣至走卒均"在这里奉亲自娱,集会交友,享受林泉之乐"。①

---

① 　鲍沁星:《南宋园林史》,上海:上海古籍出版社 2016 年版,第 12—13 页。

一、园林向生活的渗透

李格非在《洛阳名园记》中有园林宴集和百姓游园的记载：

> "元祐中有留守喜宴集于此";(《名园记·董氏西园》)
> "至花时……城中士女绝烟火游之"。(《名园记·天王院花园子》)

《名园记》中的园林活动记载以及相关考证传达了关于宋代园林的如下几点重要信息：一，北宋洛阳私家园林具备一定的开放性。《洛阳名园记》中最著名的私家园林独乐园也为百姓提供游览机会，"人以公之故，春时必游"①。这种开放也会收取一定的费用，很像今天的旅游景点，独乐园园子吕直还用园林开放所得的游赏钱为该园新添井亭一座。② 二，园林游观开始平民化，不再局限于公卿富贾之辈。这使得园林服务的范围大大增加，惠及百姓，并渗透到人们的日常生活中。邵雍云："三月牡丹方盛开，鼓声多处是亭台。车中游女自笑语，楼下看人闲往来。"③《洛阳名园记》只言才二三，所载仅为洛阳地区私家园林、公共花圃等类型园林的情况，那么这是洛阳独有的风俗还是宋代的普遍现象？事实上，这是全宋的园林风俗。

在宋代以前，少见园林对外开放的记载，皇家园林更是戒备森严。宋代则不然，各种类型的园林都有开园习俗。北宋的皇家园林对普通百姓开放，形成天子与庶民同乐的文化氛围。金明池、琼琳苑"岁以二月开，命士庶纵观，谓之'开池'。至上巳，车驾临幸毕，即闭。"④庶民也可以感受昔日只有皇亲国戚才能享受的宫苑美景，这是园林文化向全民日常生活渗透的重要环节。

---

① 胡仔：《苕溪渔隐丛话》，北京：人民文学出版社 1993 年版，第 167 页。
② 同上。
③ 邵雍：《伊川击壤集》，北京：中华书局 2013 年版，第 17 页。
④ 叶梦得：《石林燕语》，上海：上海古籍出版社 2012 年版，第 11 页。

从北宋开始还出现了各种类型的公共园林①,如郡圃、城市中的亭榭公共空间等,都为市民提供了日常游观、娱乐和休憩场所。《东京梦华录》中所见勾栏瓦舍、茶楼、酒肆等城市公共空间都常有园林化设计,是大众休闲、娱乐的最常见空间。东京不少酒楼规模宏大,并附有园林,对食客开放,如宴宾楼"有亭榭,曲折池塘,秋千画舫,酒客税小舟,帐设游赏"②。在宋代,从园林归属性质上看无论公有还是私有,都有开园的习俗,百姓可以自由游观,所以有"洛下园池不闭门"③之说。

宋代园林体现出以生活为本的特征,宋人将园林视为家园,而非一般意义上的游观。南宋袁燮《秀野园记》云:"此吾家不可阙者,与其增膏腴数十亩而传之后裔,孰若复三亩之园而不坠其素风乎? ……此固君子之所乐也,岂徒游观之谓哉?"④袁燮认为园林的意义绝不限于普通玩赏,更在于生活和精神寄托。另外,从孟元老"都人争先出城探春"⑤的游园描述看来,"争先"体现百姓对园林游观的高度热诚,他们积极、主动、自觉地投入园林,并从中找寻生活的乐趣。

园林在宋代社会生活中的渗透体现在如下几点。

首先,游园不论身份。无论男、女、老、少、贫穷与富贵,百姓都积极走入园林,《洛阳名园记》中"士女"游天王院花园子即如此。宋代女子同男性一样,频繁出游。周密《武林旧事》记载了元宵节杭州"都民士女,罗绮如云"⑥。总之,女性出游十分常见,大概以李清照"兴尽晚回舟"⑦为典型。老与幼同样爱游玩,时人田况《浣花亭记》就记载了"曛夜老幼相扶,挈醉以归,其乐不可胜言"⑧的

---

① 毛华松在《城市文明演变下的宋代公共园林研究》一文中认为公共园林在宋代不再是一种非主流园林,而与皇家园林、私家园林、寺观园林等一道,构成主流。

② 伊永文:《东京梦华录笺注》,北京:中华书局 2007 年版,第 613 页。

③ 邵雍:《伊川击壤集》,北京:中华书局 2013 年版,第 96 页。

④ 袁燮:《秀野园记》,载曾枣庄、刘琳主编:《全宋文》第二百八十一册,上海:上海辞书出版社 2006 年版,第 242 页。

⑤ 伊永文:《东京梦华录笺注》,北京:中华书局 2007 年版,第 612 页。

⑥ 周密:《武林旧事》,杭州:浙江古籍出版社 2011 年版,第 39 页。

⑦ 黄墨谷:《重辑李清照集》,北京:中华书局 2009 年版,第 10 页。

⑧ 田况:《浣花亭记》,载曾枣庄、刘琳主编:《全宋文》第三十册,上海:上海辞书出版社 2006 年版,第 52 页。

公众尽兴出游场景。皇亲国戚、名士公卿大都拥有自己的宅园,他们之间相邀赏园可谓见惯不惊,那么贫穷者呢? 吴自牧言:"至如贫者,亦解质借兑,带妻挟子,竟日嬉游,不醉不归。"①《名园记》中富弼、文彦博、司马光等园主在洛阳组织著名的"耆英会",依次宴集各园中,对此邵伯温记载道:"洛阳多名园古刹,有水竹林亭之胜,诸老须眉皓齿,衣冠甚伟,每宴集,都人随观之。"②名士公卿相邀于各园中宴会雅集,"都人随观"的场景间接表明公卿大夫私家园林对百姓开放,同时颇有不论贵贱、臣民和乐的园林生活氛围。这说明,在宋代,园林已经走入寻常百姓,无论男女、贵贱,都痴情于园林生活,游则尽兴尽致,"不醉不归"。同时,宋画也不乏对大众园林生活的描摹。(如图4-1,图4-2,图4-3所示)

图4-1 (宋)佚名《荷亭婴戏图》   图4-2 (宋)佚名《春游晚归图》
(来源:《宋画全集》)   (来源:《宋画全集》)

其次,园林游观不论时节。四时有景可赏,无论平时还是节日,均有园林相伴,春有百花酣,夏有蝉噪林,秋有金菊明月清风,冬有白雪压松竹,四时游观活动不绝,适逢节气,园中更是人群嬉闹,场面不甚宏大。北宋韩琦云:"天下郡县无远迩小大,位署之外,必有园池台榭观游之所,以通四时之乐。"③韩

---

① 吴自牧:《梦粱录》,北京:中华书局1985年版,第7页。
② 邵伯温:《邵氏闻见录》,上海:上海古籍出版社2012年版,第58页。
③ 韩琦:《定州众春园记》,载曾枣庄、刘琳主编:《全宋文》第四十册,上海:上海辞书出版社2006年版,第37页。

琦之语见出当时郡县都有通四时之乐的园池以供游观。

图 4-3　（宋）李嵩《水殿招凉图》

（来源:《宋画全集》）

再次,文人雅致生活和百姓世俗生活都在园中开展,园林并非绝对意义上的文人清雅品格的呈现场所,而是日常生活的大熔炉。宋人已经普遍在园林中展开日常生活和审美活动,形成高度的"园居自觉"。

园林向日常生活的渗透,还可以从宋词中领略:

"一曲新词酒一杯,去年天气旧亭台。夕阳西下几时回? 无可奈何花落去,似曾相识燕归来。小园香径独徘徊。"①(晏殊《浣溪沙·一曲新词酒一杯》)

宋词通常借助对亭、台、楼、阁、窗、栏楯、帘幕、池沼、小径等园林场景的描摹以抒情,园林题材数不甚数。宋词与园林产生某种相似的内在品格而交织在一起,这时期的词人呈现出园林情怀。词作为文学艺术取材于生活,园林因

①　晏殊:《晏殊词集》,上海:上海古籍出版社 2016 年版,第 7 页。

为渗透到宋代社会生活的各个角落而润物细无声地浸润着宋词领地,使宋词散发园林气息,词人也拥有了园林情怀。

更进一步,宋代园林与风俗建立联结,诞生一种园林风俗,成为融入所有中国人血液里的某种精神物质,作为一种文化基因并在此后遗传下来。当园林从上古时期的经济生产母体及通神通仙的功能中剥离出,并以居住审美为主要诉求后,很长一段时间内,园林一般只涉及达官显贵或文人隐士的生活。他们多在其中进行功利悬置状态的纯粹美活动,诸如卧听雨打芭蕉,闲看小桥流水、楼台花木掩映,或者从事需要借助园林这样富有诗情画意的空间场所,以便更好地展开的高雅活动,如抚琴、弄墨、文酒、诵吟之属。宋代则发生了转变,不仅纯粹意义上的审美活动或是诗情画意的文人雅事在园林中继承下来,甚至那些过去根本无需在园林中开展的大众化的、普及化的、世俗的日常活动都在皇家、私家以及公共园林中全面铺开。审美时选择园林,嬉闹游戏的世俗日常生活仍然选择园林,这说明,园林已经潜入世人生活的方方面面。这时的园林的功能则发生了转变——审美、居住、生活,三者融合。《洛阳名园记》以简练的文字表述却能折射出如此丰富的园林文化,实属难得。

二、"生活"的深层含义

中国文化有"重日用之常"的精髓,中国的环境美学之所以以生活为主题,正因为与这种文化一脉相承。我们所说的"生活"通常包含两层含义:其一,与来生或未来相异的当下的生活;其二,日常生活,何为日常生活?冯友兰对此作出详细解释:"社会中一般人所公共有的,所普通有的生活,就是中国哲学传统中所谓人伦日用。"[①]冯所言"人伦日用"也就是日常生活,它有两个要点:一是大众公共有,二是普通有。日常生活不特指少数人的生活(如皇亲国戚达官显贵的奢华生活不能为大众享有),也不特指人们少有的奇异活动(如太空飞行、探险等)。中国人非常看重当下生活中的日常生活。

---

① 冯友兰:《中国哲学之精神》,南京:江苏文艺出版社 2013 年版,第 19 页。

看似庸俗的日常生活并非庸俗浅显。对此,冯友兰说:"中国哲学所求的最高境界,是超越人伦日用而又即在人伦日用之中。它是'不离日用常行内,直到先天未画前'……它是最实用的,但并不肤浅。"①李泽厚继续提出百姓日用的"深层结构"之说,"所谓'深层'结构,则是'百姓日用而不知'的生活态度、思想定势、情感取向……基本上是以情—理为主干的感性形态和个体心理结构。"②按照李泽厚对儒学的深层理解,全民所共有的普通日常生活中蕴含和交织的是民族性的心理结构,而非"表层"的结构。看来,所谓"日常生活"看似肤浅,实则属于儒家的"深层"结构范畴。《礼记》《诗经》中充满了日常琐碎生活的规范或描写,儒家大谈日常生活,看似缺乏思辨性,殊不知生活之树常青。儒家重日用之常的思想,在今天仍然具有重要的启示意义,因为它关乎民生,而民生无论在过去还是当下,无论在中国,还是放之全人类,都是主题。同样,宋代园林中,非园林本身而是世人的生活才处于本位,所以百姓时常嬉闹于园林,沉醉忘乎所以,园林淡化为背景。

从生活所包含的深刻内涵看,宋代园林渗透到上至帝王下至布衣的全民日常生活,开始深入中华民族的精神中,成为文化基因。因此,宋代以园林为家园的环境美学思想逐渐成形。

三、作为"家园"的园林

宋代郭熙对山水画作了著名的"四可"论断:"世之笃论:谓山水有可行者,有可望者,有可游者,有可居者,画凡至此,皆入妙品。但可行、可望,不如可游、可居之为得。"③行、望、游、居,四重境界中,"居"列最高位。这番话虽是言山水画,但它反映了中国人对居住品位的追求,即,希望将内心深处认为最美好的山水变为"可游、可居"之所,这样的山水也就是园林兼"家园"了。

---

① 冯友兰:《中国哲学之精神》,南京:江苏文艺出版社2013年版,第21页。
② 李泽厚:《初拟儒学深层结构说》,《华文文学》2010年第5期。
③ 郭思:《林泉高致》,北京:中华书局2010年版,第19页。

宋代的园林不仅是园主护心、养性、抒情、言志的场所，更是与亲友共享天伦的乐园，成为一般意义上的"家"。《洛阳名园记》中的东园园主文彦博归洛的园林生活如此：

"有园亭花木，日与亲旧宴会，子孙环列，迭奉寿觞，怡然自得。"①

文彦博在园林中的生活，有亲友宴会，又与子孙共享天伦，轻松快活陶然自得，这种温暖又自由的优游闲哉的感觉显然具备"家"的特征。何为家？《说文》："居也。"《尔雅·释宫》："户牖之闲曰扆，其内谓之家。"家有两层重要含义：一是生活起居之所，这类解释通常都包含场所、物理空间的含义，围绕居住的屋室及在其中展开的日常。二是一种亲缘社会关系，《周礼·地官》："上地家七人，中地家六人，下地家五人"，郑玄注："有夫有妇，然后为家。"夫妇为家，就是以家为单位的亲缘社会关系及情感依托和天伦之乐。亲缘关系连同所居之所共同构成完整甚至是完美意义上的"家"。家不仅是物质性的，也是一种精神性的概念。文彦博在园林中的活动以及情感传达都具备家庭生活特性。

无独有偶，宋代李昉《更述荒芜自咏闲适》也描述了他的园林生活："手栽园树皆成实，引著儿孙旋摘尝。"姚勉《王君猷花圃八绝·鉴池》云："仙翁晚归来，子孙笑牵衣。"同样，《采衣堂记》描述婺源胡氏家族几世同堂的场景："老木修竹……每晨昏燕闲，亲族咸集，老者坐于上，稚者戏于下。"②仅有个人的修身养性不是中国传统意义的完整家庭生活，即便这样的生活构成了某些人的生命全部，那他的家及他也会被贴上"孤家寡人"之属带有他人异样眼光及同情怜悯色彩的标签。上述文彦博、李昉等与朋友相来、儿孙满堂、觥筹交错、笑语萦耳的园居生活，是完美意义拥有美的物理居住空间（园林）及和睦亲缘

---

① 《宋史》第二百六十五卷，北京：中华书局 1977 年版，第 9148 页。
② 杨傑：《采衣堂记》，载曾枣庄、刘琳主编：《全宋文》第七十五册，上海：上海辞书出版社 2006 年版，第 236 页。

关系(天伦之乐)的家,"家园感是环境审美的基础"①。

另外,人们非常沉醉于园林,《洛阳名园记》云:

> "董氏盛时,载歌舞游之,醉不可归,则宿此数十日。"(《名园记·董氏东园》)

园林本是欣赏的对象,但人们载歌载舞、声色自娱的园林活动以及他们本身"不醉不归"的投入状态,使得大众活动相比园林具有更强烈的视听等感官冲击力和气氛感染力,成为园林中的主要内容及焦点所在。"在一片玩乐欢欣的愉悦气氛中,优美的山水景色都消退得遥远无踪了。"②园林原本应该成为游观审美的主要对象,但是在宋代百姓这里,园林的审美主角地位让位于玩耍、嬉闹、歌舞升平的大众生活,反而在"消退"了,准确地讲,园林审美出现了"对象性消融"的状态。陈望衡这样解释"对象性消融"的审美模式:

> "我们是在环境中生活,虽然周遭全是环境,我们并没有将它们当作对象来欣赏,当然,偶尔我们也会将自己周遭的环境当作对象来欣赏一番……"
>
> "环境是生活的一部分,生活是不存在对象性的,生活中的审美是一种非对象性的审美,非对象性并不是说无对象性,是说对象性的消融,对象性消融到哪儿去了? 消融到生活本身去了。环境的意义主要在居,我们在居之中生活着,也在居之中审美着……"③

"对象性消融"的实质就是家园感,人融合于家园环境中,二者毫无隔阂。

---

① 陈望衡:《环境美学》,武汉:武汉大学出版社 2007 年版,第 24 页。
② 侯迺慧:《宋代园林及其生活文化》,台北:三民书局 2010 年版,第 402 页。
③ 陈望衡:《我们的家园:环境美学谈》,南京:江苏人民出版社 2014 年版,第 80 页。

"环境审美的'对象性消融'有前提条件,那就是它只对具有家园感性质的环境。"①

为什么在宋代,大众喧嬉下的园林出现了"对象性消融"的状态?因为,宋代百姓高频率地走入园林,并在其中嬉闹、耍杂。园林对于他们来说成为日常生活的场所,已经太熟悉太自然太舒适自由,以致消融到日常生活中去了。换言之,宋人普遍将园林视为自己的家园,视为人伦日常的生活场所。宋代百姓的园林游赏活动通常自由随性,并不受归属者的束缚和干扰,邵伯温载洛阳花时,"都人士女载酒争出,择园亭胜地,上下池台间引满歌呼,不复问其主人。"②所以邵雍有"洛阳交友皆奇杰,递赏名园只似家"③、"遍地园林同己有"④云云。"不复问其主人"、"似家"、"己有"说明无论是否拥有园林,宋人普遍频繁享受园林生活,对其非常熟悉并产生强烈的归属感,以致将其视为自己的家园。园林已经渗透到社会生活的各个角落,成为承载风俗和活动的场所。宋人逢春必游,人们在园中从事花卉等商业交易,展开秋千、蹴鞠、说书、卖艺、嬉戏等活动,也有琴棋书画丝竹管弦之雅趣。鉴于此,侯迺慧说道:"这赏玩的活动已深深融入其日常生活之中,已深深植入其习性之中了。"⑤而这种赏玩的日常生活和所"深深植入"的"习性"其实都已经打上了园林的烙印。

"环境的功能首要的也是基本的是人的生命之根、生存之所、生活之域、精神所依。"⑥我们对环境的美感认知表现为"家园感",认为能给人家一样舒适、自由、放松的环境是美的,并且希望在这样的环境中长期居住。《洛阳名园记》中的洛阳园林及宋代其他园林普遍呈现出这样的家园

---

① 郝婷婷:《构建中国式环境美学体系的可贵尝试——阿诺德·伯林特与陈望衡环境美学思想比较研究》,《鄱阳湖学刊》2015年第6期。

② 邵伯温:《邵氏闻见录》,上海:上海古籍出版社2012年版,第96页。

③ 邵雍:《伊川击壤集》,北京:中华书局2013年版,第198页。

④ 同上书,第208页。

⑤ 侯迺慧:《宋代园林及其生活文化》,台北:三民书局2010年版,第383页。

⑥ 陈望衡:《我们的家园:环境美学谈》,南京:江苏人民出版社2014年版,第23页。

气息。

那么,宋人的园林生活主题又是什么?

相对西方的"罪感文化"、日本的"耻感文化"而言,李泽厚将中国文化概括为"乐感文化"①。诚然,先秦儒家"有朋自远方来,不亦乐乎"就体现出强烈的乐感意识。自北宋前中期开始,寻乐成为一种世风。刘敞(1019—1068)《招邻几圣俞和叔……因而报之》云:"扰扰不自适,会为后世嗤。"②

宋人的乐感生活往往与园林有千丝万缕的联系。宋代形成歌舞升平的享乐之风,宋太祖劝告武人释去兵权,"多积金、市田宅以遗子孙,歌儿舞女以终天年"③。两宋以都城东京和临安为首,世人更是多沉醉于当下的快乐生活,酒肆妓馆、歌舞升平、园林宴游,直至醉不可归。在自上而下的驱策下,宋人掀起寻乐享乐生活的高潮。宋代园林的构建以全民生活为本,而宋人园林中的生活又以"乐"为主题。

宋代以"乐"为生活的最高境界,同时,园林成为承载乐感生活的物理空间。宋代园林常以"乐"为主题,如北宋邵雍"安乐窝"、司马光"独乐园"、朱长文"乐圃"、南宋贾似道"后乐园"、"养乐园"、"水乐洞"等都将"乐"以园林主题的形式予以标榜。另外,以乐为园林建筑景题的也俯拾皆是,会隐园"和乐庵"、梅冈园"乐静堂"、叶梦得叶氏石林"净乐庵"、范成大石湖"寿乐堂"等都以"乐"为景题,以寄寓主人的乐易心愿。

宋代形成全民寻乐的社会风俗,根据乐的内容和方式的不同,宋人的园居生活之乐分两大类:其一,雅乐,恬淡高雅的士化园林之乐,以"三悦、九客"为活动典型,此为"燕居";其二,俗乐,世俗大众化的园林之乐,以"百戏、嬉闹"为特色,此为"嬉游"。

---

① 李泽厚:《论语今读》,合肥:安徽文艺出版 1998 年版,第 28 页。
② 刘敞:《公是集》,北京:中华书局 1985 年版,第 131 页。
③ 《宋史》第二百五十卷,北京:中华书局 1977 年版,第 8810 页。

第二节　园居的审美模式:"燕息"

一、闲适自得的园居雅事

《名园记》在开篇富郑公园中勾画了一幅富郑公燕燕然栖居于园林中的美好画面,文曰:

> "郑公自还政事归第,一切谢宾客,燕息此园几二十年。"①(《名园记·富郑公园》)

这便是《洛阳名园记》中典型的园居生活审美模式之一——"燕息"。"燕息"是园林中的个体生活审美状态写照,是园林活动中雅乐生活的精准概括。何为"燕息"?《集韵》:"与宴通。安也,息也。""燕"与"宴"通,有强烈的审美色彩。"宴"除了表示"安、闲"外,还有设酒宴招待他人、充满欢乐之意,"燕乐嘉宾之心"②正是通过设宴达到快乐。燕居是安适的、欢乐的生活。李格非所描述的富郑公"燕息"园林非富弼独有,而是整个洛阳乃至全宋都体现出的园林审美生活。园林燕居通常高雅恬淡,表现为园中的"三悦"、"九客"活动。

与《洛阳名园记》中多位园主同时代的沈括的园居生活大致如此:

> "渔于泉,舫于渊,俯仰于茂木美荫之间,所慕古人者,陶潜、白居易、李约,谓之'三悦'。与之酬酢于心目之所寓者:琴、棋、禅、墨、丹、茶、吟、谈、酒,谓之'九客'。"③

---

① 李格非:《洛阳名园记》,北京:文学古籍刊行社 1955 年版,第 2 页。
② 阮元:《十三经注疏:毛诗正义》,北京:中华书局 1980 年版,第 406 页。
③ 沈括:《梦溪自记》,载卢宪纂:《嘉定镇江志》,丹徒朱氏金陵复刻包氏本 1910 年版,第 2—3 页。

　　沈括的园居也呈现出安闲自得的"燕息"之状,其所慕古人,陶潜、白居易、李约等文人都有隐逸经历,高风亮节,以悠闲自得、无求名利、心自驰骋的自由精神感染后世。而琴、棋、禅、墨、茶等文化和艺术活动本身就能陶冶情操、正心养性。"三悦"指沈括的精神风向标,心之所向,而"九客"则是通向心灵快适和自由的具体活动方式。"三悦、九客"是宋代士人普遍的园林恬淡精神和高雅生活的写照。这样的恬淡自适、泼墨拨阮的文人雅士的精神和活动使得日常生活审美化了。

　　沈括"三悦、九客"的园林燕居生活一语概括出宋代文人在园林中的雅乐之志,《洛阳名园记》中人物无不如此,以司马光及独乐园为典型。《避暑录话》载:"司马温公作独乐园,朝夕燕息其间。"①具体说来,司马温公是如何燕息居的?《独乐园记》典引"鹪鹩巢于深林,不过一枝;偃鼠饮河,不过满腹"②以表达"各尽其分而安"之乐,并自述其园居生活如此:

　　　　"迂叟平日多处堂中读书,上师圣人,下友群贤,窥仁义之原,探礼乐之绪。自未始有形之前,暨四达无穷之外,事物之理,举集目前。……志倦体疲,则投竿取鱼,执衽采药,决渠灌花,操斧剖竹,濯热盥手,临高纵目……"③

　　读书、会友、垂钓、浇花、采药、剖竹,游心物外探寻哲理,逍遥徜徉,唯意所适。司马光的日常生活不仅雅致,甚至超然物外,颇有陶渊明"采菊东篱下,幽然见南山"之意。范祖禹也记录了司马光丰富的园林生活,曰"余每见公幅巾深衣坐林间,四张多在焉,或弈棋、投壶、饮酒、赋诗"④,司马光的园居生活

---

　　①　叶梦得:《避暑录话》,上海:上海古籍出版社 2012 年版,第 121 页。
　　②　陈鼓应:《庄子今注今译》,北京:中华书局 2009 年版,第 23 页。
　　③　司马光:《司马光集》,成都:四川大学出版社 2010 年版,第 1377—1378 页。
　　④　范祖禹:《范太史集》,载纪昀、永瑢:《景印文渊阁四库全书》第一千一百册,台北:台湾"商务印书馆"1983 年版,第 395—396 页。

依然是"九客"的文人雅事。司马光云："惬心皆乐事,容膝即安居"①,司马光的乐在于"惬心",而他的"惬心"之事就是:著书、文酒、弈棋、浇花、会友、垂钓等高雅活动。司马光对独乐园的营造也围绕"三悦"展开。独乐园七景读书堂、弄水轩、种竹斋、浇花亭、钓鱼庵、采药圃、见山台就是按照所慕古人大家鸿儒董仲舒、才华盖世杜牧之、嗜竹如命王子猷、安乐悠闲白居易、与帝同榻严子陵、避名深林韩伯休、采菊东篱陶渊明——设计营造的,怀古之情中见出司马光的精神意趣,博古通今神游于万卷之中,尊贵其精神而淡雅其生活,自由隐逸。这是司马光的"三悦"(或者"七悦")。

这种"燕息"园林,高雅恬淡的生活与宋画中所描摹的场景也十分吻合(如图4-4所示)。

图4-4　(宋)刘松年《秋窗读易经图》

(来源:《宋画全集》)

洛阳作为北宋的学术和文化中心,文人雅趣的园林生活最为突出。洛阳文人士大夫集团常相邀游园,并在园中文酒唱和、赏花畅谈。《洛阳名园记》中的赵韩王园是北宋文人常去游观的场所。《九月十日赵韩王园同舍饯送王

---

① 司马光:《司马光集》,成都:四川大学出版社 2010 年版,第 452 页。

微之晳出守汝州即席次其韵二首》其一描述王微之等在赵韩王园中的饯别宴会，"谈笑挥毫得佳句，从容聊喜暂班荆。"①园林送别，赠以诗作，别离之情透出雅致。司马光常与友人游赵韩王园并作诗云："杯深酒过花"②、"英辞唱和诗千首，高宴游陪禄万钟"③等，均见出文人游园在于酒事、诗事、花事之雅趣。《洛阳名园记》中的文彦博东园中也时常上演公卿大夫们赏月、划舟、饮酒、吟诗、观舞、看花的风雅趣事，文彦博描述云："得随相府赏红莲。清樽屡醊吟情逸，红袖频翻舞态妍。归兴直须三鼓尽，月华况是十分圆。"④范纯仁又有"泛舟双沼不栽莲"⑤等记载东园宴游之事。又《洛阳名园记》中的会隐园因梅花品种多样，时人常慕名而去，邵雍、司马光等均频繁作南园(即会隐园)赏梅诗⑥。

　　《洛阳名园记》中的洛阳园林生活呈现出"子之燕居，申申如也，夭夭如也"⑦的燕居和乐气象。洛阳的文人士大夫们的园林燕息生活只是社会的缩影，其他文人何尝不是如此。北宋朱长文乐圃有中邃经堂，"所以讲论六艺"，又有琴台、咏斋，以供平素抚琴赋诗，又有墨池以展玩，钓渚垂纶。⑧ 并且有娱宾友、约亲属的交游活动。朱长文记载个人的乐圃生活道：

　　　　"余于此圃，朝则诵羲、文之《易》，孔氏之《春秋》，索《诗》《书》之精微，明《礼》《乐》之度数；夕则泛览群史，历观百氏，考古人是非，正前史得失。当其暇也，曳杖逍遥，陟高临深。飞翰不惊，皓鹤前引。揭厉于浅流，踌躇于平皋。种木灌园，寒耕暑耘。虽三事之位，万钟之禄，不足以易吾乐也。"⑨

---

①　刘挚：《忠肃集 附拾遗》，北京：中华书局 1985 年版，第 278 页。

②　司马光：《司马光集》，成都：四川大学出版社 2010 年版，第 472 页。

③　同上书，第 481 页。

④　申利：《文彦博集校注》，北京：中华书局 2016 年版，第 357 页。

⑤　范纯仁：《范忠宣公集》，载纪昀、永瑢：《景印文渊阁四库全书》第一千一百〇四册，台北：台湾"商务印书馆"1983 年版，第 581 页。

⑥　详见附录二《洛阳名园记》园林考。

⑦　杨伯峻：《论语译注》，北京：中华书局 2006 年版，第 75 页。

⑧　朱长文：《乐圃记》，载曾枣庄、刘琳主编：《全宋文》第九十三册，上海：上海辞书出版社 2006 年版，第 161 页。

⑨　同上书，第 162 页。

朱长文的园林生活与司马光、沈括等如出一辙,均"申申如也、夭夭如也",自由、恬淡、闲适、安乐地"燕居"园中。园主大多行舞文弄墨、抚琴诵吟的高雅之事,享受精神的驰骋和丘园之乐。"三悦九客"是宋代园林中士化雅致生活的精神所指和活动所向,"九客"是为了实现"三悦"。

在"郁郁乎文哉"且"及时行乐不可缓"的宋代,高度发达的文化艺术和享乐生活交织,使得园林与诗、词、琴、棋、茶等普遍联系在一起。"九客"活动普遍具备和、清、雅、淡、静等境界,也需要与之相称的雅致、清幽的环境来展开,而园林正是这个最适合的场所。因此,"三悦九客"的士化雅乐生活便与园林结下不解之缘。宋代随处可见"九客"与园林的相互联系。黄庭坚曾与黄裳、王扬休等十三人作茶会,从黄裳《次鲁直烹密云龙之韵》诗其一"相对幽亭致清话,十三同事皆诗翁"①句看出此茶会在园林中举行。宋代人的园林唱诵亦非常普遍,经常文酒、吟诵,风雅之致。邵雍指出园林能激发诗歌创作灵感,云:"诗扬心造化,笔发性园林"②,又云:"遍地园林同已有,满天风月助诗忙。"③诗社雅集,唱和吟诵的文化活动透出浓厚的学术和文学气息,也提升了园林的高雅格调。书法讲究写心,文人也常在园林中从事这样的活动,从苏轼《石苍舒醉墨堂》可知一二。

名士公卿宴集园林多以情感抒发、精神追求为主,借园林抒情,带有很强的审美特征。海外学者对宋代文人士大夫园林的功能也秉持这一看法,认为园林重在修身养性以及自我情感抒发及价值传达(self-cultivation and an expression of the garden owner's most deeply-held values)。④ 需要指出,"三悦九客"的园林"燕居"生活,时常伴随美酒佳肴的感官享受,不过,这些只是为了助兴,更多的园林宴集是以畅叙幽情娱宾客为主要目的。对此,文彦博、司马光等人有明确表示。元丰三年(1080年)文彦博、范镇、史炤等五人的"五老会"

---

① 黄裳:《演山先生文集》,北京大学图书馆藏清钞本,第 2 页。
② 邵雍:《伊川击壤集》,北京:中华书局 2013 年版,第 271 页。
③ 同上书,第 208 页。
④ Robert E., Harrist Jr.: "Site Names and their meanings in the Garden of Solitary Enjoyment", *The Journal of Garden History*, 1993(4).

目的在于"喜向园林同燕集,更缘樽酒长精神"①。司马光组织的"真率会"亦相似,其《和潞公真率会诗》曰:"只将佳景便娱宾"②,赏景以娱宾客,他们对于物质享受并不太在意,"酒不过五行,食不过五味"。③ 司马光又云:"小园容易邀嘉客,馔具虽无亦有花。"④这些都证明园林中的高雅活动聚会旨在悦心悦神。

然而,三悦九客的高雅生活不仅时常在文人们的私家园林中才有,帝王也会在皇家园林中发起这样的群宴悠游活动。宋徽宗才华横溢,颇具艺术修养,他善点茶、分茶,徽宗亲手布茶并请诸位大臣品茶,曰:"此自布茶。"⑤品茶之色、味、香,赏点茶、分茶之茶艺精湛,茗事相对安静、恬淡、优雅,与园林这样的空间场所有着天然的默契,使得园林与茗事交映生辉。

《洛阳名园记》中"燕息"的园林审美生活模式不独是北宋洛阳,更是全宋园林生活的写照,这种燕居之乐通常以"三悦"的精神寄托和"九客"的高雅活动体现出来,见出一个无比闲适、优雅的宋代社会。

二、外适内和的养生功能

园林"燕息"带给园主外适内和的生活体验。琴、舞、花、茶、酒、诗、投壶等总是贯穿于宋人的园林生活,这些雅趣活动带给主体的感受是"适"。以《洛阳名园记》为代表的宋人不谋而合地表达这一园林生活感受:

> "投竿取鱼,执衽采药,决渠灌花……逍遥相羊,唯意所适……踽踽焉,洋洋焉,不知天壤之间复有何乐可以代此也";⑥(司马光《独乐园记》)

①　申利:《文彦博集校注》,北京:中华书局2016年版,第412页。

②　司马光:《司马光集》,成都:四川大学出版社2010年版,第453页。

③　邵伯温:《邵氏闻见录》,上海:上海古籍出版社2012年版,第58页。

④　司马光:《司马光集》,成都:四川大学出版社2010年版,第455页。

⑤　王明清:《挥麈录》,上海:上海古籍出版社2012年版,第185页。

⑥　司马光:《司马光集》,成都:四川大学出版社2010年版,第1378页。

"众意皆适,举觞不辞";①(李復《游归仁园记》)

"唯隐者能外放而内适,故两得焉。……日与方外之士傲然期间,乐乎哉,隐居之胜也。"②(尹洙《张氏会隐园记》)

不独洛阳园林生活如此,其余皆相类。张方平(1007—1091)《吴兴归安尉署凝碧堂诗序》云:"琴书在床,窗槛潇洒,茶烹顾渚,酒倾下若,怳疑凌昆阆、濯沧浪,澹乎其适也。"③这种高雅恬淡的园林"燕息"生活在宋画中也时常有所体现,如图4-5,图4-6所示。

图4-5　（宋）宋徽宗《文绘图》

图4-6　（宋）宋徽宗《听琴图》

① 李復:《游归仁园记》,载曾枣庄、刘琳主编:《全宋文》第一百二十二册,上海:上海辞书出版社2006年版,第95页。

② 尹洙:《张氏会隐园记》,载曾枣庄、刘琳主编:《全宋文》第二十八册,上海:上海辞书出版社2006年版,第34页。

③ 张方平:《乐全集》,载纪昀、永瑢:《景印文渊阁四库全书》第一千一百〇四册,台北:台湾"商务印书馆"1983年版,第20页。

可以看出,文人士大夫所谓的"适",包含有两个层面:外适和适心。司马光有"投竿取鱼,执衽采药",张方平有琴、书、茶、酒;李寔有诗、书、杯、盘、琴等,这些活动均借助园林展开,他们都先选择了一个外适的环境,并于其中展开"九客"活动,在外适的体验和引导下,最后达到适心、适意的精神感悟。白居易将这样的情形称之为"外适内和、体宁心恬",他这样描述自己的草堂生活:"堂中设木榻四,素屏二,漆琴一张,儒、道、佛书各三两卷……仰观山,俯听泉……外适内和,一宿体宁,再宿心恬,三宿后颓然嗒然,不知其然而然。"①在这里,白居易指明了外适即"从容于山水诗酒间"②,也就是陶醉于"九客"以及美景,而"内和"则是心灵的升华、精神的自由,浑然与天地一体的境界。

宋代大兴土木造园林,文人士大夫琴、茶、书、吟自娱,相邀交游赏园并唱和,这样的园林生活与唐代白居易履道里宅园的生活颇为相似。白居易在洛阳履道里宅园定居后,常与刘禹锡、裴度等交游唱和,并组织九老会。白在《池上篇并序》中说:

> "每至池风春,池月秋……举陈酒,援崔琴,弹姜《秋思》,颓然自适,不知其他。酒酣琴罢,又命乐童登中岛亭,合奏《霓裳·散序》……曲未竟,而乐天陶然已醉,睡于石上矣。"③

可以想见那一派幽幽琴声高山流水、美酒助兴的艺术生活与园林山水、亭榭的契合。这样的生活方式与环境无疑有助于修身养性、陶冶高雅情操。到宋代,园林雅乐生活更为普遍,与慕白之风不无关系。

《洛阳名园记》所提炼的园林"燕息"生活多体现在高雅活动上,多为呻吟诵读、斗茶谈笑、泼墨拨阮、观花赏月等,风流娴雅,旨在"适意"、"适心",足以

---

① 白居易:《白居易集》,北京:中华书局1979年版,第934页。
② 同上书,第933页。
③ 同上书,第1450页。

适情性而生和乐,体现游心翰墨的文人意境,优游恬淡的精神意趣和自由闲适的内心世界。

三、居养结合的哲境意趣

以《名园记》为代表的园林"燕息",其意义不仅仅在于生存或活着,更重要的是护心、养心、栖心,居养结合。

中国古代非常看重居住环境对人的塑造功能,孟子曰:"居移气,养移体",耳鬓厮磨的周遭环境会潜移默化地改变人的心性气质。园林不仅满足物理空间意义上的可居,更重要的是其美的环境可以带给人愉快的审美体验。同时,宋代庞大的文人集团频繁在园中从事"三悦、九客"的高雅艺术活动,普遍具有"外适内和,体宁心恬"的体验和自由和乐的精神境界,在居住中养心性。

园林陶冶性情的功能常与君子品格相接洽,郭熙在《山水训》中说:"君子之所以爱夫山水者,其旨安在? 丘园养素,所常处也;泉石啸傲,所常乐也;渔樵隐逸,所常适也;猿鹤飞鸣,所常亲也。"①金学智将园林的"四可"扩充为"五可",加上"可养"②,不无道理,所养的,兼有身与心。

宋代文人借园林体验逍遥之乐,其身无拘束,常有琴棋书画相伴。孙筱祥将这样的园林及生活称为"生境"——先是"创造出一个生意盎然的、'木欣欣以向荣,泉涓涓而始流'的'自然美'境界";然后,园主栖居于这片富于自然美的环境中,形成"'悦亲戚之情话,乐琴书以消忧'的'生活美'环境"。这种自然美和生活美共同构成中国古典园林的"生境"。③

不过,"生境"还不是最后的终结,宋代文人雅士们还对其进行了超越,其心更自由,融于自然,游心物外,任凭精神充塞宇宙,感悟生命之无穷,形成园

---

① 郭思:《林泉高致》,北京:中华书局 2010 年版,第 11 页。
② 金学智:《中国园林美学》,北京:中国建筑工业出版社 2005 年版,第 17 页。
③ 孙筱祥:《生境·画境·意境——文人写意山水园林的艺术境界及其表现手法》,《风景园林》2013 年第 6 期。

居"哲境"。这以《洛阳名园记》中司马光独乐园生活的"逍遥相羊……踽踽焉,洋洋焉,不知天壤之间复有何乐可以代此也"①为典范。以司马光为代表的宋人能够借助咫尺艺术化的自然,达到"心"与天地、与"理"的交融和自由驰骋。苏舜钦《若神栖心堂》云:"予心充塞天壤间,岂以一物相拘关,然于一物无不有,遂得此身相与闲。"②在有限的园林中,宋代士人却能感受到"心充塞天壤",感受到无穷的空间,那是因为其"心"借助园林中山石花木鸟兽等有限的自然物并超越它们,在天地间驰骋。文人士大夫的园局生活可谓居养结合,充满哲境意趣。

宋代文人士大夫的园林审美观受到心性之学影响,注重有限园林空间的写意传达,修养身心,达到物质与精神的交融,不仅栖身,更栖心。栖心即"诗意的栖居",强调要生活得诗意,强调寻求精神的诗性。中国在漫长的人居文化中一直向往和践行着这种生活。陶渊明的"桃花源"、谢灵运的"山居"、郭熙提倡山水画的"可游可居",其实都在构建诗意的人居环境。

园林可以作为沟通天人之际的中介或手段,邵雍《瓮牖吟》曰:"有屋数间,有田数亩。用盆为池,以瓮为牖……气吐胸中,充塞宇宙。"③宋人对园林的抒发最终都体现了"栖心"与"养心",形成园居哲境,其精神突破园林,"充塞宇宙",与万物一体同游,这是极高的生活审美境界。

第三节　园居的审美模式:"嬉游"

一、作为娱乐空间的园林

《洛阳名园记》中不仅有燕燕息居的高雅闲适的园林生活写照,也不乏普通士庶的园林活动记载,文云:

---

① 司马光:《司马光集》,成都:四川大学出版社 2010 年版,第 1378 页。
② 苏舜钦:《苏舜钦集》,上海:上海古籍出版社 2011 年版,第 36 页。
③ 邵雍:《伊川击壤集》,北京:中华书局 2013 年版,第 226 页。

"馆榭池台,风俗之习,岁时嬉游……古今华夏莫比。"(《洛阳名园记·张琰德和序》)

《洛阳名园记》体现的另一个园居生活审美模式即是大众的园林"嬉游"。张琰《洛阳名园记·序》的"嬉游"概括了宋代爱玩成风的时代文化。董氏西园"元祐中有留守喜宴集于此"。董氏东园更不逊色,人们载歌载舞而游直至"醉不可归"。甚至连独乐园园主司马光这样的大儒也沉醉于美景游乐,而忘记著书立说,园子吕直曾指责道:"方花木盛时,公一出十数日,不惟老却春色,亦不曾看一行书。"①名公卿学者爱好游观尚且如此,更何况普通百姓呢!

园林嬉游成为一时风气。北宋东京每值清明,士庶"往往就芳树之下,或园囿之间,罗列杯盘,互相劝酬。都城之歌儿舞女,遍满园亭,抵暮而归。"②杯盘罗列、歌儿舞女见出嬉游娱乐之状。孟元老在《东京梦华录》中所述的丰富娱乐活动很多都在各种类型的园林空间中展开。洛阳数次为都,其园池游观之俗更由来已久,苏辙云洛人"居家治园池,筑台榭,植草木,以为岁时游观之好。"③

魏晋至唐,园林总给人曲高和寡、阳春白雪的印象,是少数人高雅宴闲或隐居之地。在宋代,皇家和私家园林的开放,以及各种形式园林的存在,让大众嬉游、闹腾的百戏进入园林,使得园林由寂静、安宁、清雅走向喧闹、热烈和通俗,成为大众娱乐空间。洛阳天王院花园子中百姓管弦其中,绝烟火而游,好一派盛大节日般的园林喧腾气象!不独洛阳,其余各地也如此,成都府署西园每春时,"物状尤异,红葩鲜妍,台榭交辉,……吾民来游,醉于楼下……"④李格非友人张耒的《醉郡圃》其一写道:"东风流园开百花……游人酒客兴未

① 吴坰:《五总志》,北京:中华书局1985年版,第3页。
② 伊永文:《东京梦华录笺注》,北京:中华书局2007年版,第626页。
③ 苏辙:《洛阳李氏园池记》,载曾枣庄、刘琳主编:《全宋文》第九十六册,上海:上海辞书出版社2006年版,第189页。
④ 吕陶:《重修成都西楼记》,载曾枣庄、刘琳主编:《全宋文》第七十四册,上海:上海辞书出版社2006年版,第47页。

足,举首白日西南斜……"①描述了郡圃中游人畅饮其中,虽夕阳西下仍意犹
未尽的园林观游盛况。福唐地区人们亦"鬻酒于园,郡人嬉游"②。又如,尉迟
君筑亭于林木中,"以为燕游嬉憩之所。"③《梦粱录》"清明节"条载:"宴于郊
者,则就名园芳圃奇花异木之处,宴于湖者,则彩舟画舫,款款撑驾,随处行
乐。"④"嬉"、"宴"、"游"等显示了宋代园林中歌舞升平,觥筹交错的生活场
景,并以这种园林宴嬉为"岁事",成为风俗,官民一道,其乐融融。嬉游常呈
现出喧哗和浮华的氛围,刘过《吴尉东阁西亭》描述舞女"舞忙钗鬓乱"及士
人"棋败深杯罚",舞到发钗飞落,棋败以酒作惩,想必氛围甚是热烈欢腾。
元宵节东京游人"乐声嘈杂十余里"⑤,嘈杂喧闹非同一般,梅尧臣《湖州寒
食陪太守南园宴》描述寒食节湖州南园"游人春服靓妆出,笑踏俚歌相与
嘲。"⑥人们打扮得花枝招展,靓装出行,嬉笑吟唱俚歌,相互打趣,见出浮华
和自由。

这种园林娱乐生活甚至无时无刻不在进行,且看林升(约生活于南宋孝
宗年间)《题临安邸》:"山外青山楼外楼,西湖歌舞几时休?暖风熏得游人醉,
直把杭州作汴州。"该诗尽管旨在警世,但将宋代歌舞升平的园林生活展现得
淋漓尽致,园林中浮华、喧闹的大众世俗生活不是一天两天,也不是哪座城市
独有,而是持续开展,从北宋以汴州为代表到南宋以临安为典型辐射开来,举
国上下皆如此。哪怕到南宋,北方已沦金人之手,荆棘铜驼,腥膻伊洛,宋朝被
迫迁都到南方偏安一隅,人们也仍然过着歌舞不休、游人皆醉的嬉戏享乐生
活,仍然承袭北宋时期汴梁的游观与娱乐风俗。正因为如此,南宋张德和才发
出"风俗之习,岁时嬉游……古今华夏莫比"的感慨。

---

① 张耒:《张耒集》,北京:中华书局1990年版,第276页。
② 文莹:《湘山野录》,上海:上海古籍出版社2012年版,第35页。
③ 赵鼎臣:《尉迟氏园亭记》,载曾枣庄、刘琳主编:《全宋文》第一百三十八册,上海:上海
辞书出版社2006年版,第244页。
④ 吴自牧:《梦粱录》,北京:中华书局1985年版,第11页。
⑤ 伊永文:《东京梦华录笺注》,北京:中华书局2007年版,第540页。
⑥ 朱东润:《梅尧臣集编年校注》,上海:上海古籍出版社2006年版,第235页。

二、作为观赏对象的园林

宋代大众嬉闹游乐的具体内容,按照园林环境在其中是否被关注,可分为园林聚焦型与园林非聚焦型。园林聚焦型指以游观景色为主要内容的活动,这类活动将园林作为观赏对象,对园林本身有较强的聚焦和依赖性,如:赏花,以洛阳牡丹最为典型,至花时:

> "士庶竞为游邀";①(欧阳修《洛阳牡丹记·风土记》)
>
> "太守作万花会,宴集之所,以花为屏障……举目皆花"。②(张邦基《墨庄漫录》卷九)

除赏花,也有其他景物观赏,《梦粱录》"二月望":"百花争放之时,最堪游赏。都人皆往钱塘门外玉壶……张太尉等园,玩赏奇花异木。"③众人的园林聚焦型活动大都因为特殊景物之故,如春时,万物复苏,百花齐放,树木抽芽,所观赏多为桃红柳绿,奇花异木等景物。前文有"春时"、"花时",纵百姓"游观"云云,皆属此类。再者,有些园因声名鼎沸,也会吸引众人前来探寻观赏一番。如《洛阳名园记》中的司马光独乐园,虽"卑小不可与它园班",但"人以公之故,春时必游"④。百姓来游温公园,因好奇德高望重的司马光会居住在什么样的环境中,想必会左顾右盼,所见所闻,都十分聚焦于园林本身,将园林景观视为主要的审美对象。

公众将园林作为观赏对象,这类园林生活大多在强烈的新鲜感、好奇感的引导下发生,一旦熟知或了解后,多数人便不再给予过多关注了。因此,百姓的园林游观多表现为"走马观花"式,这与文人化的园林雅乐活动大为不同,

---

① 欧阳修:《欧阳修全集》,北京:中华书局 2001 年版,第 1101 页。
② 张邦基:《墨庄漫录》,上海:上海古籍出版社 2012 年版,第 139 页。
③ 吴自牧:《梦粱录》,北京:中华书局 1985 年版,第 7 页。
④ 胡仔:《苕溪渔隐丛话》,北京:人民文学出版社 1993 年版,第 167 页。

文人士大夫会长期关注、感知美景,并因景触情,进入极高的审美和快乐境界。更吸引普通大众的是下一类以园林消融为背景的生活。

三、作为生活背景的园林

《洛阳名园记》反映出一类公众沉醉于活动本身而忘却园林环境的大众园林生活。如:

"董氏盛时,载歌载舞游之";①(《洛阳名园记·董氏东园》)
"张幙幄,列市肆,管弦其中。"②(《洛阳名园记·天王院花园子》)

在这里,载歌载舞、市肆交易虽在园林中进行,但园林并没有成为焦点或者审美对象,属于非园林聚焦型的活动。在这种情况下,园林通常作为生活背景或者消融于生活。以园林为生活背景的活动主要分为两大类:第一大类,"百戏"及歌舞等嬉乐活动,可谓包罗万象洋洋大观。宋人普遍用"百戏"概括园林中大众活动的品类之多和热闹盛况。蔡襄在《十日西湖晚归》中说:"人随百戏波翻海,酒到三桥月满身"③,勾勒了一幅人山人海熙熙攘攘的游观盛景,沉醉至"月满身"才归。孟元老《梦华录》卷七《驾幸临水殿观争标锡宴》条描述"近殿水中横列四彩舟,上有诸军百戏"④的喧闹场面。从周密的《武林旧事》中也可知其梗概,据载蒋苑使园不满二亩,"而花木匼匝,亭榭奇巧。春时悉以所有书画、玩器……罗列满前,戏效关扑。……且立标杆射垛,及秋千、梭门、斗鸡、蹴鞠诸戏事,以娱游客。衣冠士女,至者招邀杯酒……"⑤游客的蹴鞠、秋千、斗鸡等戏事以及酒宴使蒋苑使园热闹翻腾、喜气洋洋,颇有节日般狂欢的盛大场面。

---

① 李格非:《洛阳名园记》,北京:文学古籍刊行社 1955 年版,第 3 页。
② 同上书,第 5 页。
③ 蔡襄:《蔡襄集》,上海:上海古籍出版社 1996 年版,第 126 页。
④ 伊永文:《东京梦华录笺注》,北京:中华书局 2007 年版,第 660 页。
⑤ 周密:《武林旧事》,杭州:浙江古籍出版社 2011 年版,第 50 页。

　　大众通俗化的"百戏"及歌舞也经常在皇家园林中开展。《梦华录》卷七《驾幸临水殿观争标锡宴》记载了公众在金明池的"水傀儡"、"水秋千"①等丰富的水戏活动,又卷七《驾登宝津楼诸军呈百戏》记载了大众在琼琳苑进行"爆杖"之类的烟火游戏,及"抱锣"、"扑旗子"、"舞判"等琳琅满目的舞乐活动,又有"哑杂剧"②等杂戏,歌舞升平,百戏纷呈。皇家园林琼琳苑在普通大众的嬉闹声和百戏杂陈之间成为平民化的场所,百姓在其中并没有束手束脚,而是自由自在地从事着他们一贯以来嬉闹的活动。

　　第二大类以园林为背景环境的活动是买卖交易。不仅《洛阳名园记》反映出这样园林生活,其他宋代园林亦较为常见。据孟元老所叙,百姓们在金明池琼林苑开园时,也有市肆林立的各种娱乐和买卖活动,使皇家园林中充斥着市井生活的味道,孟元老云:"车驾临幸观争标,锡宴于此……殿上下回廊,皆关扑钱物、饮食、伎艺人作场,勾肆罗列左右……车驾临幸观骑射、百戏于此。……游人得鱼,倍其价买之。"③寺观园林里同样充满了市民化、生活化的气息,开放之时,应有尽有的买卖交易尽在其中,《梦华录》卷三《相国寺内万姓交易》条载相国寺"每月五次开放,万姓交易。大三门上皆是飞禽猫犬之类,珍禽奇兽,无所不有","时果、腊脯之类"、"赵文秀笔及潘谷墨"、"香药之类"、"货术传神之类"④应有尽有,场面宏大热闹。

　　世俗化的大众活动分别深入到私家园林、皇家园林以及寺观园林。私家园林原本作为个人生活家居、陶冶情操、修身养性的场所,但在宋代定期对外开放,引游客观赏、宴饮、嬉戏,阵阵欢腾冲破私家园林原本高雅的格调,并突破纯粹个人生活休憩的功能。《名园记》中独乐园本是司马光破墨拨阮呻吟诵读,"踽踽焉,洋洋焉"的私人生活领域,但也会开园纵百姓游观,即"人以公之故,春时必游",似热闹的公园。独乐园扮演了双重角色,同时承载雅乐和

---

① 伊永文:《东京梦华录笺注》,北京:中华书局 2007 年版,第 660 页。
② 同上书,第 687 页。
③ 同上书,第 643—644 页。
④ 同上书,第 288 页。

世俗化的生活。同样,当皇家园林可以成为百姓娱乐、游观、嬉闹甚至买卖交易的场所时,它的皇权示威意义在这种时刻已经消融在百姓的日常生活中,或者说它的意义不止于皇权标榜,而逐渐向下渗透扩散,成为平民化、世俗化的公共生活空间。"对庶民来说,宫廷奇观被感官和物质愉悦所颠覆。"①这说明,至高权力正在向普通的日常生活让位,百姓日常游观、娱乐、嬉戏的生活逐渐登上历史的舞台。王劲韬认为:"'皇权展示意义'的消解……所带来的是更多姿多彩的城市生活。"②寺观园林原本的功能也被世俗活动所突破,它们本应该是清修之地。但是,我们惊讶地发现,皇家园林的政治权威在百姓通俗活动中淡去了,寺观园林的清净神圣在大众游观及买卖声中消融了。如此看来,宋代园林开始平民化、世俗化。

在宋代,无论何种园林,在面临百姓世俗化的喧闹、嬉戏活动时,都被冲淡甚至消融于通俗生活本身。园林原本作为审美对象的身份转化成舞台背景。射垛、秋千、梭门、斗鸡、蹴鞠等百戏,关扑、吆喝唱卖的交易活动,曾经与"庭院深深"幽邃静谧的园林方枘圆凿,在宋代却在皇家、私家、公共等几乎所有类型园林中司空见惯。这是宋代园林功能多元化、社会思想开放包容的表现。这样日常又欢闹的生活场景似乎根本不需要在园林中举行,因为无关乎园林审美,大概不会有什么人在"舞忙钗鬓乱"、"乐声嘈杂十余里"、吆喝叫卖声充斥耳边的欢腾又沉醉的场景下,会饶有雅兴地欣赏静谧的风景,会去聚焦于鱼嬉池潭、花香四溢、莺飞燕舞、楼木掩映的清雅恬淡的周遭环境。这些普世化的大众活动本身具备极强烈的感官冲击力,能迅速激起人们的声色欲,而使人沉浸于活动本身,于是,优美的园林后退为背景。在大众嬉游的风俗下,园林出现重心下移,从"游观"到"游戏",园林从对象转为背景,园林生活也随之发生了从士化雅乐向俗化娱乐的转变。

---

① 奚如谷:《奇观、仪式、社会关系:北宋御苑中的天子、子民和空间构建》,载米歇尔·柯南、陈望衡主编:《城市与园林:园林对城市生活和文化的贡献》,武汉:武汉大学出版社 2006 年版,第 63 页。

② 王劲韬:《中国古代园林的公共性特征及其对城市生活的影响——以宋代园林为例》,《中国园林》2011 年第 5 期。

当全民化极娱求乐的活动在各类园林中展开,同时带来园林功能的突破与原本意义的消融时,日常生活和乐感追求已经成为这个时代最关注的。承载这种"生活·乐"的实体空间,正是各种形式的园林。

第四节　园居生活的主题:乐

无论是"燕息"还是"嬉游",实质均是寻乐、享乐,园林承载了宋代人的乐感文化,成为行乐享乐的生活空间。

一、再寻孔颜乐处

《洛阳名园记》中一个非常明显的也是李格非本人所最为担忧的现象便是园林享乐,书中不止一次提及:

> "公卿大夫……欲退享此乐得乎";①(《书洛阳名园记后》)
> "盖人之于宴闲,每自吝惜,宜甚于声名爵位";②(《洛阳名园记·赵韩王园》)
> "风俗之习,岁时嬉游……古今华夏莫比"。(《洛阳名园记·张琰德和序》)

《洛阳名园记》透露出享乐是园林审美生活的主题,书中其他园林也大多如此。东园中常有文彦博及友人赏园游观活动,文彦博作诗道:"幽兴能招隐,高情自爱闲。从来行乐处,携手一开颜"③,范纯仁也和道:"乘月陪欢忘夜久"④。宋代人对"乐"的追求甚至到达"古今华夏莫比"的程度,而园林成为

---

① 李格非:《洛阳名园记》,北京:文学古籍刊行社 1955 年版,第 13—14 页。
② 同上书,第 7 页。
③ 申利:《文彦博集校注》,北京:中华书局 2016 年版,第 382 页。
④ 范纯仁:《范忠宣公集》,载纪昀、永瑢:《景印文渊阁四库全书》第一千一百〇四册,台北:台湾"商务印书馆"1983 年版,第 581 页。

人们游观寻乐的场所。

全民皆乐,然"所乐何事"? 答案不一,不同身份不同状态下的乐,均有不同意义。北宋王安石、苏轼、邵雍等常以"乐"为主题展开文学创作。朱熹评价邵雍的诗歌"篇篇只管说乐",邵雍本人将乐分为三重境界:人世之乐、名教之乐、观物之乐,这三乐的程度比例则为万之一二、万万、复万万①,按照领域来源分类,则为生活之乐、伦理之乐、哲学之乐。普通大众的喧腾嬉闹、视听之娱大多属生活之乐;公卿大夫园林宴集,都人百姓观之,是伦理之乐;而文人士大夫们借园林养心护心则属于哲学之乐。不同的人所乐相异,各乐其乐,共同形成宋代极娱自乐之风。生活中的人世之乐是普世意义上的乐,虽最浅微,但却最为根本。

宋代周敦颐倡导的再寻"孔颜乐处"体现对名教之乐和观物之乐的追求。据程颢载,周子"每令寻颜子、仲尼乐处,所乐何事"②。自此,"寻孔颜乐处"成为宋代士人的人生理想,周子、程子都围绕"寻孔颜之乐"展开探讨。由"一箪食,一瓢饮"③推出"安贫乐道"的结论。程颢这样描述周敦颐优游恬淡的生活状态:"某自再见茂叔后,吟风弄月以归,有'吾与点也'之意。"④周敦颐吟风弄月,透出"曾点气象",脱离世俗名利的物质牵绊,追求自得、超然的精神生活。程颢亦受感染,他对颜子所乐何事的回答是"正其心,养其性而已"⑤,即,正心养性,其诗曰:"云淡风轻近午天,望花随柳过前川。旁人不识予心乐,将谓偷闲学少年。"⑥由此见出程颢对世俗、功利与物质的不屑,及其心灵的真实与自由。显然,程颢与周敦颐的寻孔颜乐处一样,都显示出儒家思想对于最高精神境界的追求,这种最高境界无关于世俗和物质,只在于心灵的

① 邵雍:《伊川击壤集》,北京:中华书局 2013 年版,"序"第 2 页。
② 程颢、程颐:《二程集》,北京:中华书局 1981 年版,第 16 页。
③ 杨伯峻:《论语译注》,北京:中华书局 2006 年版,第 65 页。
④ 程颢、程颐:《二程集》,北京:中华书局 1981 年版,第 59 页。
⑤ 同上书,第 577 页。
⑥ 同上书,第 476 页。

超越和自由,所以他称这样的境界如"鸢飞戾天,鱼跃于渊"般"活泼泼地"①。
理学家们普遍倡导着这种精神乐趣,金石学家吕大临记载了张载的"颜子之
乐",与周敦颐并无二致,其《横渠先生行状》云:"横渠至僻陋……人不堪其
忧,而先生处之益安。终日危坐一室,左右简编,俯而读,仰而思……学必如圣
人而后已,……先生气质刚毅,德盛貌严,然与人居,久而日亲。"②张载安贫乐
道,颇有颜子遗风。宋代谢良佐又有"胸中不着一事"的境界,与周子、程子一
脉相承。

从"寻孔颜乐处"到"吾与点也之意",到"俯读仰思学必如圣人",又到
"鸢飞鱼跃活泼泼底",再到"胸中不着一事",无不有颜子遗风和"曾点气
象",其特征都是安贫乐道,走向精神的自由与超然。

以《洛阳名园记》为代表的宋代文人士大夫的园林生活均有孔颜之乐的
风范,由文彦博、司马光等发起的真率会、耆英会即以此为主旨,《名园记》东
园园主文彦博作诗云:"近知雅会名真率,率意从心各任真。颜子箪瓢犹自
乐,庾郎鲑韭不为贫。……务简去华方尽适,古来彭泽是其人。"③司马光《耆
英会》曰:"随家所有自可乐,为具虽微谁笑贫。"洛阳耆英会、真率会、同甲会
都体现文人士大夫尚贤尚齿不尚官的君子品格,及追求孔颜之乐的精神。

二、转向感官之乐

在宋代的寻乐风俗下,所乐何事对于走卒布衣而言绝非圣人之乐。孔颜
乐处、曾点气象只是一种最高理想,对百姓生活而言,官能之欲带动下的乐感
才是普世的。

理学家们所倡导的孔颜之乐特别强调纯粹精神境界,安贫乐道。在理学
家的影响下,文人士大夫也纷纷走上寻乐之路。不过,在绝大多数士大夫这

---

① 程颢、程颐:《二程集》,北京:中华书局1981年版,第59页。
② 吕大临:《横渠先生行状》,载曾枣庄、刘琳主编:《全宋文》第一百一十册,上海:上海辞
书出版社2006年版,第184页。
③ 申利:《文彦博集校注》,北京:中华书局2016年版,第421—422页。

里，"所乐何事"发生了变化，并非纯粹重精神轻物质，而是建立在一定物质基础享受上的"乐"。宋代公卿大夫的乐兼备感官享受和心灵自由两重维度，也即白居易所说的"外适内和、体宁心恬"，通过与自然界的"外适"，形成心灵上的内和，借助感官之乐向精神之乐转化。其目的虽和理学家们最追求的精神自由一致，但途径迥然。宋代士大夫在追求精神境界的同时，也善于寻求感官之乐。司马光独乐园的生活是"樽酒乐余春，棋局消长夏"。因为，园林一方面能带来直接的感官之乐：繁花似锦、亭台楼榭、林木掩映、鱼嬉池底以悦目，泉水叮咚、莺啼燕语、禅鸣密林以悦耳；另一方面又是物质之美、感官享受活动的承载和转换场所。不过，最终园林中悦耳悦目的感官之乐所带来的快适最终通向"内和、心恬"，转化为心灵的自由。所以童寯才说"西方园林悦目，东方园林悦心"。①

宋代文人士大夫阶层的"外适内和、体宁心恬"，与颜子之乐和曾点气象既相联系又相区别，联系在于内心的自由与快适，而区别则在于是否需要借助声、色、味等感官享受辅助精神之乐的形成，换言之，是否剔除感官欲望的物质功利部分。然而，去欲最难，孟子有言"养心莫善于寡欲"，老子又曰："不见可欲，使民心不乱"。② 真正的颜子之乐在物质上是清贫的，饮食是"一箪食，一瓢饮"，居住"在陋巷"。宋代庞大的文士集团取其养心、追求精神自由的境界，但并不主张寡欲，宋代的园林生活通常歌舞升平茶酒相伴。司马光《和子华招潞公暑饮》诗曰："朱门近在府园东……醉里朱颜却变童。剪烛添香欢未极……"士大夫们所住为朱门府园，大量饮酒也是常态，这些都是明显的官能享受。苏轼《东坡志林》云："调气养生之事，余云：'皆不足道，难在去欲。'"③ 他遗留下来的百余篇包含鱼、肉、酒、菜的诗作中，也可以体现其物质享乐观。就连淡泊名利、终生不仕的邵雍反复倡导的"安乐逍遥"境界的追求，也并没有脱离感官享受，他将自己的宅园名之为"安乐窝"，如何安乐逍遥？正如《中

---

① 童寯：《东南园墅》，北京：中国建筑工业出版社1997年版，第44—46页。
② 陈鼓应：《老子注译及评介》，北京：中华书局2009年版，第67页。
③ 苏轼：《东坡志林》，上海：华东师范大学出版社1983年版，第20—21页。

秋吟》所云:"天晴仍客好,酒美更身安。四者若阙一,不能成此欢"①,《对花饮》又云:"对酒有花非负酒,对花无酒是亏花"②,《欢喜吟》中同样强调视觉、味觉等体验,曰:"吉士为我友,好景为我观。美酒为我饮,美食为我餐"③,在邵雍看来,美酒佳肴的感官冲击是安乐的前提。王水照认为宋代士人的审美追求不仅仅停留在精神领域和内心世界,"而同时进入世俗生活的体验和官能感受的追求,提高和丰富生活的质量和内容"④。总之,从文人到普通庶民,宋人的乐感生活,并没有像先秦孔颜那样摒弃物质享受;相反,他们积极地追求物质享受和感官之乐。否则,也不会大兴土木,园林遍布,也不会定期开园,以致全民游观嬉乐。

感官之乐需要建立在丰厚的物质基础之上,它在宋代的流行,正是因为宋代具备良好的经济基础,处于中国封建时代经济的最高峰。

三、雅俗之乐共存

以"燕息"(《名园记·富郑公园》)和"嬉游"(《名园记·张琬德和序》)为典型的园林生活分别是雅乐与俗乐的代表,雅俗活动既相区别也相联系,且均在园林空间中展开。宋人杨时(1053—1135)将此二者区分为"君子之乐"和"众人之乐",杨时作《乐全亭记》云:

> "君子以德为舆,以忠信为輗軏,以志为御,以古圣贤为前驱,以同方合志者为骖乘。乃相与驰骋乎仁义之途,翱翔乎诗书之府,涉猎乎百家之园囿,而后税驾乎至道之墟而止焉。此天下之至乐,而众人不与也。乘飞軨之车,御遗风之驷,郑女曼姬,扶舆挟辀,发轫乎康衢,梐轮于椒丘,啴脯列鼎,丝管间作,凡可以悦耳目而娱心意者,无不具焉。此众人之至乐,而

---

① 邵雍:《伊川击壤集》,北京:中华书局2013年版,第187页。
② 同上书,第95页。
③ 同上书,第152页。
④ 王水照:《宋代文学通论》,开封:河南大学出版社1997年版,第52页。

君子不为也。是二乐也,不相为谋,各适其适焉,而醇醨异味矣。"①

　　杨时从所乐何事的角度,将乐分为两类:君子之至乐、众人之至乐,分别对应文中的士化雅乐和大众化俗乐。君子乐在德,乐在圣贤,乐在心之驰骋翱翔于无比广阔的精神领域和自然山水之间。而众人则乐在觥筹交错、管弦丝竹、悦耳目而娱心意。

　　是否停留在声色欲的感官冲动层面,是否由物质感官之乐向精神之乐转换,是大众世俗化的园林之乐与士化高雅的园林之乐的区别所在。"三悦、九客"与"百戏、嬉游"两类活动尽管都在园林中展开,但前者会高度依赖于园林环境甚至非园林不可,其审美主体会借助相对冲淡的感官之乐(静谧优美的园林环境、茶、文酒等)作为中间过程,最终达到心灵的净化和精神的升华,走向游心物外的审美境界。这里,感官不是目的,是手段。审美主体在小桥流水、莺啼燕语、琴声悠扬、舞姿翩翩、茶酒醇厚的视、听、味等感官的"外适"体验下逐渐转向"内和",呈现"和乐"心境的审美状态。园林那如诗如画如乐的环境正好吻合了这一境界,因而在"感官快适"转向"精神和乐"的过程中有催化剂的效用。

　　宋代文人士大夫的园林生活如清茗美酒、琴棋书画、管弦歌舞,虽有声色自娱的感官及物质享受,但这些享受常与诗词咏赋、文韬才略相左右,甚至催生了时代的文化经典。苏轼《采桑子》的创作伴随着园林、美妓、佳醇三种事物,其过程是这样的,"润州甘露寺多景楼,天下之殊景。甲寅仲冬,苏子瞻轼、孙巨源洙、王正仲存同游多景楼,京师官妓皆在,而胡琴者,姿色尤妙。三公皆一时英彦,境之胜,客之秀,妓之妙,真为希遇。酒阑,巨源请于子瞻曰:'残霞晚照,非奇词不尽。'子瞻遂作《采桑子》。"②《采桑子·润州多景楼与孙

---

　　① 杨时:《乐全亭记》,载曾枣庄、刘琳主编:《全宋文》第一百二十五册,上海:上海辞书出版社 2006 年版,第 9 页。

　　② 王十朋:《王状元集百家注分类东坡先生诗》,北京:北京图书馆出版社 2005 年版,第 55—56 页。

巨源相遇》这样的著名文学作品产生的场景因素有三:景之秀,妓之妙,酒之醇,可谓三欲。这三者成为文化的直接催生器,合力共振中见出高雅。《禁林宴会集》也是在太宗于太宫设盛馔并令参与者各自赋诗这样的皇家园林宴饮背景下产生的。宋代园林、歌舞、诗酒、茗事的交映数不胜数,徽宗《文会图》也描述了园林的高雅生活场景。可以说,宋代高度发达的园林活动和文化艺术发于感官之乐和物质享受,但并不止于此处,而是前进到游心物外的精神层面。因此,园林的士化生活呈现出"但恐荒淫不及,而文雅过之"①的整体格调。园林成为诗情画意的环境空间,或者说,在宋代园林中,日常生活与琴、棋、书、画等清雅活动相融,营造出一片恬淡适心的乐境,体现出园林生活化、生活文雅化的乐居风貌。

世俗化的园林"百戏、嬉游"等众人之乐则不同,主体会强烈地沉醉在声色欲中,并停留在视、听、嗅、味等感官的快适过程,其精神很少会再向前推进一步,走向更深层次的人生体悟和宇宙感知,从前文众人游乐的"四时奢侈"、"尚奢靡"、"靓妆"、"笑踏俚歌"之语云云见出歌儿舞女的享乐之风。当喧闹的百戏和嬉游、歌舞活动结束后,感官的快适也很快随之消逝。

总之,从宋代园林中的雅俗生活看来,宋人已经具备高度的觉醒精神,敢于并且勇于追求自由的精神生活和感官的享乐生活,诚如席勒所言,有了这样的觉醒,"人就会兼有最丰满的生存和最高度的独立和自由,他就不但不致使自己迷失在世界里,而且把世界以及它的全部现象的无限性都纳入自身里,使世界服从他的理性的统一"。② 因此,宋代全民都积极主动地走入园林,在其中展开琴、棋、书、画的优雅活动以及嬉闹喧腾的世俗"百戏"、歌舞等娱乐活动,使得园林生活既"雅"且"俗"。亦雅亦俗,只是方式和格调的区别,最终的主题都是快乐地栖居于园林中。

雅俗之乐共存的园林生活,体现出怎样的情怀和气度?

---

① 欧阳修:《欧阳修全集》,北京:中华书局 2001 年版,第 2445 页。

② 北京大学哲学系美学教研室:《西方美学家论美和美感》,北京:商务印书馆 1980 年版,第 181 页。

试看苏轼《怀西湖寄晁美叔同年》一诗,云:"西湖天下景,游者无愚贤。"苏轼作为宋代庞大文人集团的典型,以"天下景"和"无愚贤"来描述"景"与"游人",见出这个时代的博大胸襟和君民无贵贱的平等思想。"天下景"和"无愚贤"无疑是对宋代贵族公卿园林对庶民开放的园林精神的最佳写照。这与时人邵雍"遍入何尝问主人"①的描述也完全一致。宋代的文化类型是"相对封闭、相对内倾、色调淡雅的"②,宋型文化虽有淡雅、内敛的一面,但从宋代人丰富的园林生活,尤其是百姓的园林嬉戏看来,却更有包容、豁达和开放的气度。

小　结

《洛阳名园记》作为宋代园林及社会生活的缩影,言简意赅中见出宋代形成了雅俗共赏、官民同乐的文化特色,并以"燕居"和"嬉游"为经典的园居生活审美模式。皇家园林、私家园林对走卒开放及各类公共园林的诞生使园林渗透到全民的日常生活,铺开了全民化的园林栖居的生活方式。宋人在园林中频繁开展各类活动,以至于形成浓厚的园林情结并视园林为家园。园居无疑是一种典范,使生活带有审美色彩。园居不仅是"身体"的居住,也是"精神"的居住,它显示出对人的终极关怀,是人们"诗意栖居"的追求和实践。

宋代所奠定的全民栖居于园林的诗意生活方式一直未磨灭。林语堂提及住宅应该"门内有径,径欲曲……亭后有竹,竹欲疏;竹尽有室,室欲幽;……草上有渠,渠欲细……屋角有圃,圃欲宽;圃中有鹤,鹤欲舞……客至有酒,酒欲不却;酒行有醉,醉欲不归",并将这样的居所冠名为"一所最合于中国理想的屋子"。③ 这个所谓的"屋子",有曲径、亭、室、泉、圃、鹤,其实质是园林,更有"酒醉"的诗意生活,这样的园居生活仍然显现宋代的影子,至今也是所有人的向往。

---

① 邵雍:《伊川击壤集》,北京:中华书局 2013 年版,第 96 页。

② 冯天瑜、何晓明等:《中华文化史》,上海:上海人民出版社 2005 年版,第 502 页。

③ 林语堂:《生活的艺术》,长沙:湖南文艺出版社 2017 年版,第 558 页。

第五章　结　论

《洛阳名园记》作者李格非其人一生"品在清流",治学独树一帜,特立独行。南宋张琰读其文而赞曰:"识明智审,则虑事精而信道笃。"

李格非的《洛阳名园记》不仅是一部园林史著作,同时也是一部重要的美学著作,蕴含着丰富的园林美学思想。

首先,在园林审美理想上,李格非提出了著名的"兼六"之说,为世人广泛认可,并影响至海外。"兼六"的价值意义其实并不局限于园林,它是以儒家为核心的中和美学的反映,"和"是中华美学的重要理想,"和",不是同一反复,不是无序堆积,它体现为诸多对立因素的和谐统一。"兼六"的实质是对立的统一,即"和"。这种"和"反映的是中华民族开放包容的气度。

在园林景观的构成上,主要有两种美:一种是人工美,另一种是天工美即自然美。李格非提出自然美"不待人力而巧",这实际上是视自然美为至美、最高美。明代李贽持相同观点,李贽说:"天之所生,地之所长,百卉具在,人见而爱之矣,至觅其工,了不可得。"[①]天工虽然不待人工,却能让人见而爱之,这就是"不待人力而巧"。自然有一种合人心的性质,然而,自然是无意的。李格非一方面强调天工之美是最高的美,是至美;另一方面又强调人工要与"造化争妙",将两者整合起来,构成一种完整的美学思想,这种美学思想是中华美学思想的精粹所在。它在园林上的体现,历代园林学家多有阐述。计成

---

① 　北京大学哲学系美学教研室:《中国美学史资料选编》,北京:中华书局1981年版,第127页。

的园林名著《园冶》在流传过程中,一度被改名为"夺天工"。李格非说园林中的人工景观要与"造化争妙",此一命题,与"夺天工"同义。"争"与"夺"不仅有比的意义,也有超越的意义。那么,人工能不能超过天工? 关于这一问题,也许,答案不是重要的。重要的是"争"与"夺"所体现出来的精神——人的主体性精神。这种精神是最为可贵的。我们通常认为人类的艺术创作要模仿自然,这不可否认。但是,不能停留和被限制在模仿上,人工最终要与大自然争妍竞巧,这种精神尤为重要,它有利艺术创作的突破和锐意进取。

园林"兼六"的审美理想最终在于创造景人相和、情景交融、物与神游的高度和谐的审美境界,我见青山多妩媚,料青山见我应如是。天人交感的和谐境界也是中国美学提倡的最高境界,园林、书法、诗词都以此为最高追求。

其次,重视园林景观要素的文化内涵,是李格非园林美学思想的一个重要方面。《洛阳名园记》中提及的北宋洛阳园林的植物、水体、建筑、题释等景观均含有强烈的文化色彩。文中突出对牡丹、梅、莲、竹的记载,这些植物在宋代均被赋予新的内涵,牡丹成为洛阳的名片,走向平民化而广受欢迎,梅之于隐逸、高洁,莲之于君子、香清,竹之于竹居文化均有较高的关联,丰富了园林的审美内涵。此外,题释景观在北宋园林有了新的发展。大量富有理学意趣的题释在园林中出现,体现出儒境、道境、骚境相融合的审美追求,题释作为"景心",大大提升和丰富了园林的审美境界,使得基于物质构建的园林文学化、心灵化。

再次,《洛阳名园记》的又一园林重要理论贡献在于其环境美学思想的显现。如何看园林,是有许多维度的。将园林看作环境,则是一个重要维度。作为环境的园林是人们理想的生活场所,人们在这里的生活具有浓郁的审美色彩。从这个意义来看《洛阳名园记》,我们发现它有着许多可贵的环境美学思想。

环境的意义是人的生活,从环境美学的维度看园林,关注点不在园林的景观而是园林中人的生活。从宋代人的园林生活场景上看,园林与家园在一定程度上等同起来,这表现在三个方面:其一,天伦之乐的家庭日常生活在园林进行;其二,某些公众园林生活(百戏、交易等)将园林视为背景;其三,人们园林游观通常沉醉不归。在这三种情况下,生活均与园林相互融合,园林的审美呈现对象性消融的局面,即,园林作为审美对象消融于日常生活本身,此时的园林成为一般意义上的家。我们今天普遍接受园林以生活、审美、居住为主要目的认知萌于魏晋、发于唐、成于宋。

《洛阳名园记》将园林的审美生活表述为"燕息"和"嬉游"两种经典模式,"燕"与"嬉"都具有强烈的美学色彩。

"燕居"的环境审美模式主要是指文人士大夫等群体的私人领域的园林审美生活。这种园居生活通常恬淡、安适,多见出闲情雅致,通常是园主个人及其友人的茗茶、文酒、诵吟、抚琴等三悦九客的高雅活动。不同以往,宋代文人地位显著提高,参与朝政"致君尧舜"的政治主体意识空前高涨,同时也重视修身养性、以道德自居的"内圣"追求。然而,仕途浮沉、命运多舛,在官场起伏以及"内圣"、"外王"的双重夹击下,他们大多选择退居园林。这样,园林中展开的三悦九客等泼墨拨阮的高雅活动,重在外适而内和,抒发情感,陶冶情操,悦心适意,这也正是《洛阳名园记》所说的"燕居"模式。

"嬉游"主要指公众(包含普通百姓)领域的园林游观生活。这类活动通常场面宏大喧闹,人群众多,形式多样,游园赏景或关扑、蹴鞠、秋千等百戏以及交易活动兼而有之。宋代不少公共园林的涌现,以及皇家、私家园林定期对百姓开放的管理模式增加了普通百姓走入园林的机会。这使得园林的服务对象扩大,从先秦帝王到魏晋达官显贵及其他少数群体,再到宋代,园林的生活与审美有惠泽全民的趋向。园林中也上演着大众的游观生活,这类生活通俗化世俗化,但却使得园林在社会生活中的渗透更为广泛、彻底和深刻。

最后,从李格非的写作目的来看,《洛阳名园记》不是一般的文学散文,而是一篇深思熟虑的警世之作。

《洛阳名园记》全文围绕园林展开,立意却又高于园林——从园林之废兴观国家之治乱。《书洛阳名园记后》云:"洛阳处天下之中,挟殽渑之阻,当秦陇之襟喉,而赵魏之走集,盖四方必争之地也。天下常无事则已,有事则洛阳先受兵。予故尝曰:'洛阳之盛衰者,天下治乱之候也。'方唐贞观开元之间,公卿贵戚,开馆列第于东都者,号千有余邸。及其乱离,继以五季之酷,其池塘竹树,兵车蹂践,废而为丘墟,高亭大榭,烟火焚燎,化而为灰烬,与唐共灭而俱亡者,无余处矣。予故尝曰:'园圃之废兴,洛阳盛衰之候也。'且天下之治乱,候于洛阳之盛衰,而知洛阳之盛衰,候于园圃之废兴而得。"此文一出,反响强烈。园林作为土木之事,最经不起兵马战火,每逢战争,必遭浩劫,与国家共存亡。昔日秦朝建阿房宫,宫阙楼殿万间,雄伟壮丽,见出"六王毕,四海一"的泱泱大国气势,最终也躲不过战火洗劫,杜牧作《阿房宫赋》道:"楚人一炬,可怜焦土。"后人哀之。

在古代,规模庞大的宫阙园林一方面具有极高的审美价值;因此,总能进入无数文人志士的审美视野,被载入史册。另一方面,园林又总在朝代更迭中灰飞烟灭,如梦幻般存在,叫人痛心疾首;因此,又总能激起文人志士对国家兴亡的感慨。如此一来,园林审美通常能上升到极高的层次和境界——家国情怀。这是园林美学中比较独特和重要的一面,家国视野下的园林审美使得园林更为深沉和厚重,因而也更深刻。

李格非以园林志兴衰的警示之言具有强烈的家国情怀。事实上,园林在美治方面具有积极意义。

园林可以寓太平。宋代皇家、私家园林的开放及各类公共园林的建设的增多都承载着政治意义——即君民同乐、官民同乐,体现出仁政和太平盛世。北宋洛阳有风俗之美,呈现一片其乐融融的景象,无论贫富尊卑、男女老少均在园林中游观宴集。园林中,大众百戏嬉闹及官民同乐均是国泰民安的有力见证。

官民同乐的园林生活中,功利与审美相结合,表现为美治。"乐者为同"、"同则相亲"。人们无论贵贱,在对乐的情感感知体验上是一致的,随着旋律共同欢乐抑或共同悲伤。以"乐"沟通并同和人的情感,以达全体和谐。园林本身作为美的物质存在,时时伴随大众,人们不仅可以在特殊场合与君、官共同审美、畅游其中,更可以在日常生活中随时地接受美感体验和美的熏陶,因此,园林美感体验具有"时时性"和"恒长性"。园林化的物质生活空间的构建,为百姓提供安居乐业和幸福生活的基础,从而营造和谐社会的氛围。无论过去还是现在,园林化的环境构建都具有这样的正面效应。

席勒认为只有建立审美的国度,才是最符合人性的,他说:"力量的国度只能通过自然去驯服自然的方式,使社会成为可能。伦理的国度只能通过使个人的意志服从公共意志的方式,使社会(在道德上)成为必要。只有审美的国度才能使社会成为现实,因为它通过个体的本性去实现整体的意志。"①力量的国度以法治国,伦理的国度以德治国,审美的国度以美治国。营造园林化的居住环境,既让百姓栖身,也让百姓栖心,"诗意地栖居"于园林,在园林中生活着也在园林中审美着。很难想象如此诗意化的一片社区、一座城市、一个国家会不和谐。因为爱美、求乐是人的天性,而园林所提供的美的、愉悦的生活环境,是通过培养个体和谐人格从而达到全体的和谐。正因此,《洛阳名园记》体现的园林以居住、生活、审美为主,以"燕居"和"嬉游"为园居经典模式的环境美学观念有重要的现实启示意义。

《洛阳名园记》一直被认为是重要的园林史料,同时也是一部园林美学著作;它既总结了宋代园林造园的高超技术和艺术成就,同时在理论上也有所突破,反映出关于园林审美理想、园林审美生活等美学方面的准则和实质。在宋代及宋以前园林史和园林理论著作比较缺失的情况下,《洛阳名园记》的出现具有非常重要的历史地位。中国的诗论、画论等著作出现较早且发展成熟、体系完善,关于园林历史和理论的著作相对较少,这时候,《洛阳名园记》作为园林游观和审美品评的园林专著出现,显得难能可贵。《洛阳名园记》在园林理论著作中有承上启下的作用,一方面它继承了《阿房宫》、《洛阳伽蓝记》等以园林志兴衰的思想传统,将园林审美上升家国情怀的高度,同时,也启发了后来园记类文献的诞生,对整个中国古代园林理论有不可轻视的贡献意义。同时,《洛阳名园记》全文以游园审美的视角品评园林,这与《园冶》以造园者的

---

① 席勒:《美育书简》,北京:中国文联出版公司1984年版,第145页。

视角审视园林正好互补,相互印证,观者的体验和反馈有助于造园实践的展开,这二者形成中国古代园林理论一"造"一"居",自我与他者双方互视的体系。从这个层面讲,《洛阳名园记》在一定程度上丰富了中国古代园林理论专著的体系。

附录一:《洛阳名园记》全文

《洛阳名园记》序①

山东李文叔,记洛阳名园凡十有九处,自富郑公而终于吕文穆。其声名气焰见于功德者,遗芳余烈,足以想象其贤。其次世位尊崇,与夫财力雄盛者,亦足以知其人经营生理之劳。又其次僧坊,以清净化度群品,而乃斥余事种植灌溉,夺造化之功,与王公大姓相轧。夫洛阳帝王东西宅,为天下之中。土圭日影,得阴阳之和。嵩少瀍涧,钟山水之秀。名公大人,为冠冕之望。天匠地孕,为花卉之奇。加以富贵利达,优游闲暇之士,配造物而相妩媚,争妍竞巧于鼎新革故之际,馆榭池台,风俗之习,岁时嬉游,声诗之播扬,图画之传写,古今华夏莫比。观文叔之记,可以致近世之盛,又可以信文叔之言为不苟。且夫识明智审,则虑事精而信道笃,随其所见浅深为近远小大之应,于熙宁变更,天下风靡,有所谓必不可者,大丞相司马公为首,后十五年无一不如公料者,至今明验大效,与始言若合符节。文叔方洛阳盛时,足迹目力心思之所及,亦远见高览,知今日之祸,曰洛阳可以为天下治乱之候。又曰公卿高进于朝,放乎一己之私意,忘天下之治忽。呜呼,可谓知言哉。文叔在元祐官太学。丁建中靖国再用邪朋,窜为党人。女适赵相挺之子,亦能诗,上赵相救其父云,何况人间父子情。识者哀之。今记称潞公年九十而杖屦东西,按太师丙午生,正绍圣乙亥

---

① 全文为文学古籍刊行社 1955 年出版的《洛阳名园记》。

岁，谴遂领表立党之二年，诬谤宣仁圣烈，废降昭慈献圣，群阴已壮，芽蘖弄权，宰相不必斥其名。后内相王明叟指言绍圣当国之人，如操舟者当左而右，当右而左，旁观者为了寒心。与文叔所言，放乎一己之私意，而忘天下之治忽，若相始终，愚故曰，其言真不苟且也。噫，繁华盛丽，过尽一时，至于荆棘铜驼，腥膻伊洛，虽宫室苑囿，涤池皆尽。然一废一兴，循天地无尽藏，安得光明盛大，复有如洛阳众贤佐中兴之业乎。季父浮休侍郎，咏长安废兴地，有诗云，忆昔开元全盛日，汉苑隋宫已黍离，覆辙由来皆在说，今人还起古人悲。感而思治世难遇，嘉贤者之用心，故重言以书其首。

绍兴八年三月望日，豳国张琰德和序。

洛阳名园记

富郑公园

洛阳园池，多因隋唐之旧，独富郑公园最为近辟，而景物最胜。游者自其第东出探春亭，登四景堂，则一园之景胜可顾览而得。南渡通津桥，上方流亭，望紫筠堂而还。右旋花木中有百余步，走荫樾亭，赏幽台，抵重波轩而止。直北走土筠洞，自此入大竹中。凡谓之洞者，皆斩竹丈许，引流穿之而径其上。横为洞一，曰土筠。纵为洞三，曰水筠，曰石筠，曰榭筠。历四洞之北有亭五，错列竹中，曰丛玉，曰披风，曰漪岚，曰夹竹，曰兼山。稍南有梅台，又南有天光台，台出竹木之杪。遵洞之南而东还有卧云堂。堂与四景堂并南北，左右二山，背压通流。凡坐此则一园之胜，可拥而有也。郑公自还政事归第，一切谢宾客，燕息此园几二十年。亭台花木，皆出其目营心匠，故透迤衡直，闿爽深密，皆曲有奥思。

董氏西园

董氏西园亭台花木，不为行列区处，周旋景物，岁增月葺所成。自南门入，有堂相望者三。稍西一堂，在大地间。逾小桥有高台一。又西一堂，竹还之，中有石芙蓉，水自其花间涌出。开轩窗四面甚敞，盛夏燠暑，不见畏日。清风忽来,留而不去。幽禽静鸣,各夸得意。此山林之景,而洛阳城中遂得之于此。小路抵池,池南有堂,面高亭。堂虽不宏大,而屈曲甚邃,游者至此,往往相失。岂前世所谓迷楼者类也。元祐中有留守喜宴集于此。

董氏东园

董氏以财雄洛阳。元丰中少县官钱粮,尽籍入田宅,城中二园,因芜坏不治。然其规模尚足称赏。东园北向。入门有栝,可十围。实小如松实,而甘香过之。有堂可居。董氏盛时,载歌舞游之,醉不可归,则宿此数十日。南有败屋遗址,独流杯寸碧二亭尚完。西有大池,中为堂,榜之曰含碧。水四面喷泻池中,而阴出之,故朝夕如飞瀑,而池不溢。洛人盛醉者,走登其堂辄醒,故俗目曰醒酒池。

环　溪

环溪,王开府宅园,甚洁。华亭者,南临池,池左右翼,而北过凉榭,复汇为大池,周围如环,故云然也。榭南有多景楼,以南望,则嵩高少室、龙门大谷,层峰翠巘,毕效奇于前。榭北有风月台,以北望,则隋唐宫阙楼殿,千门万户,岿嶪璀璨,延亘十余里。凡左太冲十余年极力而赋者,可瞥目而尽也。又西有锦厅,秀野台园中,树松桧花木千株,皆品别种列。除其中为岛坞,使可张幄。次各待其盛而赏之。凉榭锦厅,其下可坐数百人。宏大壮丽,洛中无逾者。

刘　氏　园

刘给事园凉堂,高卑制度,适惬可人意。有知木经者见之,且云,近世建造,率务峻立,故居者不便而易坏。唯此堂正与法合。西南有台一区尤工致,方十许丈地,而楼横堂列,廊庑回缭,阑楯周接,木映花承,无不妍稳。洛人目为刘氏小景。今析为二,不能与他园争矣。

丛　春　园

今门下侍郎安公买于尹氏。岑寂而乔木森然,桐梓桧柏,皆就行列。其大亭有丛春亭。高亭有先春亭。丛春亭出荼蘼架上。北可望洛水。盖洛水自西汹涌奔激而东。天津桥者,叠石为之,直力湍其怒,而纳之于洪下。洪下皆大石,底与水争,喷薄成霜雪,声闻数十里。予尝穷冬月夜,登是亭听洛水声,久之,觉清冽侵入肌骨,不可留,乃去。

天王院花园子

洛中花甚多种,而独名牡丹曰花王。凡园皆植牡丹,而独名此曰花园子,盖无他池亭,独有牡丹数十万本。凡城中赖花以生者,毕家于此。至花时,张幕幄,列市肆,管弦其中。城中士女,绝烟火游之。过花时,则复为丘墟,破垣遗灶相望矣。今牡丹岁益滋,而姚黄魏化,一枝千钱。姚黄无卖者。

归 仁 园

归仁,其坊名也。园尽此一坊。广轮皆里余。北有牡丹芍药千株。中有竹百亩。南有桃李弥望。唐丞相牛僧孺园七里桧,其故木也。今属中书李侍郎。方创亭其中。河南城方五十余里中,多大园池,而此为冠。

苗 帅 园

节度使苗侯既贵,欲极天下佳处卜居,得河南。河南园宅又号最佳处,得开宝宰相王溥园,遂构之。园既古,景物皆苍老。复得完力藻饰出之,于是有欲凭陵诸园之意矣。园故有七叶。二树对峙,高百尺,春夏望之如山然。今创堂其北。竹万余竿,皆大满二三围,疎筠琅玕如碧玉椽。今创亭其南。东有水自伊水派来,可浮十石舟。今创亭压其溪。有大松七,今引水绕之。有池宜莲荇。今创水轩,板出水上。对轩有桥亭,制度甚雄侈,然此犹未尽得王丞相故园。水东为直龙图阁赵氏所得。亦大创第宅园池其间。稍北曰郏鄏陌。陌列七丞相之第。文潞公、程丞相宅旁皆有池亭。而赵韩王园独可与诸园列。

赵韩王园

赵韩王宅园,国初诏将作营治,故其经画制作,殆侔禁省。韩王以太师归是第,百日而薨。子孙皆家京师,罕居之,故园池亦以扃钥为常。高亭大榭,花木之渊薮,岁时独斯养拥彗负畚锸者于其间而已。盖人之于宴闲,每自吝惜,宜甚于声名爵位。

李氏仁丰园

李卫公有平泉花木记,百余种耳。今洛阳良工巧匠,批红判白,接以它木,与造化争妙,故岁岁益奇且广。桃李梅杏莲菊各数十种。牡丹芍药至百余种。

而又远方奇卉如紫兰茉莉琼花山茶之侪,号为难植,独植之洛阳,辄与其上产无异。故洛中园圃花木有至千种者。甘露院东李氏园,人力甚治,而洛中花木无不有。中有四并,迎翠,濯缨,观德,超然五亭。

松　岛

松柏枞杉桧栝皆美木。洛阳独爱栝而敬松。松岛,数百年松也。其东南隅双松尤奇。在唐为袁象先园,本朝属李文定公丞相,今为吴氏园,传三世矣。颇茸亭榭池沼,植竹木。其旁南筑台,北构堂,东北曰道院,又东有池。池前后为亭临之。自东大渠引水注园中,清泉细流,涓涓无不通处。在他郡尚无有。而洛阳独以其松名。

东　园

文潞公东园,本药圃。地薄东城,水渺渺甚广,泛舟游者,如在江湖间也。渊映瀍水二堂,宛宛在水中。湘肤药圃二堂,间列水石,西去其第里余。今潞公官太师,年九十,尚时杖屦游之。

紫金台张氏园

自东园并城而北张氏园。亦绕水而富竹木。有亭四。河图志云,黄帝坐玄扈台。郭璞云,在洛汭。或曰,此其处也。

水北胡氏园

水北胡氏二园,相距十许步,在邙山之麓。瀍水经其旁。因岸穿二土室,深百余尺,坚完如埏埴,开轩窗其前,以临水上。水清浅则鸣漱,湍瀑则奔驶,皆可喜也。有亭榭花木,率在二室之东。凡登览徜徉俯瞰,而峭绝天授地设,不待人力而巧者,洛阳独有此园耳。但其亭台之名,皆不足载。载之且乱实。如其台四望尽百余里,而嵩伊缭洛乎其间,林木荟蔚,烟云掩映,高楼曲榭,时隐时见,使画工极思不可图,而名之曰玩月台。有庵在松桧藤葛之中,辟旁牖则台之所见亦毕陈于前,避松桧,骞藤葛,的然与人目相会,而名之曰学古庵。其实皆此类。

大字寺园

大字寺园,唐白乐天园也。乐天云,吾有第在履道坊,五亩之宅,十亩之园。有水一池,有竹千竿,是也。今张氏得其半,为会隐园,水竹尚甲洛阳。但以其图考之,则某堂有某水,某亭有某木。其水其木,至今犹存,而曰堂曰亭者,无复仿佛矣。岂因于天理者可久,而成于人力者不可恃耶。寺中乐天石刻,存者尚多。

独 乐 园

司马温公在洛阳自号迂叟。谓其园曰独乐园。园卑小不可与它园班。其曰读书堂者,数十椽屋。浇花亭者,益小。弄水种竹轩者,尤小。曰见山台者,高不过寻丈。曰钓鱼菴,曰采药圃者,又特结竹杪落蕃蔓草为之尔。温公自为之序诸亭台诗,颇行于世。所以为人欣慕者,不在于园耳。

湖 园

洛人云,园圃之胜,不能相兼者六。务宏大者少幽邃,人力胜者少苍古,多水泉者艰眺望。兼此六者,惟湖园而已。予尝游之,信然。在唐为裴晋公宅园。园中有湖。湖中有堂,曰百花洲。名盖旧,堂盖新也。湖北之大堂曰四并堂。名盖不足,胜盖有余也。其四达而当东西之蹊者,桂堂也。截然出于湖之右者,迎晖亭也。过横地,披林莽,循曲径而后得者,梅台,知止庵也。自竹径望之超然,登之修然者,环翠亭也。眇眇重邃,犹擅花卉之盛,而前据池亭之胜者,翠樾轩也。其大略如此。若夫百花酣而白昼眩。青苹动而林阴合。水静而跳鱼鸣。木落而群峰出。虽四时不同,而景物皆好,则又其不可殚记者也。

吕文穆园

伊洛二水,自东南分注河南城中。而伊水尤清澈,园亭喜得之。若又当其上流,则春秋无枯涸之病。吕文穆园,在伊水上流。木茂而竹盛。有亭三,一在池中,二在池外,桥跨池上,相属也。洛阳又有园池,中有一物特可称者,如大隐庄梅,杨侍郎园流杯,师子园师子是也。梅盖早梅。香甚烈而大。说者云,自大庾岭移其本至此。流杯水虽急,不旁触为异。师子非石也。入地数十尺。或以地考之,盖武后天枢销铄不尽者也。舍此又有嘉猷,会节,恭安,溪园等,皆隋唐官园。虽已犁为良田,树为桑麻矣,然宫殿池沼,与夫一时会集之盛,今遗俗故老,犹有识其所在,而道其废兴之端者。游之亦可以观万物之无常,览时之倏来而忽逝也。

论　曰

洛阳处天下之中,挟殽渑之阻,当秦陇之襟喉,而赵魏之走集,盖四方必争之地也。天下常无事则已,有事则洛阳先受兵。予故尝曰,洛阳之盛衰者,天下治乱之候也。方唐贞观开元之间,公卿贵戚,开馆列第于东都者,号千有余邸。及其乱离,继以五季之酷,其池塘竹树,兵车蹂践,废而为丘墟,高亭大榭,烟火焚燎,化而为灰烬,与唐共灭而俱亡者,无余处矣。予故尝曰,园圃之废兴,洛阳盛衰之候也。且天下之治乱,候于洛阳之盛衰,而知洛阳之盛衰,候于园圃之废兴而得,得则名园记之作,予岂徒然哉。呜呼,公卿大夫,方进于朝,放乎以一己之私自为,而忘天下之治忽,欲退享此乐得乎,唐之末路是矣。

洛阳名公卿园林,为天下第一,靖康后,祝融回禄,尽取以去矣。予得李格非文叔洛阳名阳记,读之至流涕。文叔出东坡之门。其文亦可观。如论天下之治乱,候于洛阳之盛衰,洛阳之盛衰,候于园圃之废兴。其知言哉。河南邵博记。

晋王右军闻成都有汉时讲堂,秦时城池门屋楼观,慨然远想,欲一游目。其与周益州帖,盖所致意焉。近时吕太史有宗少文卧游之语。凡昔人纪载人境之胜为一编,其奉祠亳社也,自以为谯沛真源,恍然在目,视兖之太极,嵩之崇福,华之云台,皆将卧游之。噫嘻,弧矢四方之志,高人达士之怀,古今一也。顾南北分裂,蜀在境内惟远,患不往尔,往则至矣。亳兖嵩华,视蜀犹尔封也,欲往其可得乎。然则太史之情,其可悲也已。予近得此记,手为一通,与东京记,长安河南志,梦华录,请书并藏而时自览焉,是亦卧游之意云尔。永嘉陈�瑷伯玉书。

附录二:《洛阳名园记》园林考

对《洛阳名园记》中园林的全面考证将构成全文重要的史料来源。要挖掘和论证《洛阳名园记》的园林美学思想,需先基于事实,结合文献和考古资料,厘清各园林的基本特征和风貌,为探讨《洛阳名园记》的理论思想做好铺承,提供客观的事实依据。

考证内容从《名园记》提供的线索入手,结合其他文献及相关考古发掘报告,尝试逐一考证书中提及的各个园林的历史沿革、园主、园址、规模、景物、布局等,并最终以附表展示考证所得的基本信息。

考证中的拙见或与诸君商榷,若有不当之处,恳请诸位专家学者批评指正。

1. 富郑公园

李格非对富郑公园的景物描述较为详细,不过,仍有一些问题有待考证。

园主生平

富郑公,即北宋名相富弼,一〇〇四——一〇八三年,字彦国,河南(今河南洛阳)人,官至枢密副使、同中书门下平章事。仁宗、英宗、神宗三朝为官,两度入相,宋神宗熙宁年间,以韩国公致仕。富弼主张温和执法,极力反对王安石新法,对青苗法曾言:"新法,臣所不晓",①以拒绝执行,致仕后退居洛阳富

---

① 《宋史》第三百一十三卷,北京:中华书局 1977 年版,第 10256 页。

郑公园。富弼为官一生,人物评价颇高,范仲淹认为是"王佐才也",①苏轼云: "韩、范、富、欧阳,此四人者,人杰也。"《宋史》卷三一三《富弼传》、韩维《富文 忠公墓志铭》(收录于《南阳集》卷二九)、范纯仁《富郑公行状》(收录于《范忠 宣集》卷一七)有载。

园址

【史料汇编】

● 公自汝州得请归洛养疾,筑大第,与康节天津隐居相迩;②(邵伯温《邵 氏闻见录》卷十八)

● 就天官寺西天津桥南五代节度使安审琦宅故基……请康节还居之。富 韩公命其客孟约买对宅一园,皆有水竹花木之胜;③(邵伯温《邵氏闻见录》卷 十八)

● 富公未第时……读书于水南天官寺三学院……公致政,筑大第于至德 坊,与天官寺相迩;④(邵伯温《邵氏闻见录》卷十九)

● 平嵩极目西南望,仁里高闳近鼎门。自注:富公宅直定鼎门;⑤(文彦博 《司空相公特贶雅章俯光陋迹依韵和呈以答厚意》)

● 铜驼坊西福善宅,修竹万个笼清绮;⑥(王拱辰《耆英会诗》)

● 构第铜驼坊,开门瀍水次;⑦(《次韵司徒富公耆年会诗》)

● 幽居近铜驼,荒弊仍湫底;⑧(富弼《伏承留府太尉相公就敝居为耆年之 会承命赋诗谨录上呈伏惟采览》诗)

● 又徙铜驼以接询善;⑨(《元河南志》卷一)

① 《宋史》第三百一十三卷,北京:中华书局1977年版,第10249页。
② 邵伯温:《邵氏闻见录》,上海:上海古籍出版社2012年版,第103页。
③ 同上书,第101页。
④ 同上书,第108页。
⑤ 申利:《文彦博集校注》,北京:中华书局2016年版,第321—322页。
⑥ 厉鹗:《宋诗纪事1》,上海:上海古籍出版社2013年版,第297页。
⑦ 苏颂:《苏魏公文集》,北京:中华书局1988年版,第45页。
⑧ 厉鹗:《宋诗纪事1》,上海:上海古籍出版社2013年版,第309页。
⑨ 洛阳市地方史志编纂委员会:《元河南志》,郑州:中州古籍出版社2011年版,第38页。

●富弼宅,在府城南一十里,宅西有园,弼自汝州得请归洛时所筑;①(明李贤《明一统志》卷二十九)

【集解】

关于富郑公园园址,争议颇多,上述史料大致分为"铜驼坊"、"至德坊"、"道德坊"三说,涉及的其他相关地址有邵雍宅、天宫寺、天津桥南、定鼎门、洛水、瀍水等。史料的可靠度依次为,富弼诗作,富弼同时代文彦博、王拱辰、苏颂诗作,富弼晚辈邵伯温文献。《元河南志》、《明一统志》均依前人材料所得。其中,富弼诗与王拱辰诗高度吻合,均围绕着英会这一事件展开,地点均为铜驼坊,且王拱辰《耆英会诗》诗中还提及"修竹万个"、"天光台高未百尺"(详见下文景物考)与李格非所言天光台"出竹木之杪"颇吻合,且耆英会始于富弼致仕归洛后,时间亦与李格非所载富公致仕燕息此园相符。苏颂所言也与上述二人相符,且更进一步指出铜驼坊临瀍水。因此,李格非笔下的富郑公园可能位于洛水北岸铜驼坊。宋时未见至德坊位于何处,疑至德坊已更名。

【考异】

因富郑公宅园史料较多,出现三坊说,致使当下研究也出现不同观点。汪菊渊②、王铎③二位先生认为富郑公园在道德坊,④贾珺教授认为在尚善坊,⑤张瑶认为在洛水南岸的铜驼坊。⑥

【按】

铜驼坊先在洛水北岸,临近瀍水,故,苏颂有"开门瀍水次"语,后迁移至洛水南,与询善坊相接。若富郑公园位于迁徙后的洛水南岸铜驼坊,则开门所临为洛水,距瀍水还有一定距离,不会有"开门瀍水次"之景。故,富郑公园可

---

① 李贤:《大明一统志》,明万寿堂刻本 1625 年版,第 21 页。
② 汪菊渊:《中国古代园林史》,北京:中国建筑工业出版 2012 年版,第 214 页。
③ 王铎:《中国古代苑园与文化》,武汉:湖北教育出版社 2003 年版,第 210 页。
④ 汪、王二先生认为在道德坊之因,盖因邵雍"仍分道德里"之句,参见贾珺《北宋洛阳私家园林考录》一文。
⑤ 贾珺:《北宋洛阳私家园林考录》,《中国建筑史论汇刊》2014 年第 2 期。
⑥ 张瑶:《〈洛阳名园记〉中的园林研究》,天津大学学位论文,2014 年,第 45 页。

能在未迁之前的洛水北岸铜驼坊,且临瀍水,或与诸君商榷。

文彦博诗所载"直定鼎门"与邵伯温文献中邵雍天津桥隐居两条史料所载相吻合。据料汇编第二条,再据《河南志》,安审琦在尚善坊①,知富弼宅园在尚善坊。当时造园成风,疑,富弼在洛阳有多处宅园,其一位于尚善坊,另一(即《名园记》中富郑公园)位于洛水北铜驼坊。

景物

【史料汇编】

● 天光台高未百尺,下眺林岭如屏帷。花王千品尽殊胜;②(王拱辰《耆英会诗》)

● 丞相家园雪里开,琼枝斗白远高台。原注:富郑公洛阳有梅台;(《次韵赵伯达梅花三绝句》)

● 退居西都十余年,深居罕出。……未薨前旬日,有星坠于所居还政堂之后;③(范纯仁《富郑公行状》)

● 大星殒于公所居还政堂下,空中如甲马声,登天光台……富公以司徒使相致仕,居洛……独居还政堂……子孙不冠带不见,平时谢客;④(邵伯温《邵氏闻见录》卷九)

● 凌霄花未有不依木而能生者,惟西京富郑公园中一株,挺然独立,高四丈,围三尺余,花大如杯,旁无所附;⑤(陆游《老学庵笔记》卷九)

● 天下凌霄藤必依大树,独西都富郑公园归政堂前一株不附他木而生,高三四丈岁着花数百。(施宿《(嘉泰)会稽志》卷十七)

【集解】

邵伯温及范纯仁所述与李格非所云"郑公自还政事归第,一切谢宾客,燕

---

① 徐松:《河南志》,北京:中华书局1994年版,第6页。

② 厉鹗:《宋诗纪事1》,上海:上海古籍出版社2013年版,第297页。

③ 范纯仁:《范忠宣公集》,载纪昀、永瑢:《景印文渊阁四库全书》第一千一百〇四册,台北:台湾"商务印书馆"1983年版,第728页。

④ 邵伯温:《邵氏闻见录》,上海:上海古籍出版社2012年版,第53页。

⑤ 陆游:《老学庵笔记》,上海:上海古籍出版社2012年版,第140页。

息此园"颇吻合,皆当为富弼致仕后的居所,即富郑公园。该园富有水竹之胜,植物除李格非所述大竹和梅花外,还有王拱辰诗提及的大量牡丹。不同文献反复提及"还政堂",可能是与富郑公园相毗连的宅第名。按施宿《(嘉泰)会稽志》,富郑公宅园中有凌霄花,位于还政堂前。

据李格非载,富郑公园建筑较《名园记》中其他园林多,建筑密度相对较大,洞景较多,且四景、卧云二堂并南北,构成南北方向上的景观轴线。该园植物以竹和牡丹为代表,二者数量均可观。

【按】

李格非云"自其第东出探春亭",即,园不在居第之中,李格非所写景物皆为园景,且注重对园中建筑物的记载,"还政堂"作为重要建筑却未见载,"还政堂"可能为与园相邻的宅第名。

【图解】

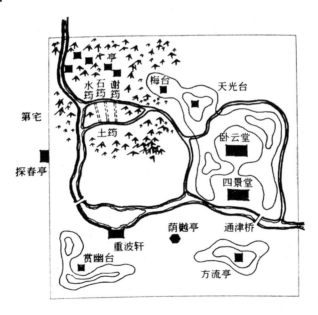

图6-1　富郑公园平面想象示意图

(来源:汪菊渊《中国古代园林史》)

　　学界对《洛阳名园记》中的园林复原研究已有不少成果,此处不逐一罗列,每个园林图解选择一至两处复原想象图。

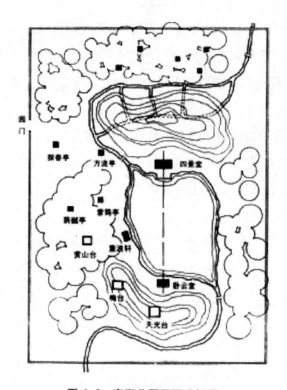

图6-2 富郑公园平面设想图

（来源：周维权《中国古典园林史》）；郭黛姮《中国古代建筑史》）

2. 董氏西园

园主

【考异】

关于董氏西园园主，陈植、张公弛、[1]王铎等先生认为"董氏"可能为董俨，[2]周维权、郭黛姮二先生亦认为是工部侍郎董俨。[3][4] 汪菊渊先生从董俨卒年（1008）与《洛阳名园记》所言元丰中（1078—1085）董氏财雄洛阳的时间

---

① 陈植、张公弛：《中国历代名园记选注》，合肥：安徽科学技术出版社1983年版，第40页。
② 汪菊渊：《中国古代园林史》，北京：中国建筑工业出版社2012年版，第212、216页。
③ 周维权：《中国古典园林史》，北京：清华大学出版社2008年版，第299页。
④ 郭黛姮：《中国建筑史：第三卷（宋、金、辽、西夏建筑）》，北京：中国建筑工业出版社2009年版，第570页。

差认为董氏无官位,以财雄著称。

园址

未详。

景物

【史料汇编】

● 中有石芙蓉,水自其花间涌出;(李格非《洛阳名园记》)

● 太湖山在浦城县西南一百里,一名圣湖山。湖在山顶,昔有采药者止此,见满湖皆芙蓉,涉水采之,乃石也。(李昉《太平御览》)

【集解】

此处芙蓉为石或叠或雕刻为芙蓉之样,其中有泉水喷出。张家骥先生认为是利用天然泉水涌出地面的自然条件,于喷水口设计的"石雕芙蓉小品",①并认为宋以后,写意式园林中已不兴。

【图解】

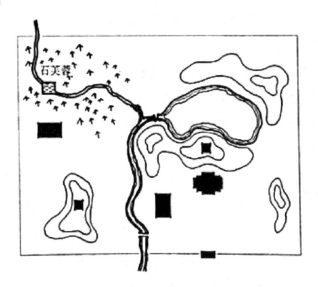

图 6-3　董氏西园平面图

(来源:汪菊渊《中国古代园林史》)

---

① 张家骥:《中国园林艺术小百科》,北京:中国建筑工业出版社 2009 年版,第 120 页。

3. 董氏东园

园主

同上,董氏。

园址

未详。

景物考

【史料汇编】

● 密叶萧森翠幕纤……花落石床春自如;①(司马光《又和董氏东园桧屏石床》)

● 西有大池,中为堂,榜之曰含碧。(李格非《名园记》)

【按】

园中有石床。

董氏在洛财力雄盛,其与洛阳当地公卿贵族常宴集游于董氏二园,与司马光等往来唱和,与《洛阳名园记》所载"载歌载舞游之"相符,反映北宋洛阳园林宴集之俗。

似西大池中有岛或直接以木桩支撑含碧堂。在宋代,于基础下打桩的建筑方法已较常见。此处含碧堂即可能依靠木桩支撑立于大池中,这样的造景方式从宋画中亦可见。(见图3-3、图3-4)

【图解】

4. 环溪

园主

王拱辰,一〇一二至一〇八五年,原名拱寿,字君贶,开封咸平(今河南通许)人,官至宣徽南院使,卒后追赠开府仪同三司。王拱辰于仁、英、神、哲四朝为官,为北宋名臣,数次出使契丹参与外交活动,其孙女为李格非之妻。

① 司马光:《司马光集》,成都:四川大学出版社2010年版,第404页。

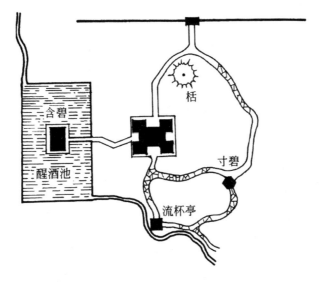

图 6-4　董氏东园平面图

(来源:汪菊渊《中国古代园林史》)

《宋史》卷三百一十八有《王拱辰传》。

园址

【史料汇编】

● 王拱辰即洛之道德坊营第甚侈;①(王得臣《麈史》)

● 伊予陋宇治穷僻,姑喜地广为环溪;②(王拱辰《耆英会诗》)

● 地胜风埃外……③(司马光《君贶环溪》)

【集解】

环溪园位于道德坊。且该园选址独特,自然风景优美,虽在城中,却似山林,所以有"地胜风埃外"之说。

景物

【史料汇编】

---

① 王得臣:《麈史》,上海:上海古籍出版社 2012 年版,第 56 页。

② 厉鹗:《宋诗纪事 1》,上海:上海古籍出版社 2013 年版,第 297 页。

③ 司马光:《司马光集》,成都:四川大学出版社 2010 年版,第 445 页。

● 熙宁间,王拱辰……中堂起屋三层,上曰"朝元阁";①(王得臣《尘史》卷下)

● 北京留守王宣徽,洛中园宅尤胜。中堂七间,上起高楼,更为华侈;②(庞元英《文昌集录》)

● 大第名园冠洛中;③(邵雍《府尹王宣徽席上作》)

● 楼名多景可旷望,台号风月延清晖。四时花蘤不外假,孥舟傲帻聊嬉怡;④(王拱辰《耆英会诗》)

● 甲第朱门久不开,春风潜入发江梅。今朝丞相双车辙,碾破林间水畔苔。小桃似喜相君来,争发新花继落梅。更仗环溪醒残酒,没篙春水绿于苔。自注曰:"太尉公引水绕园,可以泛舟,名曰环溪";⑤(司马光《和子华游君贶园》)

● 地胜风埃外,门深花竹间。波光冷於玉,溪势曲如环;⑥(司马光《君贶环溪》诗)

● 偶陪旌旆纵春游,好景偏销倦客愁。红杏都开如趁赏,夭桃欲坼尚含羞;

● 善政多闲若解牛,寻春选胜遍深幽。红芳翠竹围松岛,强醉清尊盖自由。⑦(范纯仁《和韩子华相公同游王君贶园二首》)

【集解】

环溪以建筑宏大奢华为第一特征,其溪水周流曲如环,园中有华亭、凉榭、多景楼、风月台、锦厅、秀野台、朝元阁等构筑物,有池、大池、曲溪绕园等水景,园中有松、桧、竹、梅、杏、桃、苔、篙等花木,植物种类繁多。由于四周环水,所

---

① 王得臣:《尘史》,上海:上海古籍出版社 2012 年版,第 56 页。
② 庞元英:《文昌杂录》,北京:中华书局 1985 年版,第 36 页。
③ 邵雍:《伊川击壤集》,北京:中华书局 2013 年版,第 238 页。
④ 厉鹗:《宋诗纪事 1》,上海:上海古籍出版社 2013 年版,第 297 页。
⑤ 司马光:《司马光集》,成都:四川大学出版社 2010 年版,第 467 页。
⑥ 同上书,第 445 页。
⑦ 范纯仁:《范忠宣公集》,载纪昀、永瑢:《景印文渊阁四库全书》第一千一百○四册,台北:台湾"商务印书馆"1983 年版,第 580 页。

以形成以岛为主体景观的园林空间,既有封闭又有开放的布局,幽幽深邃富于变化,构筑物有主有次,格调疏野有致。

环溪园是洛中名士公卿经常交游的场所,邵雍、范纯人、司马光等人都常徜徉于此。

【考异】

陈植、张公弛认为朝元阁不在园中,而在与园相接的宅中。①

【按】

朝元阁底层为七间厅堂,甚是奢侈,成为时洛中关注的焦点。当时司马光也居洛阳,在独乐园中凿地为"壤室",富弼问邵雍近日新事,"尧夫曰:'近有一巢居,一穴处者。'遂以二公对,富大笑。"②李格非言"凉榭、锦厅其下客座数百人。宏大壮丽,洛中无逾者",与朝元阁规模吻合,此锦厅可能为朝元阁底层的七间厅堂。

【图解】

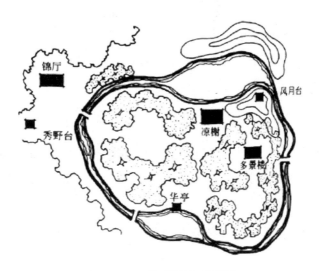

图 6-5　环溪平面想象示意图

(来源:汪菊渊《中国古代园林史》)

---

① 陈植、张公弛:《中国历代名园记选注》,合肥:安徽科学技术出版社 1983 年版,第 42 页。
② 王得臣:《尘史》,上海:上海古籍出版社 2012 年版,第 55 页。

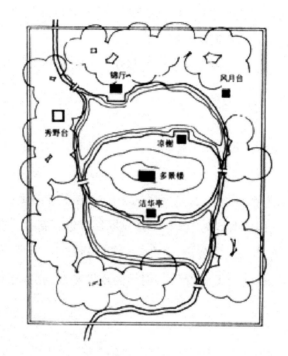

图 6-6　环溪平面设想图

（来源：周维权《中国古典园林史》）

5. 刘氏园

园主

刘氏，陈植、张公弛认为园主“疑为刘元瑜”①，王铎持相同观点②，周维权、郭黛姮亦认为是刘元瑜。③④

园址

未详。《河南志》“思顺坊”有刘元瑜宅记载⑤，但宋代达官显贵拥有多处

---

① 陈植、张公弛：《中国历代名园记选注》，合肥：安徽科学技术出版社 1983 年版，第 43 页。
② 汪菊渊：《中国古代园林史》，北京：中国建筑工业出版 2012 年版，第 216 页。
③ 周维权：《中国古典园林史》，北京：清华大学出版社 2008 年版，第 301 页。
④ 郭黛姮：《中国古代建筑史：第三卷（宋、辽、金、西夏建筑）》，北京：中国建筑工业出版社 2009 年版，第 571 页。
⑤ 徐松：《河南志》，北京：中华书局 1994 年版，第 12 页。

园林较为常见,故不能作为刘氏园园址的充分凭证。

景物

刘氏园以建筑高卑制度可人意为胜,园中花木妍稳,栏楯周接,规模则相对较小,在李格非作《洛阳名园记》之时,此园已一分为二。

【图解】

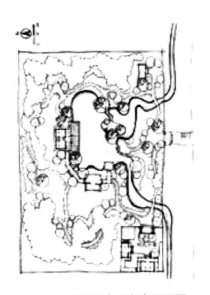

图 6-7 刘氏园复原想象平面图

(来源:张瑶《〈洛阳名园记〉中的园林研究》)

6. 丛春园

园主

该园先为尹氏之园,后为安公所有。

安公,即安焘,字厚卿,开封(今河南开封)人,嘉祐四年(1059 年)进士,《宋史》卷二百一十二《宰辅表三》:宋哲宗绍圣元年(1094 年)"闰四月甲申,安焘自观文殿学士、右正议大夫除门下侍郎"①;绍圣二年(1095 年)"十一月

① 《宋史》第二百一十二卷,北京:中华书局 1977 年版,第 5508 页。

乙未,安焘自右正议大夫、门下侍郎以观文殿学士知河南府"①,七十五岁卒于洛。《宋史》卷三百二十八有《安焘传》。

园址

【史料汇编】

● 北可望洛水;(李格非《名园记》)

● 天津桥者,叠石为之……洪下皆大石……声闻数十里;(李格非《名园记》)

● 天津桥在县北四里,隋炀帝大业元年初造此桥,以架洛水……贞观十四年更令石工累方石为脚;(李吉甫《元和郡县图志》卷五)

● 当皇城端门之南,渡天津桥,至定鼎门。② (《河南志》卷一)

【集解】

北望洛水且能闻水声知丛春园位于洛水南岸,临近洛水,且在天津桥附近。天津桥是洛阳城洛水上的一座著名桥梁,后几经毁坏及修建,在北宋仍然存在。天津桥直对定鼎门和定鼎街。据此,虽不能确定丛春园所在的里坊,但能大致推测与富郑公园、邵雍宅园相去不远,都在洛水南岸天津桥附近,丛春园可能在积善坊或尚善坊。

【考异】

王铎先生认为在尚善坊③,汪菊渊先生认为在宜人坊④,贾珺认为距离天津桥不远。⑤

景物

中国古典园林不尚规整,呈自然式,而丛春园中乔木"皆就行列",属于植

---

① 《宋史》第二百一十二卷,北京:中华书局1977年版,第5508页。
② 徐松:《河南志》,北京:中华书局1994年版,第4页。
③ 王铎:《中国古代苑园与文化》,武汉:湖北教育出版社2003年版,第210页。
④ 汪菊渊:《中国古代园林史》,北京:中国建筑工业出版2012年版,第217页。
⑤ 贾珺:《北宋洛阳私家园林考录》,《中国建筑史论汇刊》2014年第2期。

物列植式。汪菊渊先生据"今门下侍郎安公买于尹氏"推测概因此园先为苗圃，安燾买后经营成私园，保留此前苗圃中列植的林木。[1] 此说较为合理。

丛春园以高大乔木为特色，桐梓桧柏成行列，因邻近洛水，可闻洛水声。园内还有荼蘼花，园中有丛春亭，先春亭和荼蘼架等人工构筑物，李格非所记较为简洁。

7. 天王院花园子

园主

按，天王院花园子为北宋洛阳一处公共园林兼大型花市。

园址

【史料汇编】

● 一城奇品推安国，四面名园接月波；[2]（司马光《和君贶安国寺牡丹及诸园赏牡丹》）

● 诸院牡丹特盛；[3]（徐松《河南志》）

● 福严院，晋天福八年建，开运元年赐名，院多植牡丹；[4]（《河南志》积善坊之北月坡）

● 花开时，士庶竞为游遨，往往于古寺废宅有池台处，为市井，张幄帘，笙歌之声相闻，最盛于月陂堤、张家园、棠棣坊、长寿寺东街与郭令宅，至花落乃罢。[5]（欧阳修《洛阳牡丹记》）

【考异】

王铎认为天王院花园子疑即指安国寺内天王院。安国寺位于宣风坊。[6]

---

① 汪菊渊：《中国古代园林史》，北京：中国建筑工业出版社2012年版，第217页。
② 司马光：《司马光集》，成都：四川大学出版社2010年版，第427页。
③ 徐松：《河南志》，北京：中华书局1994年版，第24页。
④ 同上书，第25页。
⑤ 欧阳修：《欧阳修全集》，北京：中华书局2001年版，第1101页。
⑥ 汪菊渊：《中国古代园林史》，北京：中国建筑工业出版社2012年版，第213页。

张瑶认为可能在积善坊北的月陂堤。①

【按】

天王院花园子应为某古寺废宅天王院旧址,具体地点未详。

景物

天王院花园子是牡丹花圃,此处"花"是牡丹的特指。欧阳修《洛阳牡丹记·花品序》曰:"洛阳亦有黄芍药、绯桃、瑞莲、千叶李、红郁李之类,皆不减他出者,而洛阳人不甚惜,谓之果子花,曰某花、某花。至牡丹,则不名,直曰花,其意谓天下真花独牡丹"②,洛阳人爱牡丹重视牡丹如此。园中"盖无他池亭,独有牡丹数十万本"。

据李格非记载,花时则城中士女绝烟火而游,并在其中列市肆,进行牡丹及其他交易买卖活动,管弦其中,景象热闹繁荣。不过该园季节性最强,牡丹花败,则废为丘墟。从此园史料看出北宋洛阳园林游观之俗,无分男女贵贱。

8. 归仁园

园主

唐代牛僧孺宅园,根李復《游归仁园记》知,北宋年间先为丁度园,后归民家,再为李清臣所营造。

牛僧孺,七八〇至八四八年,字思黯,安定鹑觚(甘肃灵台)人,贞元进士,唐穆宗、唐文宗时宰相,与李德裕不和,形成以二人为首的"牛李党争"。

丁度,九九〇至一〇五三年,字公雅,河南开封人。任观文殿学士、枢密副使、参知政事等职,是北宋名臣兼训诂学家,著有《龟鉴精义》三卷、《迩英圣览》十卷、《编年总录》八卷等,谥文简,《宋史》卷二百九十二、《东都事略》卷六十三有传。

---

① 张瑶:《〈洛阳名园记〉中的园林研究》,天津大学学位论文,2014 年,第 46 页。
② 欧阳修:《欧阳修全集》,北京:中华书局 2001 年版,第 1096 页。

李清臣,一〇三二至一一〇二年,字邦直,魏(今河南安阳)人,韩琦侄婿,官至中书侍郎、门下侍郎。《宋史》卷三二八有传。

园址

归仁坊。

景物

【史料汇编】

· 洛都筑第于归仁里。任淮南时,嘉木怪石,置之阶廷,馆宇清华,竹木幽邃。常与诗人白居易吟咏其间,无复进取之怀;①(《旧唐书》卷一七二《牛僧孺传》)

· 开成初……僧孺治第洛之归仁里,多致嘉木美石,与宾客相娱乐;②(《新唐书》卷一七四《牛僧孺传》)

· 平生见流水,见此转流连。况此朱门内,君家新引泉。伊流决一带,洛石砌千拳;与君三伏月,满耳作潺湲。深处碧粼粼,浅处清溅溅。碕岸束鸣咽,沙汀散沦涟。翻浪雪不尽,澄波空共鲜。……今朝小滩上,能不思悠然;③(白居易《题牛相公归仁里宅新成小滩》)

· 观文殿学士丁度园,本唐相牛僧孺归仁园。池石仅存,此才得其半;④(徐松《河南志》)

· 李邦直归仁园,乃僧孺故宅,埋石数冢,尚未发;⑤(邵博《邵氏闻见后录》)

· 园广二百亩,南引伊水,舟行竹间,又散入畦槛,会于方塘。……残花泫露,若怨而啼;新荷方出,若敛而羞。……久而穿深径,度短桥,登草堂,清池浮轩,竹木环舍,蓊郁幽邃,与外不相接,若别造一境,在远山深林之间。……予曰:"兹园本朝尝为参知政事丁度所有,后散归民家,今中书侍郎李邦直

① 《旧唐书》第一百七十二卷,北京:中华书局1975年版,第4472页。
② 《新唐书》第一百七十四卷,北京:中华书局1975年版,第5231页。
③ 白居易:《白居易集》,北京:中华书局1979年版,第813页。
④ 徐松:《河南志》,北京:中华书局1994年版,第22页。
⑤ 邵博:《邵氏闻见后录》,上海:上海古籍出版社2012年版,第251页。

近营之,方得其半……今观园圃犹如此之大,况于甚者乎。?"①(李復《游归仁园记》)

【集解】

唐时文人士大夫有石癖,牛僧孺曾得奇石,置于阶廷。唐时归仁园景物以水景和奇石著称,其大略如《牛僧孺传》和白居易诗所述。白居易"朱门"二字见出唐时牛僧孺宅园奢华。至宋李格非时未见奇石记载,宋代文献中归仁园建筑以朴素为主。

宋时的归仁园占地广袤,以水景和植物为主,大片牡丹芍药居北,竹近百亩位于中间,南则有桃李,有唐时桧木经历百余年,仍存,颇有苍古之意。自南引伊水,穿竹散于畦槛会于方塘,畦槛与方塘皆在园中或北位,丰富的水系中生有荷。园内构筑相对稀少,亭、短桥、草堂、轩、舍点缀其间。

从规模上看,园占一坊之地,李復云"广二百亩",是洛阳园池之冠,而李清臣所得同丁度,仅为唐时一半。

【按】

唐时该园中有奇石,朝代更替,几经易主,到宋李格非游园时奇石未见记载,或尚存,或自丁度之后埋没地下。

园中有分割成"畦"的块状地面,以及规整几何形的"方塘"。此处见北宋洛阳园林并非仅有自然式,也有规则几何形。

【图解】

9. 苗帅园

园主

宰相王溥宅园西部分为苗授购得,完力藻饰为苗帅园,东部分为直龙图阁赵氏所得,亦建宅园。

---

① 李復:《游归仁园记》,载曾枣庄、刘琳主编:《全宋文》第一百二十二册,上海:上海辞书出版社 2006 年版,第 95 页。

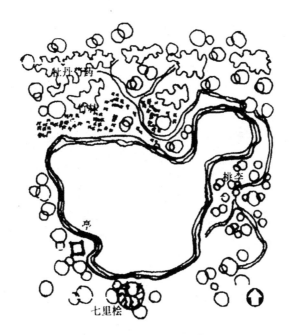

图 6-8　归仁园平面示意图

（来源:徐维波《唐宋私家园林环境模式变迁研究》）

　　王溥,九二二至九八二年,字齐物,并州祁(今山西祁县)人。五代、后周及北宋大臣,北宋初年,官至宰相,开宝二年,迁太子太师,同时为史学家,编撰《世宗实录》、《五代会要》、《唐会要》,太平兴国七年卒,谥文献。溥美风度,性宽厚,有田宅,家累万金。《宋史》卷二百四十九有传。

　　苗授,一〇二九至一〇九五年,字授之,潞州上党(今山西长治)人,元祐三年(1088 年),迁武泰军节度使、殿前副都指挥使,逾岁,以保康节度知潞州。卒年六十七,谥庄敏。《宋史》卷三五〇有传。

　　赵氏,疑为赵师民,仁宗朝除龙图阁直学士。《宋史》卷二九四有传。

　　园址

　　《河南志》会节坊载"太子太师王溥宅,溥居丧,留守向拱为营园宅,相传其地本唐徐坚宅……林木丰蔚,甲于洛城。以尝监修国史,洛人名'王史馆园'。"[1]

---

① 　徐松:《河南志》,北京:中华书局 1994 年版,第 20 页。

王溥宅园位于会节坊,林木甲于洛,因园主编撰多部史书,人称其园"王史馆园",故苗帅园位于会节坊。

景物

【史料汇编】

● 竹绕长松松绕亭,令人到此骨毛清。梅梢带雪微微拆,水脉连冰淅淅鸣;(邵雍《依韵和陈成伯著作史馆园会上作》)

● 鸣泉傍含水翻车,修竹连云曲迳斜。谢傅东山非独往,鄠侯避地此传家。丹椒红桂随时实,绿芰绯薇触处花。到客可能忘外事,断年相与玩芳华。①(刘攽《王史馆园》)

【集解】

李格非云园中水轩,板出水上,其形制大致如董氏东园"含碧堂"相似,如宋画《十咏图》等所示。

邵雍诗作说明园中有梅,并对园中竹、松排列方式有描写。

"水翻车"而非人翻,王史馆园中安装有筒车②,供日用取水及灌溉之事。

根据李格非、邵雍等人记载,苗帅园内大竹万余竿、七叶树、古松、梅、莲、荇、丹椒、红桂、芰、绯薇等植物。北有堂,南有亭,竹绕松,松绕亭。自东引伊水入园,亭压溪水。园内有池,边有水轩,桥亭,制度宏奢。

【图解】

10. 赵韩王园

园主

赵普,九二二至九九二年,字则平,幽州蓟(今天津蓟县)人,太祖太宗两朝三度为相,誉为赵宋"智囊",为其统一战争和加强中央集权贡献。普淳化元年(990年)为西京留守、河南尹、兼中书令,淳化三年(992年)三月为太师,封魏国公,秋,薨,追封真定王,谥忠献,真宗咸平初,追封韩王。《宋史》卷二

---

① 刘攽:《彭城集》,北京:中华书局1985年版,第168页。
② 李根蟠:《水车起源和发展丛谈(下辑)》,《中国农史》2012年第1期。

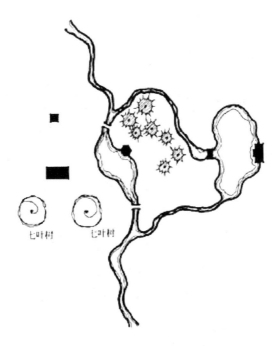

图 6-9 苗帅园平面想象示意图

(来源:汪菊渊《中国古代园林史》)

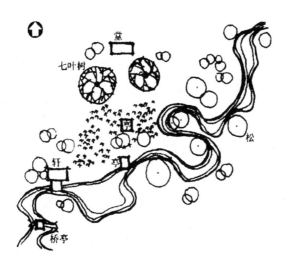

图 6-10 苗帅园平面示意图

(来源:徐维波《唐宋私家园林环境模式变迁研究》)

223

五六有传。

园址

【史料汇编】

● 太师赵普园,有水硙;①(徐松《河南志》"仁风坊条")

● 太师赵普宅。普为留守,官为葺之,凡数位,后有园池,甚宏壮甲于洛城,迄今完固不坏。②(徐松《河南志》"从善坊条")

【集解】

赵普有多处宅园,两京皆有,且在洛阳亦不止一处,按,《河南志》中赵普在从善坊宅园与《洛阳名园记》所述较为吻合,故,赵韩王园在从善坊。从下文知,赵韩王园又被称为"赵韩王园"或"赵中令园",而仁风坊宅园被提及较少。

景物

【史料汇编】

● 赵韩王宅园,国初诏将作营治,故其经画制作,殆侔禁省;(李格非《洛阳名园记》)

● 赵韩王两京起第,外门皆柴荆,不设正寝……三间小厅事堂中位七间,左右分子舍三间,南北各七位,与堂相差。每位东西庑凿二井,后园亭榭制作雄丽,见之使人竦然。厅事有椅子十只,样制古朴,保坐分列,自韩王安排至今不易。太祖幸洛,初见柴荆,既而观堂筵以及后圃,哂之曰:"此老子终是不纯。"堂中犹有当时酒,如胶漆,以水参之,芳烈倍常,饮之皆醉;③(张舜民《画墁录》)

● 中令园陪丞相游,百分劝酒不须愁。春风陌上醒归去,只恐更为桃李羞;④(司马光《又和游赵中令园》)

---

① 徐松:《河南志》,北京:中华书局1994年版,第22页。
② 同上书,第21页。
③ 欧阳修等:《归田录(外五种)》,上海:上海古籍出版社2012年版,第72页。
④ 司马光:《司马光集》,成都:四川大学出版社2010年版,第467页。

● 簪裾丞相阁,林沼令君家。烟曲香寻篆,杯深酒过花。霏微烬沈水,馥郁渍楔椐。愧乏相如赋,陪游咤后车;(司马光《陪子华燕醮厅,酒半过赵令园》)

● 今岁台星聚洛中,甘棠前后雨阴浓。英辞唱和诗千首,高宴游陪禄万钟。木末霜繁花未落,云间字小雁相从。西湖在望亲朋远,节物那堪处处逢;(司马光《和留守相公九月八日与潞公宴赵令园,有怀去年与景仁秉国游赏》)

● 冠盖连翩陌上来,风光烂漫拥楼台。玉卮贮酒随宜饮,绮蕰寻花触处开。小雨前宵先泼火,季春明日又吹灰。须知胜集人间少,惆怅金羁容易回;(司马光《次韵和韩子华寒食休沐与诸公同云赵令园暮归马上偶成》)

● 丞相园池冠壁田,娉婷次第柝红莲。主人居守麟符重,谁见新妆照水妍;鲜葩嫩蕊吐香侬,千朵妖娆颤晚风。却想许园仙品盛,姝衣轻透玉肌红;① (范纯仁《和子华游韩王园怀故园池莲红薇二首》)

● 相君行乐处,繁盛故王家。声远歌喧阁,香浓酒泛花。瑰材扶广厦,美植列干椐。强饮频中圣,回头畏曲车。② (范纯仁《子华相公同游赵令公园》)

【集解】

《洛阳名园记》、《河南志》、《画墁录》三者皆提及赵韩王园建筑按照皇宫标准营建,雄奢华丽,李格非云"高亭大榭"、张舜民言"亭榭雄丽"。其中《画墁录》还对赵韩王园的院落布置记载周详。从总体布局上看,赵普宅园是前宅后园布局,住宅部分相对简朴,宅前外门设有柴荆。

该园在赵普之后呈现冷清的局面,李格非言"岁时独厮养拥篲负畚锸者于其间而已"。可以推测宋代的公卿贵戚私家园林大抵都请专业人员即"园子"维护。司马光独乐园相关史料记载,该园的日常维护也一般都依靠园子吕直。

由诗文可知,园中曾有红莲、红薇、楔椐、甘棠、蕰等植物,花木渊薮,亦有

---

① 范纯仁:《范忠宣公集》,载纪昀、永瑢:《景印文渊阁四库全书》第一千一百〇四册,台北:台湾"商务印书馆"1983年版,第582页。

② 同上书,第559页。

池沼期间。

司马光、文彦博、韩子华、范纯仁及诸公皆常游赵韩王园,宴会聚集、饮酒赋诗,时赵普早已逝世,且"子孙皆家京师"。

11. 李氏仁丰园

园主

李氏。

园址

李氏仁丰园位于仁风坊,《唐两京城坊考》:"次北仁风坊('风'或作'丰',非)。"①

景物

该园以花木为主,李格非载有桃、李、梅、杏、莲、菊、牡丹、芍药、紫兰、茉莉、琼花、山茶等,品种繁多,所谓"洛中花木无不有"。园中有五亭分布花木中。

12. 松岛

园主

松岛先为后梁大臣袁象先园,在宋为李迪园,后归吴氏。

袁象先,八六四至九二四年,宋州下邑(今河南下邑)人,后梁太祖之甥,后梁灭后归顺后唐,赐姓名李绍安、卒年六十,赠太师。《旧五代史》卷五十七、《新五代史》卷四十五有传。

李迪,九七一至一〇四七年,字复古,濮州(今山东鄄城)人,祖籍赵郡,宋真宗、仁宗朝两度出任宰相,年七十七薨,赠司空、侍中,谥文定。《宋史》卷三百一十有传。邵伯温《邵氏闻见录》卷七载文定公富贵不相忘,仍牢记仲涂的叮嘱,见出君子本性。

---

① 徐松:《唐两京城坊考》,北京:中华书局 1985 年版,第 166 页。

松岛后为吴氏园,吴氏,不详。

园址

松岛位于睦仁坊。《河南志》"睦仁坊"条下载:"太子太傅致仕李迪园,本袁象先园,园有松岛。"①

景物

【史料汇编】

· 洛下名园比比开,几何能得主人来? 争如塞上抽身早,长向花前尽兴回;②(韩琦《寄题致政李太傅园亭》)

· 洛阳佳园宅;③(司马光《送李公明序》)

· 汉家飞将种,气概耿清秋。解去金貂贵,来从洛社游。清商拥高宴,华馆带长流;④(司马光《题致仕李太傅园亭》)

· 《松岛》:孤屿何亭亭,苍松郁相对。池中蛟龙起,天际风雨会。《芰池》:向日铺青盖,浮波散绿盘。明珠洛浦佩,白玉水仙丹。《笛竹》:凤食实已美,龙吟声更奇。惜无蔡邕识,那得马融吹。《鹤》:王子吹笙去,仙禽下云端。夜栖松月静,朝舞桧风寒。《水轮》:崩腾喷雪浪,昼夜无停息。回旋天磨转,运动日卓侧。《竹径》:整整植翠旗,森森列羽卫。微风群玉动,赫日苍云翳。《莲池》:藻荇遍回塘,芙蕖出清水。红灯迭照映,翠盖相磨倚。《月桂》:天寒桂子堕,花发向庭中。月华十二满,常照此芳丛。《雁翅》:柏高枝含烟,雾密叶张羽。翼参差随风,势惨淡变色。《茅庵》:结茅深林下,开户流水边。晓听松风坐,夜枕云涛眠;⑤(范祖禹《游李少师园十题》)

· 其一:天气清和无喘牛,花林烂漫竹林幽。临风高咏足为乐,有勇方知笑仲由。其二:名园易主似行邮,美竹高松景自幽。谁信本来天地物,长为己

① 徐松:《河南志》,北京:中华书局1994年版,第21页。

② 李之亮、徐正英:《安阳集编年笺注》,成都:巴蜀书社2000年版,第630页。

③ 司马光:《司马光集》,成都:四川大学出版社2010年版,第1344页。

④ 同上书,第375页。

⑤ 范祖禹:《范太史集》,载纪昀、永瑢:《景印文渊阁四库全书》第一千一百册,台北:台湾"商务印书馆"1983年版,第93—94页。

有固无由;①(司马光《又和游吴氏园二首》)

● 细雨作寒晴便暖,好风吹袂意初佳。清池解洗春心热,红艳能添醉眼花。紫竹暗生眠岫笋,山丹强比洛人家。怜渠巧与闲官便,申退来游未觉赊。(苏辙《游吴氏园》)

【集解】

从韩琦、司马光、范祖禹、苏轼等人诗文看出,松岛景物优美,也是洛阳名士公卿宴集之所。司马光在《送李公明序》中特意提及其园林甚佳。按,李公明是李迪之子,李柬之,治平四年(1067 年)以太子少保致仕,迁少师,此处佳宅园大概指松岛。

据范祖禹《水轮》诗知园中有水车,昼夜无停,所以是依靠水的冲击力自动运转提水,故,此处水轮即水车中的筒车。同苗帅园(王史馆园)一样,用于取水和园林花木灌溉等事宜。

松岛园以其中主体景物松岛命名,范祖禹所述其中有竹、桧、芰、莲、藻、荇、月桂、柏等植物,有水轮、池、茅庵等构筑物。李格非亦对园景和格局有描写,东南隅双松尤奇、南筑台、北构堂、东北有道院、再东有池亭,园中水系涓涓无不通处。

【图解】

13. 东园

园主

文彦博,一〇〇六至一〇九七年,字宽夫,号伊叟,汾州介休(今山西介休)人,历仁、英、神、哲四朝,宋仁宗朝出任宰相,封潞国公,与司马光、富弼等一道反对王安石新法,列入元祐党籍,元丰六年(1083 年)十二月"甲寅,文彦博以太师致仕"②,居洛阳,绍圣四年(1097 年)五月薨,后追复太师,谥忠烈。

---

① 司马光:《司马光集》,成都:四川大学出版社 2010 年版,第 468 页。
② 《宋史》第十六卷,北京:中华书局 1977 年版,第 311 页。

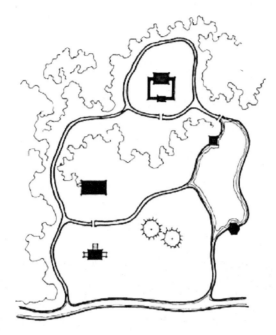

图 6-11 松岛平面示意图

(来源:汪菊渊《中国古代园林史》)

文彦博勤于政事、夙夜在公,守边有功,使敌不敢侵犯,人物评价极高,苏轼云"其综理庶务,虽精练少年有不如;其贯穿古今,虽专门名家有不逮。"①博师从宋初三先生之一孙复,著有《文潞公集》四十卷。《宋史》卷三百十三有传。

园址

【史料汇编】

● 嵩峰远送千重雪,伊浦低临一片天。百顷平皋连别馆,两行疏柳拂清泉;②(司马光《和君贶题潞公东庄》)

● 引得清伊一派通,三湾相接势无穷。便成渺渺江湖趣,更有萧萧芦苇风。西洛故年为胜地,东田今日属衰翁。药园事迹分明在,尽见云乡旧记中。自注云:"唐沈佺期云乡《药园记》,东田乃其旧地";③(文彦博《余于洛城建春

---

① 《宋史》第十六卷,北京:中华书局 1977 年版,第 10263 页。
② 司马光:《司马光集》,成都:四川大学出版社 2010 年版,第 422 页。
③ 申利:《文彦博集校注》,北京:中华书局 2016 年版,第 381 页。

门内循城得池数百亩,其池乃唐之药园。因学徐勉作东田,引水一支灌其中。岁月渐久,景物已老。乔木修竹森然四合,菱莲蒲苽,于沼于沚。结茅构宇,务实去华,野意山情,颇以自适,故作是诗》)

● 文潞公洛阳居第,袁象先旧基,屋虽不甚宏大,晚得其旁羡地数亩为园,号"东田";①(郑景望《蒙斋笔谈》)

● 今保平军节度使、同中书门下平章事文彦博家庙并宅……其制四室……其地本梁宋州宣武军节度使袁象先宅。②(徐松《河南志》"从善坊"条)

【集解】

文彦博东园,又作"东田"、"东庄"。按文彦博诗作,知在东城建春门内的三水相接处,据此并不能确认园在某坊。《蒙斋笔谈》载东田为唐袁象先旧基。袁象先在洛阳不止一处居第,可考者,一位于睦仁坊,即吴氏园松岛;另一位于从善坊。从善坊去怀仁坊不远,都在建春门内,水资源丰富。故,文彦博东园可能位于从善坊。

【考异】

关于东园的位置,学界观点不一。陈植、张公弛据史料司马光诗推测"似园在城外";③汪菊渊云据王铎考证在从善坊;④贾珺认为"位于洛阳建春门内怀仁坊";⑤张瑶认为在立德坊。⑥

【按】

若袁象先在洛阳故居不止上述两坊两处,则东园位置仍不能具体确认。综合以上史料,推测位于从善坊的可能性较大,结果或与诸位前辈学者商榷,请指正。

---

① 郑景望:《蒙斋笔谈》,北京:中华书局1991年版,第2页.
② 徐松:《河南志》,北京:中华书局1994年版,第21页。
③ 陈植、张公弛:《中国历代名园记选注》,合肥:安徽科学技术出版社1983年版,第49页。
④ 汪菊渊:《中国古代园林史》,北京:中国建筑工业出版社2012年版,第218页。
⑤ 贾珺:《北宋洛阳私家园林考录》,《中国建筑史论汇刊》2014年第2期。
⑥ 张瑶:《〈洛阳名园记〉中的园林研究》,天津大学学位论文,2014年,第47页。

景物

【史料汇编】

• 文物平津阁,风流太傅山。胜游松岛外,故迹药园间。霜蔀编为屋,寒荆刈作关。窗棂云漠漠,畦窦水潺潺。芦渚炊烟起,萍沤钓艇还。竹经朝雨翠,荷借夕阳殷。幽兴能招隐,高情自爱闲。从来行乐处,携手一开颜;①(文彦博《游东田八韵》)

• 东溪伊水东,溪水碧溶溶。两桨夷犹去,双凫上下逢。余波通洛浦,倒影浸嵩峰。荷动闻鱼跃,沙平见鹤踪。岛蒲森剑戟,岸柳亚虬龙。并载惟禅客,随观有牧童。风传棹讴远,露湿钓蓑浓。不是迷津处,何烦问老农;②(文彦博《东溪泛舟》)

• 尝同徐勉构东田,花竹成阴雨后天。为爱宪台宽白简。得随相府赏红莲。清樽屡酾吟情逸,红袖频翻舞态妍。归兴直须三鼓尽,月华况是十分圆;③(文彦博《留守相公宠示东田宴集诗依韵和呈韩康公》)

• 舞雩新雨浃公田,水满东溪上下天。行径乍迂初见笋,浮舟正好未生莲;④(司马光《伏蒙留守相公赐示陪太师潞公东田宴集诗,辄敢属和》)

• 湍流涛涛走平田,清旷园林未暑天。绕圃曲堤都种竹,泛舟双沼不栽莲。沙边白鹭翘来静,丛上幽花晚更妍。乘月陪欢忘夜久,莎间潜有露珠圆;⑤(范纯仁《和子华陪文潞公宴东田》)

• 一尊江上思鲈酒,两首伊滨《忆鳜诗》。今日东田遂前清,香粳绿蚁脍红丝;⑥(文彦博《余前此二纪保厘西郊,与判台李少师及洛社诸君游龙门,饮伊上。有渔者献鳜鱼十数尾,因作羹脍,坐客有思鲈之兴。余后守魏,累请休

① 申利:《文彦博集校注》,北京:中华书局2016年版,第382页。

② 同上书,第299页。

③ 同上书,第357页。

④ 司马光:《司马光集》,成都:四川大学出版社2010年版,第477页。

⑤ 范纯仁:《范忠宣公集》,载纪昀、永瑢:《景印文渊阁四库全书》第一千一百〇四册,台北:台湾"商务印书馆"1983年版,第581页。

⑥ 申利:《文彦博集校注》,北京:中华书局2016年版,第369页。

致,久而未遂,曾为〈忆鳜诗〉寄洛下诸贤。今年秋,累与诸君饮于东田池上苇间,脍鱼炊香稻以佐酒,浩然有江湖之趣。因作是诗,并录〈忆鳜诗〉如左》)

• 六相街中潞公第,碧瓦万木烟参差。左隅庙室本经礼,右阁宸翰尊星奎。婆娑青凤舞松柏,焕烂素锦薰酴醿。石渠飞溜漱寒玉,昼夜竽瑟鸣堨墀;①(王拱辰《耆英会诗》)

• 子真仙裔富高情,远寄仙禽至洛城。昔向华亭当警露,今来缑岭伴吹笙。稻粱犹忆嘉禾美,竹树应怜履道清。已遣吾家伊水墅,旋营莎荐似咸京。注曰:公仪在雍公署种莎,谓鹤荐,继有诗咏。②(文彦博《梅公仪见寄华亭鹤一只》)

【集解】

北宋文人士大夫亦常宴游东田,留下不少诗篇,记载了该园内的景物及布局。园中有屋以蔀编,较为古朴自然;有分割成片的畦田;水边有芦苇,水中有菱、莲、蒲、芰、萍等水生类植物;园内有竹。东园以水景宽阔浩渺为胜,文潞公常与友人泛舟其上有江湖之趣,自然野趣之景常引来白鹭。东园景色自然古朴,野趣横生。该园整体布局以大面积开阔水域为主体,水岸围曲堤,园中列渊映、灈水、湘肤、药圃四堂,湘肤、药圃中间置石,四面则以植物围绕,文彦博曰:"乔木修竹,森然四合"。

【按】

文彦博还在园中养华亭鹤。时文人士大夫爱在园中养禽,华亭鹤是非常受欢迎的品种之一。

【图解】

14. 紫金台张氏园

园主

张氏。

---

① 厉鹗:《宋诗纪事1》,上海:上海古籍出版社2013年版,第297页。
② 申利:《文彦博集校注》,北京:中华书局2016年版,第258页。

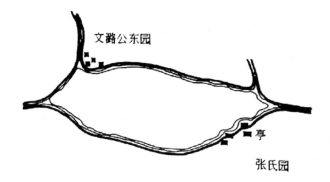

图 6-12　东园、张氏园平面想象示意图

(来源:汪菊渊《中国古代园林史》)

园址

李格非言此园"自东园并城而北",具体位置尚不明确,大概在东城东园之北。

【考异】

汪菊渊云"王铎认为,当在嘉猷坊"①,贾珺认为"大约在仁风、静仁、延庆三坊范围内"②,张瑶认为在立德坊,与东园相邻。③

景物

园中有曲水绕竹木,及四亭点缀其间。

【图解】

见图 6-12。

15. 水北胡氏园④

园主

胡氏。

---

① 汪菊渊:《中国古代园林史》,北京:中国建筑工业出版社 2012 年版,第 218 页。
② 贾珺:《北宋洛阳私家园林考录》,《中国建筑史论刊》2014 年第 2 期。
③ 张瑶:《〈洛阳名园记〉中的园林研究》,天津大学学位论文,2014 年,第 47 页。
④ 汪菊渊、张家骥等先生认为"水北胡氏园"是水北园和胡氏园两园,详见汪菊渊《中国古代林史》、张家骥《中国造园艺术史》。

园址

据《名园记》,在洛城外之北,邙山与瀍水相邻会之地。

景物

胡氏二园在邙山之南麓,有瀍水之北岸。按,邙山在洛阳之北,故此二园在洛阳城北的郊外。胡氏园景在显、隐中展现含蓄之美,临水有二土室及轩,二室以东有亭榭花木,登玩月台则见园中林木芸蔚,高楼曲榭、学古庵等掩映林中。

【图解】

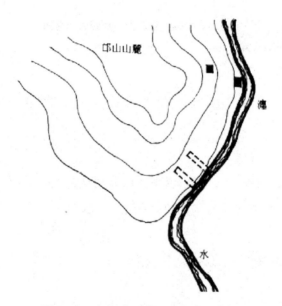

图 6-13 水北、胡氏园平面想象示意图

(来源:汪菊渊《中国古代园林史》)

16. 大字寺园(会隐园)

园主及历史沿革

大字寺园,因藏大字经而得名,先后为唐代散骑常侍杨凭、田氏、白居易宅园;后唐为普明寺院;至宋为大字寺,后其半为宋人张氏所得,为张氏会隐园。

白居易《泛春池》自注曰:"此池始杨常侍开凿,中间田家为主,予今有之。"①

---

① 白居易:《白居易集》,北京:中华书局 1979 年版,第 166 页。

白居易指出其履道里宅园先为杨常侍(即杨凭)和田家宅。

杨凭,字虚受,生卒年未详,虢州弘农(今河南灵宝)人,徐松《登科记》言其大历九年(774 年)进士及第。凭累迁起居舍人、太常少卿等,入为左散骑常侍,尤善文辞,重交游,尚气节。《旧唐书》卷一四六、《新旧唐》卷一百六十有传。

田氏,未详。

白居易,七七二至八四六年,字乐天,祖籍太原,生于新郑(今郑州新郑),官至翰林学士、左赞善大夫,唐三大诗人之一,"最长于诗……多至数千篇,唐以来所未有",①著作颇丰,有《白氏长庆集》流传。《旧唐书》卷一百六十六、《新唐书》卷一一九有传。

白氏于唐穆宗长庆四年(824 年)买此宅。白居易《洛下卜居》云:"遂就无尘坊,仍求有水宅。东南得幽境,树老寒泉碧。池畔多竹阴,门前少人迹。未请中庶禄,且脱双骖易。"自注:"买履道宅价不足,因以两马偿之。"②白居易又有《移家入新宅》、《履道新居二十韵》诸诗。

后唐及宋初,白居易履道里宅园成为普明禅院,宋陈振孙《白氏文公年谱》载该园"至后唐为普明禅院,有秦王从荣所施大字经藏及写公集寘藏中,洛人但曰大字寺"。《新唐书》白居易传云"东都所居履道里……后履道第卒为佛寺"。③ 在宋中后期,其半为张氏会隐园,李格非《洛阳名园记》云:"大字寺园,唐白乐天园也……今张氏得其半,为会隐园"。

张氏,张氏会隐园由张清臣所建,后人张师雄及诸子仍居之。

至元代,也里里白于白居易故居上建宅,《元史》载:"塔里赤,康里人。其父也里里白,太祖时以武功授账前总校,奉旨南征至洛阳,得唐白乐天故址,遂家焉。"④

1992 年考古队从履道里故居发掘出"景祐四年"、"任身真空"、"渡群生"

---

① 《新唐书》第一百一十九卷,北京:中华书局 1975 年版,第 4305 页。

② 白居易:《白居易集》,北京:中华书局 1979 年版,第 162 页。

③ 《新唐书》第一百一十九卷,北京:中华书局 1975 年版,第 4304 页。

④ 《元史》第一百三十五卷,北京:中华书局 1976 年版,第 3275 页。

等残碎石刻,同时出土的还有大量生活用具,其中瓷器就 600 件有余,是大字寺园众多僧侣生活的印证。①

园址

【史料汇编】

• 都城风土水木之胜,在东南偏。东南之胜,在履道里。里之胜,在西北隅。西闳北垣第一第,即白氏叟乐天退老之地;②(白居易《池上篇序》)

• 居易宅在履道西门,宅西墙下临伊水渠,渠又周其宅之北;③(徐松《唐两京城坊考》)

• 长夏门之东第四街……次北履道坊。④(徐松《唐两京城坊考》)

【集解】

史籍载大字寺园(即白居易洛阳故居)位于洛阳城东南方履道坊西。

【考古报告】

1992—1993 年,中科院考古所对唐东都洛阳进行了长达半年的考古发掘工作,最终确定了大字寺园即白居易洛阳履道坊故居的具体位置。洛阳唐东都履道坊白居易故居遗址西南部宋代文化层下的一个灰坑中出土了一块石碑,刻有"在当时白"四字,"可能与白居易有关"。此外,白居易故居遗址又出土了唐代经幢,上有"开国男白居易造此佛顶尊胜大悲"等内容。⑤

【按】

根据考古发掘,汇合之前的东边渠道和汇合后唐代淤积所到之处即为唐伊水渠渠道。考古发掘与古籍记载相吻合,这些材料表明,白居易履道故居在今洛阳市郊区安乐乡狮子桥村东北约 150 米处。⑥

---

① 王岩:《有关白居易故居的几个问题》,《考古》2004 年第 9 期。
② 白居易:《白居易集》,北京:中华书局 1979 年版,第 1450 页。
③ 徐松:《唐两京城坊考》,北京:中华书局 1985 年版,第 163 页。
④ 同上。
⑤ 赵孟林、冯承泽、王岩、李春林:《洛阳唐东都履道坊白居易故居发掘简报》,《考古》1994 年第 8 期。
⑥ 同上。

景物及格局

白居易时期:

【史料汇编】

• 地方十七亩,屋室三之一,水五之一,竹九之一,而岛树桥道间之。初,乐天既为主,喜且曰:虽有台,无粟不能守也,乃作池东粟廪。又曰:虽有子弟,无书不能训也,乃作池北书库。又曰:虽有宾朋,无琴酒不能娱也,乃作池西琴亭,加石樽焉。乐天罢杭州刺史,得天竺石一,华亭鹤二以归,始作西平桥,开环池路。罢苏州刺史时,得太湖石、白莲、折腰菱、青板舫以归,又作中高桥,通三岛径。……又命乐童登中岛亭……①(白居易《池上篇并序》)

• 十亩之宅,五亩之园。有水一池,有竹千竿;②(白居易《池上篇》)

• 履道里在都城偏东南。……宅在西北里隔西闲间北垣第一第也。坐向南方。于东五亩为宅,其宅西十二亩为园,方正共十七亩。园中花忻开最茂。有映日堂三间,有九老堂五间,有池水可泛舟。舟中有胡床,床前有广酒池。池中龟游鱼跃。池上有桥。……池东有粟廪,池北有书库,池西有琴亭,池南有天竺石两峰。岸有华亭鹤一只;(《履道里第宅记》)

• 白苹湘渚曲,绿筱剡溪口;各在天一涯,信美非吾有。何如此庭内,水竹交左右。霜竹百千竿,烟波六七亩……或绕蒲浦前,或泊桃岛后……③(白居易《泛春池》)

• 新结一茅茨,规模俭且卑。土阶全垒块,山木半留皮。阴合连藤架,丛香近菊篱。壁宜藜杖倚,门称荻帘垂……蝼蚁谋深穴,鹪鹩占小枝……④(白居易《自题小草亭》)

• 唯我载莲起小楼;⑤(白居易《宅西有流水,墙下构小楼,临玩之时,颇有幽趣。因命歌酒,聊以自娱。独醉独吟,偶题五绝》)

---

① 白居易:《白居易集》,北京:中华书局1979年版,第1450页。
② 同上书,第1451页。
③ 同上书,第166页。
④ 同上书,第737页。
⑤ 同上书,第759页。

● 夹岸罗密树,面滩开小亭;①(白居易《亭西墙下……颇有幽趣,以诗记之》)

● 朱槛低墙上,清流小阁前。雇人栽菡萏,买石造潺湲。影落江心月,声移谷口泉。闲看卷帘坐,醉听掩窗眠。路笑淘官水,家愁费料钱。是非君莫问,一对一條然;②(白居易《西街渠中种莲叠石,颇有幽致,偶题小楼》)

● ……天竺石两片,华庭鹤一只……岂独为身谋?安吾鹤与石。③(白居易《洛下卜居》)

【集解】

白居易履道宅园中种有松、菊、桃、莲、杨、柳、槐、梧,水中生有白苹、蒲等水生植物,又有鹤、鹧鸪、龟、鱼之属生活其间。白居易从江南把华亭鹤和石带回洛阳放入园中。"天竺石两片"是石头散置点景方式的写照。园中构筑物有茅茨、草亭、小楼、小阁、土阶、桥、堂、粟廪、书库、琴亭等。

史料1、2、3提及的宅园面积有出入,其中1、3完全吻合,但史料3不确定是否为白居易本人所作。仅凭史料记载,无法确定白居易宅园的准确面积,但知该园主要由屋室、水池、竹林三者组成,水与竹左右分布,水周环路,中有岛亭,以桥相连。白居易在宅西进行了丰富的造园活动,鉴于宅西近伊水渠,故借天然水资源造景,于西墙边建小楼及小亭,以登高观水景及园内景色,并在水中置石,以造声景。白居易宅园主要布局大致为北为宅,南为大面积水园,水中有岛、桥,周围环植大片竹林,池岸东、西、北分别有粟廪、琴亭、书库,又有广酒池(酒窖),周相环列。杨、柳、槐等亦植期间。园林中建筑用材节简,尽显朴素之风,荷、竹等主要植物则又见出清雅高洁的审美格调。

【按】

唐时洛阳园林中多次出现石的记载,不仅白居易园,牛僧孺宅园亦如此。

---

① 白居易:《白居易集》,北京:中华书局1979年版,第821页。
② 同上书,第711—712页。
③ 同上书,第162页。

但到宋代《洛阳名园记》则未见园中以石为特色的描述。

【考异】

关于白居易履道里故居的布局,学界最早普遍认为分宅、园两部分,王岩先生认为,园分西、南两部分,认为"西园"是其中部分,由小阁、小楼、水斋、低亭等组成,并从考古发掘的 3300㎡ 大片淤泥推测此部分大致为南园,以水池为主。① 建筑领域的王铎先生赞同"西园"的存在,并根据王岩先生的考古文献复原了白居易履道里故居图,②这样,白居易故居的大致面貌就被认定下来。不过值得注意的是,王先生推测白居易故居位置及南园的时候均有考古实物论证,即水渠和大片淤泥,而西园的推测则是根据文献而来。2016 年,鞠培泉、黄一如通过大量的文献详细论证了"西园"并非履道里宅园的一部分,而是白居易河南尹时期的府内造园活动,并对比王岩先生的考古图和王铎先生的复原想象图,发现后者为了容纳"西园"中丰富的景观,明显扩大了建筑西侧与伊水的距离,③并再次复原白居易故居图。

【图解】

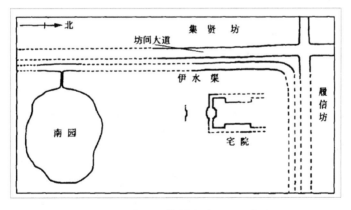

图 6-14　白居易故居遗址平面示意图

（来源:王岩《有关白居易故居的几个问题》）

---

①　王岩:《有关白居易故居的几个问题》,《考古》2004 年第 9 期。
②　王铎:《中国古代苑园与文化》,武汉:湖北教育出版社 2003 年版,第 213—215 页。
③　鞠培泉、黄一如:《白居易履道西园之辨析》,《中国园林》2016 年第 3 期。

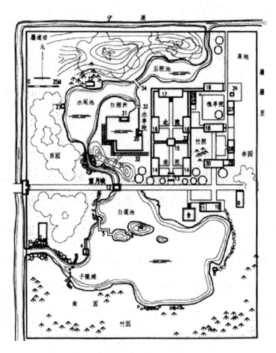

图 6-15　履道里宅园复原想象图

（来源：王铎《中国古代苑囿与文化》）

大字寺（北宋前期）：

【考古】

1992—1993 年洛阳考古队对白居易故居进行考古发掘，发现其宋代层的多样遗物，如，大量酒器、食器、砖石等，且有"度群身"等与佛教相关的碑刻，是白居易履道里故居在宋前期为寺院且有众多僧侣生活其中的见证。①

【史料汇编】

● 六月之庚……故与诸君子有普明后园之游。春笋解箨，夏潦涨渠，引流穿林，命席当水，红薇始开，影照波上……②（欧阳修《游大字院记》）

● 其水其木，至今犹存，而曰堂曰亭者，无复仿佛矣……寺中乐天石刻，存

———————————

① 赵孟林、冯承泽、王岩、李春林：《洛阳唐东都履道坊白居易故居发掘简报》，《考古》1994年第 8 期。

② 欧阳修：《欧阳修全集》，北京：中华书局 2001 年版，第 928 页。

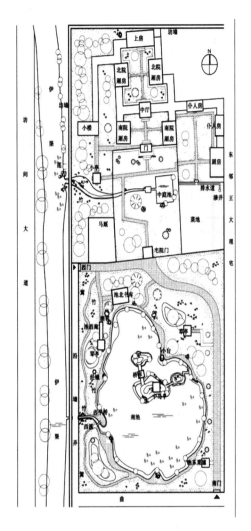

图 6-16 履道里宅园复原想象图

（来源：鞠培泉、黄一如《白居易履道西园之辨析》）

着尚多。（李格非《洛阳名园记》）

【集解】

天圣九年（1031 年），欧阳修讲述其游大字寺，对此时园中景物有初略写照，大致知大字寺为前寺后园结构布局，园中仍然有竹林，水池，并有红薇花。园中有水、竹、木和石刻为唐时景物。

【按】

石刻一直留存至今,并被洛阳考古队发掘。

张氏时期:

【史料汇编】

• 河南张子京结茅为庵于其所居会隐之园。元丰中,司马温文正公为隶书以名之,取《常棣》之诗"兄弟和乐"云。后十年,子京书与余曰:"庵得名于温公,近以雨坏,复新之,温公殁矣,是不可忘也,子其为我记之。"……乃得是庵焉。美木嘉卉,四时之变,无一不可喜者。宾至,则兄弟倒屣,怡怡然,信所谓和且乐也。温公与其兄伯康友爱尤笃,伯康年将八十,公奉之如严父,保之如婴儿。……康伯入洛,则二家兄弟日相从游。其名子京之庵,不惟以善张氏,亦公之志也。《诗》曰:"凡今之人,莫如兄弟。"外物之娱悦,其有可以易此者欤!……而大贤以为邻,有德义之益之可尚也已。是庵也,其与独乐之园,久而人益爱之,宜子京欲为之记,而余不得辞也。敝又新之,其勿替哉;①(范祖禹《和乐庵记》)

• 其五:"梅台赏罢意何如,归插梅花登小车。"其七:"春早梅花正烂开,生平不饮亦衔杯。城南尽日高台上,恰似江南去一回。"其八:"梅花四种或红黄,颜色不同香颇同。"其九:"五岭虽多何足观,三川纵少须重去。台边况有数千株,仍在名园最深处";②(邵雍《同诸友城南张园赏梅十首》)

• 台头日暖分三色,林下风清共一香;③(司马光《和史诚之谢送张明叔梅台三种梅花》)

• 梅簇荒台自可羞,相君爱赏忘宵游;④(司马光《又和上元日游南园赏梅花》)

---

① 范祖禹:《和乐庵记》,载曾枣庄、刘琳主编:《全宋文》第九十八册,上海:上海辞书出版社 2006 年版,第 286 页。
② 邵雍:《伊川击壤集》,北京:中华书局 2013 年版,第 195—196 页。
③ 司马光:《司马光集》,成都:四川大学出版社 2010 年版,第 424 页。
④ 同上书,第 467 页。

● 京洛春何早,凭高种岭梅。纷披百株密,烂漫一朝开;①(司马光《和珺觊宴张氏梅台》)

● 君家得莲种,远自浙江湄;②(司马光《明叔家瑞莲》)

● 露荷香入座,风竹净无尘;③(司马光《酬张二十五秀才南园遣意》)

● 流水家家入,修篁处处同。城南履道宅,白傅有遗风;④(范祖禹《和张二十五春日见寄五首》其五)

● 昨旦烦相报,凭君谢竹鸡。注云:明叔家旧养竹鸡,放之林中,今蕃息颇多,俗以为雨候;⑤(司马光《喜雨八韵呈明叔》)

● 君家潇洒住园林,更入青山径路深。唯有白云为得侣,只应流水是知音;⑥(范祖禹《和张二十五游白龙溪甘水谷郊居杂咏七首》)

● 池上鱼相乐,林间鸟不惊。雨余荷气湿,风动水纹生。俗客心犹爽,高人兴自清。何时作邻里,卜宅剪榛荆。⑦(范祖禹《三月十八日雨后访张二十五以诗见寄次其韵》)

【集解】

张子京在会隐园中建有一茅庵,司马光提名"和乐",表达兄弟友爱之意,典出《诗经·小雅·常棣》"常棣之华,鄂不韡韡。凡今之人,莫如兄弟。……兄弟既翕,和乐且湛"。后和乐庵因雨坏损重修,翻新后张子京请范祖禹作记。

会隐园中又有梅台,是园中一处重要的景观节点,其梅花成片丛林,品种多样、花色不同,暗香浮动,邵雍、司马光常于梅台赏梅并文酒以娱,与张氏往

---

① 司马光:《司马光集》,成都:四川大学出版社2010年版,第425页。
② 同上书,第127页。
③ 同上书,第411页。
④ 范祖禹:《范太史集》,载纪昀、永瑢:《景印文渊阁四库全书》第一千一百册,台北:台湾"商务印书馆"1983年版,第95页。
⑤ 司马光:《司马光集》,成都:四川大学出版社2010年版,第433页。
⑥ 范祖禹:《范太史集》,载纪昀、永瑢:《景印文渊阁四库全书》第一千一百册,台北:台湾"商务印书馆"1983年版,第94页。
⑦ 同上书,第95页。

来甚密。会隐园中又植有莲花,莲种来自江南,此外,园中还种有竹,竹林间养有竹鸡。

范祖禹笔下的张氏会隐园颇具文人雅趣,清雅秀丽,与园"会隐"主旨颇为接近。会隐园仅得白居易故居一半,大概园不过 10 亩地。

【按】

盖莲、水、竹等景物继与白居易时期水竹甲洛阳的场景相似,故范祖禹云"白傅有遗风"。

李时珍《本草纲目》:"竹鸡生江南川广,处处有之,多居竹林……其性好啼,见其俦必斗,捕者以媒诱其斗,因而网之。"可见,竹鸡生存与园中竹林间,且好啼斗,使此园更显生动活泼的生命气息,亦能为张氏父子及司马光、邵雍等人平添乐趣。

17. 独乐园

园主

司马光,一〇一九至一〇八六,字君实,号迂叟,陕州夏县(今山西夏县)人,北宋政治家、史学家、文学家,熙宁年间因反对王安石新法而离京,判西京御史台归洛,自此潜心著书立说,写成《资治通鉴》。元丰年间,光拜尚书左仆射兼门下侍郎,以身报国,夙夜在公,元祐元年(1086 年)九月薨,赠太师、温国公,谥文正。光著作甚多,除《资治通鉴》,还有《温国文正司马公文集》、《潜虚》、《涑水记闻》、《稽古录》等。《宋史》卷三一六有《司马光传》。

园址及历史沿革

【史料汇编】

● 熙宁四年,迂叟始家洛。六年,买田二十亩于尊贤坊北,辟以为园;①(司马光《独乐园记》)

● 元代戴表元《洛阳独乐书堂记》载卫君用曰:"抑独乐园,亦不得为司马

---

① 司马光:《司马光集》,成都:四川大学出版社 2010 年版,第 1377 页。

物。吾图之百端,幸而仅有之……欲以其地为祠塾,仍榜曰'独乐'以存先贤之化";①

● 翰林直学士友谅……又购司马氏独乐园故址,创五贤堂,以祀伊洛诸儒,以广教养之所;(程文海《洛西书院碑》)

● 公归于洛河之滨,买田数亩,偶得司马温公独乐园故址;(录丘浚《都察院右副都御史毕公亨神道碑》)

● 夏县西二十里坡底村有独乐园故址;(顾栋高《〈温国文正公年谱〉遗事》)

● 明毕中丞园,即独乐园故址,邑人毕亨筑;(嘉庆《洛阳县志》)

● 宋司马庄,县东南二十里,或云即独乐园故地;(嘉庆《洛阳县志》)

● 洛城南十里许有村名"独乐园"者,即是温公独乐园故址。《洛阳县志》载明时邑人毕亨曾于故址筑园,是称"毕中丞园";或曰今之司马庄,即温公独乐园故址。庄在城东南二十里,内有司马温公祠。(李健人《洛阳古今谈》)

【集解】

一,园址。司马光独乐园在尊贤坊北,其旧址在今河南洛阳市伊滨区诸葛镇司马村。

二,历史沿革。元初,洛阳人卫君用在独乐园故址建独乐书堂,元时另有他人于独乐园旧址建造五贤堂,至明,毕亨又于此地建园。

景物

【史料汇编】

● 青山在屋上,流水在屋下。中有五亩园,花竹秀而野。花香袭杖屦,竹色侵盏斝。樽酒乐余春,棋局消长夏;(苏轼《司马君实独乐园》)

● 熙宁四年,迁叟始家洛。六年,买田二十亩于尊贤坊北,辟以为园,其中为堂,聚书出五千卷,命之曰"读书堂";②(司马光《独乐园记》)

---

① 戴表元:《剡源集·附札记》,北京:中华书局1985年版,第8页。

② 司马光:《司马光集》,成都:四川大学出版社2010年版,第1377页。

● 吾爱董仲舒,穷经守幽独。所居虽有园,三年不游目。邪说远去耳,圣言饱充腹。发策登汉庭,百家始消伏;①(司马光《独乐园七题·读书堂》)

● 司马温公独乐园之读书堂,文史万余卷,而公晨夕所常阅者,虽累数十年,皆新若手未触者;②(费衮《梁溪漫志》)

● 堂南有屋一区,引水北流,贯宇下。中央为沼,方深各三尺,疏水为五,派注沼中若虎爪。自沼北伏流出北阶,悬注庭下,若象鼻。自是分为二渠,绕庭四隅,会于西北而出,命之曰"弄水轩";③(司马光《独乐园记》)

● 蔓喜龙头举,泉惊虎爪添;④(司马光《和安之喜雨》)

● 吾爱杜牧之,气调本高逸。结亭侵水际,挥弄消永日。洗砚可抄诗,泛觞宜促膝。莫取濯冠缨,红尘汙清质;⑤(司马光《独乐园七题·弄水轩》)

● 喜君午际来,凉雨正纷泊。呼奴扫南轩,壶席谨量度。轩前红微开,壶下鸣泉落。必争如五射,有礼异六博。求全怯垂成,倒置畏反跃。虽无百骁巧,且有一笑乐。交飞觥酒满,强进盘飧薄。苟非兴趣同,珍肴徒绮错?司马光自注云:"虎爪泉上覆之以版,每投壶,版上设榻绕之,榻去壶各二矢半";⑥(司马光《张明叔兄弟雨中见过弄水轩投壶赌酒,薄暮而散,诘朝以诗谢之》)

● 堂北为沼,中央有岛,岛上植竹,圆若玉玦,围三丈,揽结其杪,如渔人之庐,命之曰"钓鱼庵";⑦(司马光《独乐园记》)

● 吾爱严子陵,羊裘钓石濑。万乘虽故人,访求失所在。三旌岂非贵,不足易其介。奈何夸毗子,斗禄穷百态;⑧(司马光《独乐园七题·钓鱼庵》)

● 沼北横屋六楹,厚其墉茨,以御烈日,开户东出,南北列轩牖以延凉飔,

① 司马光:《司马光集》,成都:四川大学出版社 2010 年版,第 114 页。
② 费衮:《梁溪漫志》,上海:上海古籍出版社 1985 年版,第 29 页。
③ 司马光:《司马光集》,成都:四川大学出版社 2010 年版,第 1377 页。
④ 同上书,第 461 页。
⑤ 同上书,第 116 页。
⑥ 同上书,第 123 页。
⑦ 同上书,第 1377 页。
⑧ 同上书,第 115 页。

前后多植美竹,为清暑之所,命之曰"种竹斋";①(司马光《独乐园记》)

● 吾爱王子猷,借宅亦种竹。一日不可无,萧洒常在目。雪霜徒自白,柯叶不改绿。殊胜石季伦,珊瑚满金谷;②(司马光《独乐园七题·种竹斋》)

● 瑞竹生洛阳司马温公独乐园中。竹一本,去地二尺,分为二干,并生六节,节间容线复合为一;(元李衎《竹谱》)

● 沼东治地为百有二十畦,杂莳草药,辨其名物而揭之。畦北植竹,方若棋局,径一丈,屈其杪,交相掩以为屋。植竹于其前,夹道如步廊,皆以蔓药覆之,四周植木药为藩援,命之曰"采药圃";③(司马光《独乐园记》)

● 鄙性苦迂僻,有园名独乐。满城争种花,治地惟种药。栽培亲荷锸,购买屡倾橐。纵横百余区,所识恨不博。身病尚未攻,何论疗民瘼;④(司马光《酬赵少卿药园见赠》)

● 吾爱韩伯休,采药卖都市。有心安可欺,所以价不二。如何彼女子,已复知姓字。惊逃入穷山,深畏名为累;⑤(司马光《独乐园七题·采药圃》)

● 圃南为六栏,芍药、牡丹、杂花各居其二,每种止植两本,识其名状而已,不求多也。栏北为亭,命之曰"浇花亭";⑥(司马光《独乐园记》)

● 吾爱白乐天,退身家履道。酿酒酒初熟,浇花花正好。作诗邀宾朋,栏边长醉倒。至今传画图,风流称九老;⑦(司马光《独乐园七题·浇花亭》)

● 康节邵先生尧夫在洛中尝与司马温公论《易》数,推园中牡丹云:"某日某时当毁。"是日温公命数客以观。日向午,花方秾盛,客颇疑之。斯须,两马相踶,绝衔断辔,自外突入,驰骤栏上,花果毁焉;⑧(张邦基《墨庄漫录》)

① 司马光:《司马光集》,成都:四川大学出版社2010年版,第1377页。
② 同上书,第116页。
③ 同上书,第1377页。
④ 同上书,第132页。
⑤ 同上书,第115页。
⑥ 同上书,第1377页。
⑦ 同上书,第116页。
⑧ 张邦基:《墨庄漫录》,上海:上海古籍出版社2012年版,第80页。

• 洛城距山不远,而林薄茂密,常若不得见,乃于园中筑台,构屋其上,以望万安、轘辕,至于太室。命之曰"见山台";①(司马光《独乐园记》)

• 吾爱陶渊明,拂衣遂长往。手辞梁主命,牺牛惮金鞿。爱君心岂忘,居山神可养。轻举向千龄,高风犹尚想;②(司马光《独乐园七题·见山台》)

• 移床独上高台卧,飒飒凉风吹面过。林蝉忽噪惊薄梦,手执残书幅巾堕;③(司马光《南园杂诗六首·见山台昼卧偶成》)

• 洛阳民居见山,出见山钱;(谈钥《吴兴志》)

• 榴花映叶未全开,槐影沉沉雨势来。小院地偏人不到,满庭鸟迹印苍苔;④(司马光《夏日西斋书事》)

• 新构西斋中凿地为室,谓之凉洞;⑤(司马光《谢王道济惠古诗古石器》自注)

• 贫居苦湫隘,无术逃炎曦。穿地作幽室,颇与诸夏宜。宽者容一席,狭者分三支。芳草植中堂,嘉卉同四垂。讵堪接宾宴,适足供儿嬉;⑥(司马光《酬永乐刘秘校庚〈四洞〉诗》)

• 熙宁间,王拱辰即洛之道德坊营第甚侈,中堂起屋三层,上曰"朝元阁"。时司马光亦居洛,于私居穿地丈余作"壤室"。邵尧夫见富郑公,问新事,尧夫曰:"近有一巢居,一穴处者。"遂以二公对,富大笑;⑦(王得臣《麈史》卷下"谐谑")

• 司马公居洛,作地室,隧而入,以避暑热……北京留守王宣徽洛中园宅尤胜,中堂七间,上起高楼,更为华侈。司马公在陋巷所居,才能芘风雨,又作地室,常读书于其中。洛人戏云"王家钻天,司马家入地"。(庞元英《文昌杂录》)

---

① 司马光:《司马光集》,成都:四川大学出版社 2010 年版,第 1377 页。
② 同上书,第 115 页。
③ 同上书,第 126 页。
④ 同上书,第 145 页。
⑤ 同上书,第 107 页。
⑥ 同上书,第 113 页。
⑦ 王得臣:《尘史》,上海:上海古籍出版社 2012 年版,第 56 页。

● 独乐园子吕直者,性愚鲠,故公以直名之。有草屋两间,在园门侧。然独乐园在洛中诸园最为简素,人以公之故,春时必游。洛中例,看园子所得茶汤钱,闭园日与主人平分之;一日,园子吕直得钱十千,肩来纳,公问其故,以众例对,曰:"此自汝钱,可持去。"再三欲留,公怒,遂持去,回顾曰:"只端明不爱钱者!"后十许日,公见园中新创一井亭,问之,乃前日不受十千所创也。公颇多之;①(胡仔《苕溪渔隐丛话》)

● 平晓何人汲井华,辘轳声急散春鸦;②(司马光《其夕宿独乐园诘朝将归赋诗》)

● 西洛自天津桥东至下浮桥谓之"聚宝滩",多美石,间得玛瑙。司马温公独乐园在水南,其孙桢浚井,获块玉于其下,无瑕极美;(马纯《陶朱新录》)

● 余以熙宁中入洛,温公方买田于张氏之西北,以为独乐园。公宾客满门,其常往来从公游者,张氏兄弟四人,出处必偕。余每见公幅巾深衣坐林间,四张多在焉,或弈棋投壶,饮酒赋诗。公又凿园之东南塘为门,开径以待子京之昆弟③;(范祖禹《和乐庵记》)

● 贫家不办构坚木,缚竹立架擎酴醿;④(司马光《南园杂诗六首·修酴醿架》)

● 露浓秋过半,气爽雨收余。取酒邀嘉客,呼儿扫弊庐。生涯数亩地,官业一轩书。竹结垂纶屋,泉分入座渠。惬心皆乐事,容膝即安居。梁静栖无燕,波澄戏有鱼;⑤(司马光《奉和大夫同年张兄会南园诗》其一)

● 茂林穿缭绕,微径步虚徐。果落方知熟,莎长不忍除。过从当苦远,接待每惭疎。不厌茅茨陋,时迂长者车;⑥(司马光《奉和大夫同年张兄会南园诗》其二)

---

① 胡仔:《苕溪渔隐丛话》,北京:人民文学出版社 1993 年版,第 167 页。

② 司马光:《司马光集》,成都:四川大学出版社 2010 年版,第 457 页。

③ 范祖禹:《范太史集》,载纪昀、永瑢:《景印文渊阁四库全书》第一千一百册,台北:台湾"商务印书馆"1983 年版,第 395—396 页。

④ 司马光:《司马光集》,成都:四川大学出版社 2010 年版,第 126 页。

⑤ 同上书,第 452 页。

⑥ 同上。

● 洛阳秋雨阕,荒圃物华饶。白鹤寒尤盛,红薇晚未彫。乌惊朱实堕,云灭翠岑遥;①(司马光《南园雨霁,景物粗佳,有怀正叔安之》)

● 幽圃多清致,人贤乐有余。游心同艺苑,归舆若田庐。畦广容栽药,门扃为著书。筑台占岳岭,凿沼洒伊渠。庵仿卢仝屋,坊邻白傅居。拂床留倦客,种竹荫游鱼。弄水衣襟湿,遵流酒盏徐。园翁名草木,山鸟戏阶除。密席延商皓,高风迈汉疏。城西老诗伯,独免醉登车;②(范纯仁《同张伯常会君实南园》)

● 繁花锦斗鲜,好鸟歌无阕。逍遥涉其间,岂独娱岁月。修竹色常佳,清渠流不绝。客散掩幽扉,圆蟾正明洁。③（范纯仁《君实南园饮罢留宿二首》其二)

【集解】

苏轼的《司马君实独乐园》简要勾勒出独乐园的大致布局。司马光的《独乐园记》和《独乐园七题》则对园中景点描绘细致:园中有读书堂、浇花亭、弄水轩、种竹斋、见山台、钓鱼菴、采药圃,称独乐园七景,是园中重要的组成部分。司马光为各景作序。

读书堂位置居中。可以说,司马光在独乐园最常待的地方便是读书堂,朝夕皆在,深居简出。几千卷书籍、数十椽屋、十余载岁月,遂成《资治通鉴》。弄水轩位于读书堂南,水经其下,中央为沼,再分为五支,形若虎爪,司马光常与友人在此展开五射、六博等文雅活动。读书堂北有池沼,中央有岛,岛上以竹揽结其杪而为庐,即钓鱼庵,其形制简洁如此。沼之北为种竹斋,以竹示园主气节。采药圃位于沼之东。采药圃之南有六栏繁花,浇花亭位于六栏繁花之北。司马光常"作诗邀宾朋"于此。见山台则为登高望远而建。

《独乐园记》对园的空间布局勾勒非常清晰,明确了七景在园中的位置、样式,以及园中丰富水系的变化走向,为复原该园提供了充实的材料支撑。

上述独乐园七景之后,园内又增西斋和井亭两景。西斋为园中较为僻静

① 司马光:《司马光集》,成都:四川大学出版社 2010 年版,第448页。
② 范纯仁:《范忠宣公集》,载纪昀、永瑢:《景印文渊阁四库全书》第一千一百〇四册,台北:台湾"商务印书馆"1983年版,第559页。
③ 同上书,第550页。

的小院,斋中又凿有地下室,称之为"凉洞"。井亭为园子吕直收游园钱所修,园中似有井,疑井亭位于井旁,故得名。关于园子吕直不收游园赏花所得钱,为独乐园创新景的记载,较为常见的是前文摘录的井亭事件。

独乐园又称南园,其园尚简朴精小,李格非云"卑小不可与他园班"。司马光以竹替坚木,作为酴醾架,以节俭成本。范纯仁云"庵仿卢全屋",可见独乐园造园多以节俭朴素为尚。独乐园不仅是人居乐园,更是虫鱼鸟兽的天堂:白鹤徜徉林中;飞鸟高歌花间、阶除;游鱼嬉于清水。园中还有红薇。

独乐园常宾客满门,会隐园张氏兄弟常游独乐园,司马光为此在园东南设留一门,方便张氏兄弟出入。

【按】

宋代公卿贵族园林有对公众开放并收取一定费用的管理模式。另,园林也通常由园子吕直进行日常维护和管理。"园列敷荣好鸟如友"①,见出园林中人与自然和谐共存的美好生态家园画面,这在独乐园等《洛阳名园记》中诸园中随处可见。

独乐园精神

【史料汇编】

● 孟子曰:"独乐乐,不如与人乐乐;与少乐乐,不如与众乐乐。"此王公大人之乐,非贫贱者所及也。孔子曰:"饭疏食,饮水,曲肱而枕之,乐亦在其中矣。"颜子一箪食,一瓢饮,不改其乐。此圣贤之乐,非愚者所及也。若夫鹪鹩巢林,不过一枝,偃鼠饮河,不过满腹,各尽其分而安之,此乃迂叟之所乐也。熙宁四年,迂叟始家洛。六年,买田二十亩于尊贤坊北,辟以为园;②(司马光《独乐园记》)

● 先生于国子监之侧,得故营地,创独乐园,自伤不得与众同也。以当时君子自比伊周孔孟,公乃以种竹浇花等事自比晋唐间人,以救其弊也;③(胡仔《苕溪渔隐丛话后集》)

---

① 陈植:《园冶注释》,北京:中国建筑工业出版社 1988 年版,第 32 页。

② 司马光:《司马光集》,成都:四川大学出版社 2010 年版,第 1376—1377 页。

③ 胡仔:《苕溪渔隐丛话》,北京:人民文学出版社 1993 年版,第 167 页。

• 司马文正公以高才全德大得中外之望,士大夫识与不识,称之曰君实,下至闾阎匹夫匹妇,莫不能道司马。故公之退十有余年,而天下之人日冀其复用于朝。熙宁末,余夜宿青州北淄河马铺,晨起行,见村民百余人欢呼踊跃,自北而南。余惊问之,皆曰:"传司马为宰相矣。"余以为虽出于野人妄传,亦其情之所素欲也。故子瞻为公《独乐园》诗曰:"先生独何事,四海望陶冶。儿童诵君实,走卒知司马。"盖纪实也。①(王辟之《渑水燕谈录》)

【集解】

独乐园卑小不可与他园班,李格非在《名园记》中说:"所以为人欣慕者,不在于园耳。"独乐园之闻名,不在园而在司马光的精神品格和道德情操。独乐园因司马光而熠熠生辉,此人此园此精神不可分割。后人常借独乐园赞颂司马光,也因为司马光的生平功德气节而称赞独乐园。

【图解】

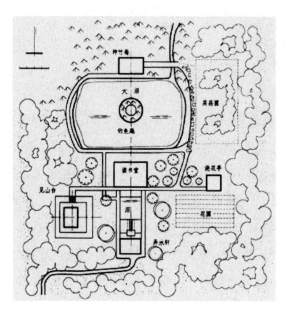

图6-17 司马光独乐园想象平面图

(来源:王铎《中国古代苑园与文化》)

---

① 王辟之:《渑水燕谈录》,上海:上海古籍出版社 2012 年版,第 19 页。

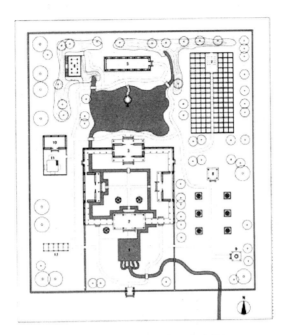

图6-18 独乐园平面复原想象图

(来源:贾珺《北宋洛阳司马光独乐园研究》)

18. 湖园

园主

湖园在唐为裴度宅园,北宋为民家所有。

裴度,七六五至八三九年,字中立,河东闻喜(今山西闻喜)人,唐宪宗、穆宗、敬宗、文宗四朝宰相,封晋国公,穆宗、文宗时期两度出任东都留守。开成四年(839年)薨,赠太傅、谥文忠。《新唐书》卷一百七十三、《旧唐书》卷一百七十有《裴度传》。

裴度在洛阳集贤里建有宅园,又于午桥庄筑有别墅,集贤里宅园即湖园前身。清代徐松辑《河南志》集贤坊:"中书令裴度宅,园池尚存,今号'湖园',属民家。"①

---

① 徐松:《河南志》,北京:中华书局1994年版,第16页。

园址

上文已知湖园(裴度宅)位集贤坊。据白居易诗,裴度集贤宅园与白居易履道里宅园相去百余步,白居易《和刘汝州酬侍中见寄长句,因书集贤坊胜事,戏而问之》自注:"履道、集贤两宅相去一百三十步。"①可知,湖园大概位于集贤坊东,今洛阳狮子桥村。

景物

唐裴度时期:

【史料汇编】

● 时阉竖擅威,天子拥虚器,搢绅道丧,度不复有经济意,乃治第东都集贤里,沼石林丛,岑繚幽胜;②(《新唐书·裴度传》)

● 东都立第于集贤里,筑山穿池,竹木丛萃,有风亭水榭,梯桥架阁,岛屿回环,极都城之胜概;③(《旧唐书·裴度传》)

● 裴侍中新修集贤宅成,池馆甚盛,数往游宴,醉归自戏耳;④(白居易《代林园戏赠》序)

● 集贤池馆从他盛,履道林亭勿自轻。往往归来嫌窄小,年年为主莫无情;⑤(白居易《重戏赠》)

● 小水低亭自可亲,大池高馆不关身。林园莫妒裴家好,憎故怜新岂是人?⑥(白居易《重戏答》)

● 三江路万里,五湖天一涯;何如集贤第,中有平津池。池胜主先觉,景新人未知。竹森翠琅玕,水深洞琉璃。水竹以为质,质立而文随。文之者何人?公来亲指麾。疏凿出人意,结构得地宜;灵襟一搜索,胜概无遁遗。因下张沼沚,依高筑阶基;嵩峰见数片,伊水分一枝。南溪修且直,长波碧逶迤。北馆壮

---

① 白居易:《白居易集》,北京:中华书局 1999 年版,第 729 页。
② 《新唐书》第一百七十三卷,北京:中华书局 1975 年版,第 5218 页。
③ 《旧唐书》第一百七十卷,北京:中华书局 1975 年版,第 4432 页。
④ 白居易:《白居易集》,北京:中华书局 1999 年版,第 721 页。
⑤ 同上书,第 722 页。
⑥ 同上。

复丽,倒影红参差。东岛号晨光,泉曜迎朝曦。西岭名夕阳,杳暧留落晖。前有水心亭,动荡架涟漪。后有开阖堂,寒温变天时。幽泉镜泓澄,怪石山敧危。春葩雪漠漠,(谓杏花岛)夏果珠离离。主人命方舟,宛在水中坻。亲宾次第至,酒乐前后施。解缆始登泛,山游仍水嬉。沿洄无滞碍,向背穷幽奇。瞥过远桥下,飘旋深涧陲。管弦去缥缈,罗绮来霏微……①(白居易《裴侍中晋公以集贤林亭即事诗二十六韵见赠,猥蒙征和。才拙词繁,辄广为五百言,以伸酬献》)

【集解】

裴度集贤里宅园采取"因下张沼沚,依高筑阶基"的因循自然的总法则造园。整体布局大致为:平津池居中,北馆、西岭、南溪分布池北、南与西面。水心亭,开阖堂,晨光岛均位于池中,分别在中,北,东方位。水周有花丛树林及怪石山。

【按】

宋代洛阳园林宴集之风承于唐,唐时裴度、牛僧孺、白居易等人相继开馆造园并唱和往来。

宋时期:

据李格非记载,湖园之独特在于兼备宏大与幽邃、人力胜与苍古、多水泉与眺望六大特征。洛中园圃虽胜,但能兼此六者仅有湖园。园中有湖,湖中有百花洲堂,湖北有大堂:四并堂,东西走向的道路上有桂堂,湖右有迎晖亭,经过大片丛林沿曲折道路而达梅台和知止菴,再沿竹径抵环翠亭,最后达翠樾轩。园中有竹、梅、桂等植物。

今日本三大名园中有"兼六园",其名即源于此。另,日本"六义园"也据湖园"兼六"而名。

【图解】

19. 吕文穆园

园主

吕蒙正,字圣功,北宋河南(今河南洛阳)人,三度入相,卒年六十八,赠中

---

① 白居易:《白居易集》,北京:中华书局 1999 年版,第 666—667 页。

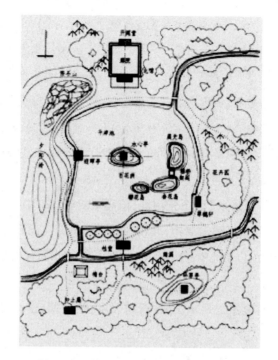

图 6-19　唐裴度洛阳集贤园想象平面图

（来源：王铎《中国古代苑园与文化》）

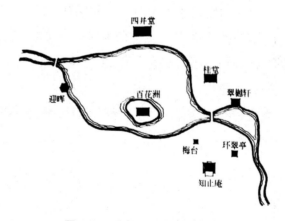

图 6-20　湖园平面想象示意图

（来源：汪菊渊《中国古代园林史》）

书令,谥文穆。吕蒙正以宰相度量著称,甚至宋太宗亦云:"蒙正气量,我不如。"①《宋史》二百六十五有传。

园址

【史料汇编】

• 太子太师致仕吕蒙正园;②(徐松《河南志》"集贤坊"条)

• 观文殿学士张观宅,本太子太师致仕吕蒙正宅,真宗两临幸之;③(徐松《河南志》"永泰坊"条)

• 吕文穆公既致政,居于洛,今南州坊张观文宅是也。④(邵伯温《邵氏闻见录》)

【集解】

吕文穆在洛阳既有园林,又有宅邸,分别位于集贤坊和永泰坊。又,李格非云"在伊水上流",伊水自南注入洛阳城,故,该园可能在集贤坊。

【考异】

王铎先生认为在永泰坊,⑤汪菊渊认为吕文穆园在章善坊⑥。

景物

【史料汇编】

• 公在龙门时,一日,行伊水上,见卖瓜者,意欲得之,无钱可买。其人偶遗一枚于地,公怅然取食之。后作相,买园洛城东南,下临伊水,起亭,以"噎瓜"为名,不忘贫贱之义也;⑦(邵伯温《邵氏闻见录》)

• 蒙正至洛,有园亭花木,日与亲旧宴会,子孙环列,迭奉寿觞,怡然自得。⑧(《宋史·吕文穆传》)

---

① 《宋史》第二百六十五卷,北京:中华书局1977年版,第9147页。
② 徐松:《河南志》,北京:中华书局1994年版,第16页。
③ 同上书,第17页。
④ 邵伯温:《邵氏闻见录》,上海:上海古籍出版社2012年版,第44页。
⑤ 王铎:《中国古代苑园与文化》,武汉:湖北教育出版社2003年版,第210页。
⑥ 汪菊渊:《中国古代园林史》,北京:中国建筑工业出版社2012年版,第219页。
⑦ 邵伯温:《邵氏闻见录》,上海:上海古籍出版社2012年版,第43页。
⑧ 《宋史》第二百六十五卷,北京:中华书局1977年版,第9148页。

【集解】

李格非记园中有三亭，其中一个在池中，二个在池边，并以桥连接三亭。三亭中最南边靠近伊水的一个名为“噎瓜”。吕蒙正辞官归洛后，常居吕文穆园，与子孙共享天伦，与友人宴会其中。

另，李格非亦提及大隐庄、杨侍郎园、师子园等北宋洛阳园林，所述未详，一并考之。

20. 大隐庄

园主

【史料汇编】

• 梅盖早梅。香甚烈而大。说者云，自大庾岭移其本至此；（李格非《名园记》）

• 寒梅犯雪荣，大隐久专名。自注曰：“洛中虽有梅，开花常晚，独大隐梅最先开，相传好事者自江南移来，今数十年矣。”①（司马光《又和开叔》）

【集解】

司马光与李格非所述基本吻合，可见大隐庄为“开叔”所有。司马光还有诗《和君贶任少师园赏梅》，任布子达，为司封郎中，而邵雍《谢开叔司封用无事无求得最多》诗有题解为开叔为任逵，官司封郎中。达字繁体与逵十分相似，可能其中一文有误。

【考异】

陈植、张公弛二先生认为此园是张氏会隐园兄弟之一张景昱之园②，贾珺教授认为是任逵园。③

园址

不详。

① 司马光：《司马光集》，成都：四川大学出版社2010年版，第423页。

② 陈植、张公弛：《中国历代名园记选注》，合肥：安徽科学技术出版社1983年版，第53页。

③ 贾珺：《北宋洛阳私家园林考录》，《中国建筑史论汇刊》2014年第2期。

景物

大隐庄以梅著称。

《宋史》载:"布归洛中,作五知堂,谓知恩、知道、知命、知足、知幸也。卒,赠太子太傅,谥恭惠。子达,性亦恬远,尚释氏学,历官为司封郎中。"① 若此园为任布之子达之园,则《宋史》所记载任达尚释氏学,与"大隐庄"主题相符。大概园中还有"知恩、知道、知命、知足、知幸"五堂。

21. 杨侍郎园

园主

杨畏,河南(今河南洛阳)人,宣仁后崩,畏迁礼部侍郎。《宋史》三五五有《杨畏传》。

园址

不详。

景物

杨侍郎园中流杯堪称一绝,虽水流急促,而酒杯不触壁,可见流杯设计之精巧。

22. 师子园

园主

未详。

园址

未详。

景物

【史料汇编】

● (武周天册万岁元年)四月戊寅,建大周万国颂德天枢;②(《新唐书·

---

① 《宋史》第二百八十八卷,北京:中华书局 1977 年版,第 9684 页。
② 《新唐书》第四卷,北京:中华书局 1975 年版,第 95 页。

则天本纪》卷四)

● 延载二年,武三思率蕃夷诸酋及耆老请作天枢,纪太后功德,以黜唐兴周,制可。使纳言姚璹护作。乃大裒铜铁合冶之,署曰"大周万国颂德天枢",置端门外。其制若柱,度高一百五尺,八面,面别五尺,冶铁象山为之趾,负以铜龙,石镵怪兽环之。柱颠为云盖,出大珠,高丈,围三之。作四蛟,度丈二尺,以承珠。其趾山周百七十尺,度二丈。无虑用铜铁二百万斤。① (《新唐书·后妃上》卷八十九)

【集解】

师子园中师子非石,为大周万国颂德天枢,八面棱柱,上铁象之趾、铜龙、石镵、怪兽等,甚是雄壮威严。李格非云"入地数十尺""盖武后天枢销铄不尽者"。

考证小结

经过考证,发现《洛阳名园记》中的园林基本情况如下:

(一)三种园主身份。《名园记》所记载北宋洛阳园林 22 处,其中 14 处曾为官宦所有,1 处寺观园林(大字寺园),1 处(天王院花园子)为花圃,无明确归属权,其余或为民家或为富贾所有。张《序》云园主世位尊崇、财力雄厚、以清净化度群品,即园主为三类人:官宦、富贾、僧侣。从园林归属权上看,私家园林 20 处,公共园林 2 处。

(二)"倒 L"型园址分布。22 处园林中确认园址 14 处,大部分园林均分布在洛水之南,部分园林在靠近洛水的数坊内,其余则在洛阳东南方向,靠近瀍水处,印证了白居易《池上篇序》所言"都城风土水木之胜在东南隅"之说,大体呈"倒 L"型分布。洛阳园林被称园池,多分布在水源充足处,多引水入园,花繁木茂,整体以水景和花木取胜,虽在北方,却兼有南方山清水秀的优势。

李格非的记载似按照当时游园的先后顺利而来,故,文中未考证出详细地

---

① 《新唐书》第四卷,北京:中华书局 1975 年版,第 3483 页。

址的园林大抵在前后记载的园林之间,即图中"倒 L"形间断处周边可能性较大。

(三)园林规模庞大。《名园记》中多大多数园林尚未有明确的规模说明,仅有独乐园 20 亩,张氏会隐园数亩,文彦博虽得数百亩地,但仅"辟数亩为园",可见部分园为数亩到数十亩,在当时的洛阳属于小园。归仁园占一坊之地,为洛阳园池之冠,又有李氏仁丰园二百亩,则可知较大园林是较小者的 10 余倍,所以独乐园为小园代表,"园小不可与它园班"。其整体规模尚足称赞。

考证中存在多处与前辈及其他学者相出入的地方,文中考证结果还有待后续继续挖掘,在此期待专家学者们的宝贵意见。

附表一：《洛阳名园记》园林考证一览表

序号	园名	园主	园址	规模	构筑物及其他（出处《洛阳名园记》，著不另标注）植物、动物/出处	植物、动物/出处	水系/出处
1	富郑公园	富弼	洛水北岸铜驼坊	—	探春亭、方流亭、荫樾亭、丛玉亭、披风亭、漪岚亭、夹竹亭、兼山亭；卧云堂、四井堂、紫筠堂、重波轩；土筠洞、水筠洞、石筠洞、樾筠洞；梅台、天光台、赏幽台、通津桥	竹、花木、梅；凌霄花《老学庵笔记》；牡丹/王拱辰《耆英会诗》	引流、背压通流
2	董氏西园	董氏	—	—	堂轩、高台、高台、小桥、石芙蓉	竹、花木、幽禽静鸣	池
3	董氏东园	同上	—	—	堂、含碧堂、败屋、流杯亭、寸碧亭西有大池、中为含堂（含堂）石床《又和董氏东园栝屏石床》	栝；松《又和董氏东园栝屏石床》	大池（醒酒池）；水四面喷泻池中、朝夕如飞瀑
4	环溪	王拱辰	道德坊	—	华亭、多景楼、风月台、秀野台、凉榭、锦厅（即朝元阁）朝元阁《生史》卷下《戏谑》松岛/《和韩子华相公同游王君贶园二首》	松、桧、花木、竹；桃、梅、莴、苔/《和子华游君贶园》红杏/《和韩子华相公同游王君贶园二首》	池、大池、引水绕园溪、势曲如环/《君贶园》环溪》

续表

序号	园名	园主	园址	规模	构筑物及其他/出处（出自《洛阳名园记》者不另标注）楼、堂、廊、栏楯	植物、动物/出处	水系/出处
5	刘氏园	刘给事，疑为刘元瑜	—	—	凉堂、台（方十许丈地）、楼、堂、廊、栏楯	花木无不妍态	—
6	丛春园	尹氏安慜	天津桥附近积善坊或尚善坊	—	丛春亭、先春亭、荼䕷架	乔木、桐、梓、桧、柏、荼䕷	北临洛水，可赏"涧湍奔激成霜雪"之水景
7	天王院花子园	—	—	—	盖无它池亭	独有牡丹数十万本	盖无它池亭
8	归仁园	（唐）牛僧孺（宋）丁度（宋）民家（宋）李清臣	归仁坊	二百亩《游归仁园记》	亭、睥睨、短桥、草堂、轩、舍《游归仁园记》唐时有奇石《旧唐书》	牡丹与芍药千株，竹百亩、桃、李、松、桧荷、松/《游归仁园记》仓庚白鸟/《游归仁园记》	南引伊水、清池 方塘/《游归仁园记》
9	苗帅园	（五代—北宋）王溥（宋）苗授、赵氏	会节坊	—	堂、亭、水轩、桥亭、水车	七叶、竹、大松、莲荇梅/《按韵和陈成伯著作史馆园会上作》丹椒红桂、绯薇支/《王史馆园》	东有水自伊水派来溪，引水绕松池
10	赵韩王园	赵普	从善坊	—	高亭、大树、建筑华丽奢侈禁省	花木之渊薮槐/《陪子华燕厅酒半过赵中令园》甘棠/《和留守相公九月八日与邻几原甫席去华与景仁席子华燕醮园亭与诸公宴全园游园》竹/《次韵赵公园全园游赏》嵩/《同谢公园幕归马》高/《和子华寒食园杜去华与景仁》红莲红薇/《和子华游韩王园故园池连红薇二首》	莲池/《和子华游韩王园池连红薇二首》

续表

序号	园名	园主	园址	规模	构筑物及其他/出处(出自《洛阳名园记》,著不另标注)植物,动物/出处	植物,动物/出处	水系/出处
11	李氏仁丰园	李氏	仁风坊	—	四并亭,迎翠亭,灌缨亭,观德亭,超然亭	桃,李,梅,杏,莲,菊,牡丹,芍药,紫兰,茉莉,凉花,山茶	—
12	松岛	(后梁,后唐)袁象先 (宋)李迪 (宋)吴氏	睦仁坊	—	松岛,台,堂,道院,亭,水车,竹,竹径,孝庵《游李少师园十题》	松,竹,灰,鹤,桧,莲,藁,月桂,柏《李少师园十咏》《莲池》	池,自东大渠引水注园,清泉细流清澈无不通处灰池,莲池《游李少师园十题》
13	东园	文彦博	从善坊	得数百亩地劈数亩为园	渊映堂,瀍水堂,湘肤堂,药圃堂,石竹径,竹径,睡田《游东田》,霜筠编为屋,曲堤《和子华陪文潞公宴东田》	竹,萍派,荷,芦苇《游东田》白鹭《和子华陪文潞公宴东田》华亭寺鹤《梅公仪见寄华亭寺鹤一只》菱,莲,蒲,芰《余于洛城建春门内得池数作是诗》柳,鹤《东溪泛舟》松,柏,藤醮王拱辰《耆英会诗》	水潨泱甚广双沼《和子华陪文潞公宴东田》洼《余于洛城建春门内得池数诗》……故作是诗岛《东溪泛舟》石渠王拱辰《耆英会诗》
14	紫金台张氏园	张氏	东园之北	—	有四亭	富竹木	饶水
15	水北胡氏园	胡氏	城北郊外邙山之麓,瀍水流经出	—	二土室(深百余尺),轩,亭,树,玩月台,学古庵,高楼,曲榭	花木,松,桧,藤葛	水清浅则鸣漱,湍激则奔映

续表

序号	园名	园主	园址	规模	构筑物及其他（出自《洛阳名园记》著不另标注）植物.动物/出处	植物.动物/出处	水系/出处
16	大字寺园（会隐园）	（唐）白居易（宋）民家（宋）张清臣（宋）张师雄及诸子	履道里 今洛阳市郊区安乐乡狮子桥村东北约150米处	唐时十七亩 园时为会隐园约其半	白居易时期：桥、岛、屋室《池上篇序》粟簟、书库、琴亭《洛下居》天竺石《自题小草亭》小楼、末槛《西街渠中种莲叠石颇有幽致《周题小楼》宋会隐园：亭、阁、桥、径《张氏会隐园记》和乐庵《和乐庵》梅台/《同诸友城南张园赏梅十首》石刻	白居易时期：莲《宅西有流水墙下构…周题》五绝诸苔《西街渠中种莲叠石颇有幽致《周题小楼》华亭鹤/《洛下居》菊篙、鹳鹤/《自题小草亭》大字寺时期：红薇、竹林《游大字院记》张氏时期：竹梅/《同诸友城南张园赏梅十首》莲/《明叔家瑞莲》竹雨八韵呈明叔	每个时期均有水池
17	独乐园	司马光	尊贤坊	20亩	读书堂、浇花亭、弄水轩、种竹斋、见山台、钓鱼庵、岛/《独乐园记》西斋/《夏日西斋书事》凉洞/《谢王道济惠古诗古石器》水井亭/《君溪渔隐丛话后集》卷二十二醸醿架/《南园杂诗六首·修醸醿架》	采药圃、竹/《张明叔弟雨中见过弄水轩投壶暗酒薄暮而散诘朝以诗谢之》草药、芍药、牡丹/《南园杂诗六首·修醸醿架》榆槐、苔/《夏日西斋书事》鱼/《奉和大夫大同年张兄会南园》诗白鹤/《南园雨景粗住有怀正叔安之》蝉/《南园杂诗六首·见山台昼卧偶成》	沼、有水形若虎爪、若实象鼻/《独乐园记》清渠流不絶/《君实南园饮》留宿二首

续表

序号	园名	园主	园址	规模	构筑物及其他/出处（出自《洛阳名园记》著不另标注）植物、动物/出处	植物、动物/出处	水系/出处
18	湖园	(唐)裴度 (宋)民家	集贤坊	—	唐： 北馆、 北馆、夕阳岭、水心亭、开颜堂/白居易《裴侍中晋公以集贤林亭即事诗二十六韵见赠猥蒙征和才拙词繁辄广为五百言以伸酬献》 石/《旧唐书·裴度传》 宋： 百花洲堂、四并堂、桂堂、迎晖亭、梅台、知止菴、环翠亭、翠樾轩、曲径	梅、竹、桂、青苹 鱼	唐：平津池、池、池沼、溪、晨光岛、杏花岛/白居易《裴侍中晋公以集贤林亭即事诗二十六韵见赠猥蒙征和才拙词繁辄广为五百言以伸酬献》 宋：湖、池
19	吕文穆园	吕蒙正	集贤坊	—	有三亭 其中之一亭名"噎瓜"/《邵氏闻见录》卷七 桥跨池上	木茂竹盛	池
20	大隐庄	任达	—	—	梅台	梅	—
21	杨侍郎园	杨畏	—	—	流杯	—	流杯渠
22	师子园	—	—	—	颂德天板	—	—

注："——"示未见记载

后　记

2015 年 11 月,我第一次从导师陈望衡先生手里接过《洛阳名园记》一书,自此围绕其展开了宋代园林美学研究。每每与陈老师见面,他总会关切地问:"这个题目你感觉自己能做下去吗?"我回答能,他又会继续问:"你研究过程中是否偶尔感觉到快乐?"我答:"有!"他便立刻化忐忑和疑虑为笑容,连声叫好,好!这种对话总让我感动不已,深知陈老师不仅希望我能毕业,还希望我学得开心、舒心。全文撰写中,有陈老师数不尽的关怀和帮助,几经修改,即将出版。在此,向陈老师致谢! 拙作撰写过程中获得了单位和多位老师及朋友的支持与帮助。非常感谢深圳技术大学提供的学术平台,感谢领导和同事,他们为我营造了良好的工作氛围和研究条件。感谢北京大学俞孔坚教授、华中科技大学万敏教授、武汉大学范明华教授、张薇教授、王江萍教授对本书的宝贵建议,诸位学者对该书的逻辑框架提出了非常中肯的意见。感谢武汉大学历史学院王佳博士,武汉大学中国传统文化研究中心王献松博士,武汉大学城市设计学院齐君博士、刘思捷博士、姬晨曦硕士,武汉大学哲学学院王海龙博士、裴瑞欣博士、梁思聪博士,中山大学严寒老师,江汉大学陈莉老师。在资料分享与查找上提供的帮助。感谢人民出版社给予的出版机会,感谢出版社洪琼老师的悉心审阅与编辑。没有诸位专家、学者、校友的帮助,我很难完成此书,再次感谢所有人!

拙著在博士研究的基础上做了具体内容的修正与调整,但仍有许多待完善之处,期待各位前辈各位同行以及广大读者的宝贵意见。

郝婷婷

2021 年 11 月于深圳